PODER JUDICIÁRIO
Novos Olhares Sobre Gestão e Jurisdição

PODER JUDICIÁRIO
Novos Olhares Sobre Gestão e Jurisdição

Organizador
JOSÉ RICARDO CUNHA

CENTRO DE JUSTIÇA E SOCIEDADE

Andréa Diniz da Silva
Armando Cunha
José Ricardo Cunha
Leandro Molhano Ribeiro
Leslie Shérida Ferraz
Mauriti Maranhão
Roberto Fragale Filho
Sérgio Guerra
Tania Almeida

FGV

EDITORA
DIREITO RIO
·cjus

Copyright © 2010 dos autores

EDITORA FGV
Rua Jornalista Orlando Dantas, 37
22231-010 | Rio de Janeiro, RJ | Brasil
Tels.: 0800-021-7777 | 21-3799-4427
Fax: 21-3799-4430
E-mail: editora@fgv.br | pedidoseditora@fgv.br
www.fgv.br/editora

Impresso no Brasil | *Printed in Brazil*

Todos os direitos reservados. A reprodução não autorizada desta publicação, no todo ou em parte, constitui violação do copyright (Lei nº 9.610/98).

Os conceitos emitidos neste livro são de inteira responsabilidade dos autores.

Este livro foi editado segundo as Normas do Acordo Ortográfico da Língua Portuguesa que vigora no Brasil desde setembro de 2008.

1ª edição — 2010

PREPARAÇÃO DE ORIGINAIS: Ronald Polito

REVISÃO: Luciana Nogueira Duarte e Marco Antônio Corrêa

DIAGRAMAÇÃO: Santa Fé ag.

CAPA: Gisela Abad

Ficha catalográfica elaborada pela
Biblioteca Mario Henrique Simonsen / FGV

Poder judiciário: novos olhares sobre gestão e jurisdição / José Ricardo Cunha (organizador). – Rio de Janeiro: Editora FGV, 2010.

288 p. – (Série CJUS)

ISBN: 978-85-225-0779-5

1. Poder judiciário. I. Cunha, José Ricardo. II. Fundação Getulio Vargas. III. Série.

CDD – 341.256

Sumário

O juiz, a ética e o direito   07
JOSÉ RICARDO CUNHA

Estudos empíricos no direito: questões metodológicas   71
LEANDRO MOLHANO RIBEIRO

Reconfigurações profissionais da magistratura: 97
um exercício (preliminar) a partir da jurisprudência
do Conselho Nacional de Justiça
ROBERTO FRAGALE FILHO

Os desafios ao Estado, à governança e à gestão pública: 127
explorando ideias para subsidiar os esforços de reforma
da gestão nas organizações do Poder Judiciário
ARMANDO CUNHA

Estratégia e fragmentação do poder   149
MAURITI MARANHÃO

Mediação de conflitos: um meio de prevenção   177
e resolução de controvérsias em sintonia com a atualidade
TANIA ALMEIDA

A efetividade dos Juizados Especiais Cíveis: 213
uma análise empírica
LESLIE SHÉRIDA FERRAZ

A regulação como nova categoria   233
do direito administrativo econômico
SÉRGIO GUERRA

A efetivação dos direitos humanos   265
no Tribunal de Justiça do Rio de Janeiro
ANDRÉA DINIZ DA SILVA

Sobre os autores   287

O juiz, a ética e o direito[*]

JOSÉ RICARDO CUNHA

I. Introdução

Assistimos todos, em alguma medida atônitos, às aceleradas transformações de nosso mundo cotidiano. Conceitos e instituições tradicionais parecem desmoronar diante de tais mudanças, colocando-nos diante de um processo de dissolução de vários marcos de certeza. Nessa linha, alguns autores falam que vivemos em uma "sociedade de risco".[1] Já não há garantias seguras para nada.[2] No vazio das referências, ideologias, religiões e culturas buscam espaço para sua própria afirmação, transformando o mercado das ideias num verdadeiro frenesi. Nesse contexto, dois grandes fenômenos se destacam por especial importância: *(i)* de um lado, as inovações tecnológicas da ciência e as suas sofisticadas engenhocas exigem da sociedade respostas novas para problemas novos; *(ii)* de outro, a diversidade étnica e cultural do mundo, que transformado em aldeia global exige da sociedade respostas novas para antigos problemas de convivência nacional e internacional. Ambos os fenômenos colocam na ordem do dia complexas questões sobre temas essenciais como a tolerância e a continuação da vida no planeta.

---

[*] Dedico este texto ao juiz federal Mário Jambo, pelas nossas conversas sobre a sentença como um ato de amor.
[1] Beck, 1992; Giddens et al., 2007.
[2] Lefort, 1991:23-36.

Portanto, o mundo contemporâneo exige de todas as pessoas e instituições um repensar sobre as condições morais que devem determinar os parâmetros de nossa coexistência. Isto acontece, sobretudo, com o Poder Judiciário em sua missão de dirimir conflitos e garantir direitos, instado a revisitar seus fundamentos diante dos dilemas éticos com os quais se depara. Dessa forma, as confortáveis premissas filosóficas que invocavam a neutralidade da ciência e da técnica, para isentar o operador do direito do enfrentamento desses dilemas, já não dão conta das novas exigências. Aliás, essas mesmas premissas estão postas em debate.

Nesse contexto, o presente artigo pretende introduzir noções teóricas essenciais para a compreensão da questão ética e de sua aplicação prática, seja na atividade jurisdicional seja no mundo da vida. Em outras palavras, busca estabelecer uma reflexão acerca da ideia de ética e de sua inflexão sobre valores e princípios que têm, ou não, orientado os juízes na atividade judiciária, seja na prestação jurisdicional, seja na gestão administrativa. Para tanto, serão perseguidos os seguintes objetivos ao longo do artigo: (*i*) apresentar o debate jusfilosófico contemporâneo sobre a ética e seu sentido na prática jurisdicional; (*ii*) introduzir os fundamentos clássicos (antiguidade grega) que orientam a compreensão da ética e a problematização moderna do assunto; (*iii*) apresentar relações possíveis entre ética e direito como domínios filosóficos necessariamente conexos; (*iv*) problematizar a ideia de raciocínio jurídico a partir das interpelações da ética, especialmente sob um ponto de vista do ato decisional e; (*v*) apresentar as referências internacionais e nacionais para uma conduta institucional considerada ética para a magistratura.

II. O sentido e a importância da ética no mundo atual

Falar sobre a importância da ética, hoje ou em qualquer tempo, pode soar como algo redundante. Seja entendida como um conhecimento acerca do bem, seja entendida como orientação prática para uma ação boa, a ética é uma aspiração permanente da humanidade, ainda que as pessoas nem sempre ajam conforme suas prescrições. Se a ética é, portanto, um tema sempre atual, falar de sua importância significa, mais precisamente, um esforço para compreender as questões contemporâneas que se colocam como um desafio ético, isto é, como problemas que precisam ser enfrentados e resolvidos sob um ponto de vista da ética. Esse desafio ético se coloca em todos os níveis da sociedade: desde a descontraída convivência interpessoal até as sofisticadas decisões macroinstitucionais. Todos os estágios da vida humana contemporânea reclamam orientações éticas: pais diante da educação dos filhos, trabalhadores diante de seu ofício e sua organização, empresários diante da condução dos negócios, políticos diante da condução da coisa pública, juízes diante de suas sentenças etc. A ética é um reclamo permanente que deve ser entendido de uma perspectiva teórica e prática, sempre a partir dos problemas novos que se colocam em cada tempo e lugar.

Porém, por onde começar a reflexão? O caminho mais indicado é, antes de qualquer coisa, compreender que a ética é uma questão propriamente humana, ou seja, se coloca no terreno da cultura. No reino da natureza vigora a lei do mais forte e todas as relações se estruturam em torno desse arranjo. Todavia, no plano da cultura, nós, seres humanos, interditamos várias ocorrências da natureza para reconfigurar o mundo conforme uma ordem de valores por nós mesmos instituída. Ainda que de fato muitas vezes a realidade humana não convirja para os valores do mundo moral, isso não desqualifica nem o discurso nem a pretensão da ética, uma vez que estes se colocam em terreno "contrafático", isto é, são formulados em juízos deontológicos — "dever ser" — e não ontológicos — "ser". Com efeito, o fato de a realidade depor contra a ética não a desqualifica, mas, ao contrário, aumenta sua importância e necessidade.

1. Problema de origem I: *logos* e *pathos*

Sendo a ética uma questão propriamente humana, o primeiro passo para adentrar no assunto é compreender de forma um pouco mais apurada a própria estrutura do que chamamos de humano, não sob um ponto de vista biológico ou político, mas filosófico. Nesse sentido, filosófico, é inevitável uma observação sobre a forma como os antigos — gregos — entendiam filosoficamente o humano.[3] Para esses, o ser humano é constituído por duas dimensões fundamentais e necessárias: *logos* e *pathos*:

Perspectiva grega
___

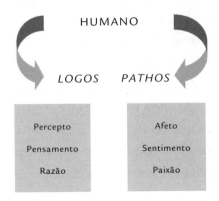

O *logos* é a dimensão por meio da qual nós percebemos o mundo, isto é, apreendemos a realidade já mediada pelos nossos pensamentos. Todas as coisas são filtradas por categorias que permitem uma compreensão racional. O *logos* é o terreno da razão. Aqui a racionalidade opera na forma de uma inteligência conceitual e, via de regra, analítica que classifica e categoriza os dados do mundo. Por isso o *logos* busca ordenação e produz ordenação; e o faz com a força e o vigor de quem age sobre o mundo determinando a ordem das coisas. É a dimensão da identidade, onde tudo é convertido numa lógica binária: ser e não ser, verdadeiro e falso, certo e errado. Assim, trata-se de uma dimensão fundamental para que possamos conhecer (no sentido epistemológico), organizar e reorganizar o mundo.[4]

O *pathos* é a dimensão por meio da qual nós somos afetados pelo mundo, isto é, apreendemos a realidade já mediada pelas nossas sensações e sentimentos. Aqui não há um filtro racional que medeie realidade e pensa-

___
[3] Colli, 1992.
[4] Chauí, 1994:352-353.

mento, mas nossos pensamentos são tocados pelos nossos sentimentos. O *pathos* é o terreno da paixão. São as nossas afecções, ou seja, a maneira como somos afetados por algo que determinam nossa compreensão dos dados do mundo. Por isso o *pathos* não busca nem se preocupa com a ordenação; ao contrário, lhe atrai mais a desordenação por meio da qual as forças fluem formando um campo aberto e vivo de puras afecções. É a dimensão do amor, onde a realidade é tomada pela ternura antes que pela razão, cedendo espaço para que as diferenças existentes no mundo se manifestem sem que tenham de ser reduzidas a categorias unívocas como recurso de cognição. Assim, trata-se de uma dimensão fundamental para que possamos experienciar, experimentar e sentir o mundo.[5] Veja-se:

O humano

Contudo, ainda que admitamos que *logos* e *pathos* sejam dimensões constitutivas fundamentais e necessárias do humano, não seria exatamente uma surpresa reconhecer que somos herdeiros de uma tradição que valoriza o *logos* em detrimento do *pathos*. Basta ver que a expressão *logos* deu origem à palavra "lógico", que é entendida como uma coisa boa. Já a expressão *pathos* deu origem à palavra "patológico", que é entendida como uma coisa ruim, como doença. Vivemos num mundo onde o *logos* é festejado e o *pathos* é temido; onde a ordenação coloniza a desordenação, onde a identidade co-

---

[5] Chauí, 1994:356.

loniza a diferença, onde o vigor coloniza a ternura e onde o conhecimento coloniza o amor. É claro que o movimento inverso seria igualmente perigoso, pois, no limite, poderia mesmo inviabilizar certos planos da convivência humana. Portanto, o reconhecimento e a crítica do predomínio do *logos* sobre o *pathos* não podem ser entendidos como uma revanche do *pathos* sobre o *logos*, mas como a busca constante do reequilíbrio que deve marcar as duas dimensões na estrutura e na existência do humano.

Uma importante questão que se coloca é: por que esse predomínio tão forte do *logos* sobre o *pathos*? Claro que a resposta é complexa e difícil, com muitas variáveis e questões conexas. Porém, novamente, uma visada sobre a filosofia antiga pode nos ajudar na procura da resposta. Não se trata de um fator exclusivamente determinante, mas importante para se entender o domínio da lógica na tradição do pensamento ocidental. Na passagem do século VI para o século V antes de Cristo, dois grandes filósofos, conhecidos como pensadores pré-socráticos, estabeleceram uma das polêmicas mais importantes e fecundas da história da filosofia: Heráclito de Éfeso e Parmênides de Eléa.

2. Problema de origem II: ser e devir

Heráclito, nascido em Éfeso, na Jônia, viveu no período aproximado de 540 a 470 antes de Cristo.[6] Como todos os filósofos pré-socráticos, ele não deixou uma obra escrita de forma sistemática, mas fragmentos por meio dos quais é possível fazer a análise de seu pensamento. Suas principais teses são: (*i*) a realidade como fluxo e devir; (*ii*) a guerra dos contrários como ordem e justiça no mundo.

Para Heráclito o cosmo e tudo o que há nele, de material ou imaterial, são marcados pela mudança constante. Nesse sentido ele afirma que a realidade é um constante fluxo uma vez que todas as coisas estão em permanente devir. O devir é um movimento constante do universo onde todas

---

[6] Kirk, Raven e Schofield, 1994:187-189.

as coisas são criadas e transformadas. De acordo com o devir, nada é, mas tudo vem a ser. Todas as coisas estão num permanente processo de mudança por meio da qual elas se apresentam como são, embora qualquer apresentação seja, ela mesma, permanente, uma vez que submetida ao devir ainda tende a se transformar. Para exemplificar o devir, Heráclito formulou o conhecido aforismo: *nenhuma pessoa se banha duas vezes no mesmo rio.*[7] Ora, pela lei geral do devir, é impossível banhar-se duas vezes em um mesmo rio porque no segundo banho o rio já não é mais o mesmo uma vez que suas águas estão em fluxo contínuo. São novas águas e, assim, um novo rio. Mas não é só o rio que mudou. A própria pessoa a banhar-se também mudou, de forma que no segundo banho já não se trata, exatamente, da mesma pessoa. O rio passa, as pessoas passam, tudo flui.

Todas as coisas fluem em continuado devir, porque o cosmo é constituído por elementos e forças que se encontram em constante oposição. Trata-se de uma permanente batalha constitutiva da essência do universo por meio da qual os opostos se manifestam e buscam seu lugar no mundo. Todavia, o mundo não guarda um lugar definido e estático para cada coisa, apenas garante a possibilidade de manifestar-se provisoriamente na arena da luta pela própria afirmação. Assim, o dia transforma-se em noite para transformar-se em dia novamente. Os sentidos nos fazem perceber que algo que está quente pode esfriar, da mesma forma que algo que está frio pode esquentar. Sono e vigília, saúde e doença, justiça e injustiça estão em constante enfretamento de tal forma que mais do que o estabelecimento de umas dessas coisas é a própria guerra entre esses contrários que define a ordem do mundo. Para Heráclito a ordem é justa porque, no fluxo permanente do devir, permite que todas as coisas se apresentem e sejam recriadas pelo processo de interação. A justiça não está na identidade, mas na processualidade.

Heráclito é conhecido como o pai da dialética. Isto porque interpreta a realidade como o contínuo rebatimento entre opostos, num processo di-

---

[7] Anaximandro, Parmênides e Heráclito (1991:71, 83). Cf. fragmentos 49a e 91.

nâmico que mantém o cosmo sempre vivo, ou a vida sempre viva... A marca da existência é o conflito, mas este não é visto como algo ruim a ser combatido. Antes, é condição necessária da vida e da justiça. O conflito, antes de tudo, assinala a possibilidade de manifestação dos opostos e guarda um lugar dignificado e dignificante para as diferenças. Ao mesmo tempo que "nada é", pois tudo está em processo, tudo "pode ser" pela potência do devir criador. Não existe aqui a pretensão de uma "identidade" que possa, a um só instante, revelar a essência e a condição do ser. Isso porque a essência e condição primeira de qualquer ser é a mudança. As identidades são apenas unidades provisórias onde reconhecemos alguma coisa ou nos reconhecemos a nós mesmos. Mas tal reconhecimento é válido apenas para um instante, sem pretensão de perpetuação.[8]

Parmênides, nascido em Eléa, viveu no período aproximado de 530 a 460 antes de Cristo.[9] Os principais pontos de sua compreensão filosófica do cosmo estão expostos na forma de poema intitulado *Sobre a natureza*. Assim resumirei suas teses mais importantes: (*i*) o ser é, o não ser não é; (*ii*) o ser é imóvel (não está em devir).

Parmênides dedicou-se a combater e provar os equívocos irreparáveis que, segundo ele, existem nas teses heraclitianas. De início afirma: "O ser é porque é e não poderia não sê-lo. O não ser não é porque não é e não poderia sê-lo".[10] Tal afirmação, que pode nos parecer risível, teve um gigantesco impacto na história da filosofia. Há um só tempo Parmênides fundou três importantes institutos do pensamento filosófico e linguístico: (*i*) *a tautologia*, isto é, explicação por autorrecorrência; (*ii*) *a metafísica*, isto é, a crença numa verdade essencial que transcende o real aparente; e (*iii*) *a lógica*, isto é, uma forma de raciocinar baseada na inalterabilidade das identidades.

Segundo Parmênides é um erro pensar que o cosmo e tudo o que nele existe está em devir. Ao contrário, o ser não está em devir, ele é imóvel. A

---

[8] Kirk, Raven e Schofield, 1994:193-221.
[9] Ibid., p. 250.
[10] Anaximandro, Parmênides e Heráclito (1991:45). Cf. fragmento 2, ou 291, conforme a tradução.

própria ideia de devir é em si um equívoco, pois se todas as coisas estivessem num permanente *vir a ser*, por definição nada seria. Mas é impossível viver num mundo onde nada é... As coisas existem e se elas existem é porque são, portanto não estão em devir. A prova maior disso é que nós conhecemos, ou podemos conhecer, o cosmo e seus elementos. E se nós podemos conhecer é porque eles existem, ou seja, eles são. Seria impossível conhecer aquilo que não é, que não existe.

Quando Parmênides afirma que o ser é, ele está se referindo a uma essência que transcende a aparência ou materialidade do ser. Nesse sentido ele rebate a afirmação de Heráclito de que é possível sentir o frio esquentar e o quente esfriar dizendo que os sentidos não configuram uma via de acesso confiável ao conhecimento. A única via de acesso capaz de atingir a verdade metafísica ou identidade essencial do ser é a inteligência, isto é, o intelecto, a razão. A razão não existe para fazer a síntese dialética da realidade como queria Heráclito, mas para compreender e individualizar as identidades. Exatamente assim funciona a lógica: como um raciocínio que compreende, individualiza e afirma uma identidade. Nada mais lógico do que afirmar: "o ser é". Anos depois, Aristóteles formularia tal metafísica na equação $a = a$, também conhecida como "princípio da identidade" que afirma que uma coisa não pode ser e não ser ao mesmo tempo sobre as mesmas condições.[11]

Parmênides não apenas fundou a lógica como a elevou à condição primeira de compreensão do mundo. Nessa linha, a lógica desdobrou-se de sua função primeira de raciocínio e transformou-se até em figura de retórica. Nada mais poderoso num debate do que bradar ao seu *ex adversi* que seu raciocínio é lógico, com isto querendo-se dizer que não há forma correta de se raciocinar diferente. Essa ideia de lógica pressupõe a afirmação de que todas as coisas possuem uma "natureza primeira" por meio da qual elas podem ser conhecidas de forma permanente. Isso não está apenas presente nas chamadas leis da física, como se poderia pensar num primeiro momento.

---

[11] Kirk, Raven e Schofield, 1994:255-273.

Veja-se, por exemplo, como no mais das vezes o pensamento dogmático do direito está sempre em busca da "natureza jurídica" das coisas, como se houvesse uma verdade jurídica primeira, natural e necessária encarnada em cada conceito e instituto do direito.

Não é preciso muito esforço para concluir que o maior interesse epistemológico ou político favorecido com essa forma parmenídica de pensar é a ideia de "controle". Quando se afirma uma identidade imutável se expressa, no mesmo plano, a possibilidade de previsão e controle das coisas, das pessoas ou dos fenômenos. Se por um lado isso parece interessante; por outro lado deve-se reconhecer que, dessa forma, todas as pessoas passam a ser reduzidas à condição de objeto de conhecimento. Ao mesmo tempo que se esvazia o ser humano de sua potencialidade criadora se admite que ele seja manipulado como objeto do conhecimento lógico.

Então podemos nos perguntar agora: em que esse debate filosófico entre Heráclito (devir) e Parmênides (ser)[12] interfere na compreensão da "ética"? Pois bem, esse artigo sustenta a hipótese de que o paradigma filosófico parmenídico foi vitorioso na tradição filosófica ocidental e, de efeito, a modernidade como um todo herdou o trinômio "identidade-controle-lógica" e o transformou no *éthos*[13] dominante do pensamento moderno.

Começamos afirmando que a "ética" pertence à ordem do humano e que seria inviável entendê-la sem ter em conta que, como aprendemos desde os gregos antigos, o humano constitui-se tanto de *logos* como de *pathos*. No mesmo passo, também afirmamos que a despeito de *logos* e *pathos* serem dimensões constitutivas necessárias da condição humana, a dimensão do *logos* foi sobreposta à dimensão do *pathos*. O conhecimento da vitória do pensamento lógico parmenídico não apenas ajuda a compreender as razões desse processo de domínio do *logos* sobre o *pathos* como permite en-

---

[12] Jaeger, 1995:218-229.
[13] *Éthos*: conjunto dos costumes e hábitos fundamentais, no âmbito do comportamento (instituições, afazeres etc.) e da cultura (valores, ideias ou crenças), característicos de uma determinada coletividade, época ou região. Cf. Houaiss, A. *Dicionário Houaiss da língua portuguesa*. Rio de Janeiro: Objetiva, 2009.

tender melhor esse *éthos* dominante da modernidade. Quer dizer, ajuda a reconhecer uma tendência da modernidade em reduzir a ética a padrões lógicos, esvaziando de sua esfera de reflexões todas as questões pertinentes ao *pathos* como se tais questões fossem um problema de outras esferas do saber, como a psicologia, psiquiatria ou medicina como um todo.

3. A modernidade e a ética

Pois bem, esse estágio de nossas especulações nos conduz, agora, a outro problema: a ideia de *modernidade*. Essa é uma questão profunda e polêmica no âmbito da filosofia e das ciências sociais e não se pretende aqui tratá-la cabalmente. Mas precisamos agora nos pôr as questões: o que significa ser moderno? Como entender o que seja modernidade?

As definições mais correntes de modernidade a associam, antes de tudo, a um processo. É o processo da modernização. Assim costuma-se dizer: "modernizar a produção", "modernizar a gestão", ou ainda, "modernizar a empresa, o Estado, o tribunal". Por esse processo de modernização a opinião comum entende "evolução", isto é, tornar melhor, mais eficiente. Por aqui se pode afirmar, sem receios, que a modernidade se retrata como o tempo do avanço, da superação em direção ao que é melhor ou "mais evoluído". A modernidade é o tempo de uma organização geral do saber onde as grandes narrativas se apresentam como sustentáculos inquestionáveis da ordem natural e da ordem social. Essa ideia de avanço como ruptura pode ser claramente percebida nos três marcos historiográficos fundantes da modernidade: (*i*) a Reforma Protestante, que inaugurou uma nova relação entre Deus e o homem no mundo cristão; (*ii*) a Revolução Francesa, que inaugurou uma nova relação entre o Estado e a sociedade a partir da queda do *Ancien Régime*; (*iii*) a Revolução Industrial, que inaugurou uma nova forma de produção e comercialização a partir da força do vapor. Certamente uma reforma e duas revoluções são marcos eloquentes dessa ideia de mudança para melhor ou de "eficiência" que marca a modernidade.

Todavia, a despeito desses famosos marcos historiográficos, Hannah Arendt (1995:260 e segs.), numa importante análise do homem moderno, afirma que os fatos mais relevantes para se compreender a modernidade são outros dois: (*i*) as grandes navegações; e, principalmente, (*ii*) o telescópio de Galileu.

As grandes navegações revelam essa dimensão ao mesmo tempo conquistadora e utópica da modernidade; a crença em grandes narrativas, como valores superiores, por meio das quais o homem se afirma como sujeito potente para colonizar e construir o mundo. As utopias expressam essa inquietude do homem moderno com sua própria vida e a esperança permanente de poder desbravar e ir além. Nesse sentido, o homem moderno é assintótico, ou seja, acredita num mundo infinito e está sempre em busca de algo mais, daquilo que não tem.

Já o telescópio de Galileu produz a inflexão mais aguda que marca a modernidade. Aqui é preciso recordar que Galileu é defensor da teoria copernicana de que não é o Sol que gira em torno da Terra — paradigma geocêntrico —, mas a Terra que gira em torno do Sol — paradigma heliocêntrico. Todos sabemos que Galileu foi levado a julgamento pelos tribunais do Santo Ofício. Entretanto, por que a perseguição a Galileu, se ele simplesmente repetiu o que já havia sido dito anteriormente por Copérnico? Porque Galileu não apenas falou ou anunciou uma teoria, ele comprovou a teoria por meio do telescópio transformando-a num fato inquestionável. A partir do telescópio o mundo assiste a um brutal deslocamento do lugar da verdade: a verdade que até então ocupava um lugar privilegiado no terreno da religião é deslocada para o terreno da "ciência", amparada, por seu turno, pela potência da "razão". A modernidade transforma uma sociedade até então teocêntrica em uma nova sociedade "epistemocêntrica". A crença no conhecimento científico atinge não apenas o saber esclarecido mas, também, o coração do senso comum. Ainda que as pessoas não saibam como ocorra um fenômeno e não entendam muito bem sua explicação científica, persiste a crença de que a ciência tem a última palavra sobre a verdade. A modernidade epistemocêntrica é, portanto, o tempo do "conhecimento".

Aquele *éthos* moderno do controle agora se sofistica na forma de um "*éthos* do conhecimento". Tudo o que possui valor resulta, de alguma forma, de algum tipo de conhecimento, quer dizer, uma verdade atestada pela ciência. Isso pode ser facilmente constatado se nos lembrarmos de que o recurso ao atestado de cientificidade vai do conhecimento acadêmico à propaganda do sabão em pó. Laboratórios e jalecos substituem templos e vestes religiosos. Modelos, produtos e procedimentos ganham mais credibilidade quando rotulados como científicos.

Mas a ciência moderna não é apenas a ciência do conhecimento. Note-se que desde a antiguidade grega, a ideia de ciência como saber goza de prestígio e importância. Para a filosofia grega, a ciência — conhecimento — é importante pois torna o homem melhor, mais virtuoso; a ciência importa pelo que ela faz com você. Contudo, para os modernos a ciência importa não pelo que ela pode fazer com você, mas pelo que você pode fazer com ela.[14] O saber científico legitima-se, ele mesmo, pela possibilidade de "fazer" coisas, ou seja, a ciência é vista não em si mesma, mas como um "instrumento" para o fazer. Todos conhecemos isso por meio de uma palavra: "técnica". A demanda universitária e o padrão de remuneração, quando comparados entre físicos — que detêm o saber — e engenheiros — que detêm o fazer —, escancaram como o mundo moderno valoriza o fazer mais do que o saber, ainda que aquele seja dependente deste. Com efeito, o efêmero "*éthos* do conhecimento" convola-se em "*éthos* do fazer". Importa aquilo por meio do qual você pode atingir um resultado desejado. A técnica é festejada como um procedimento que garante os resultados. Nada disso se afasta daquele antigo trinômio "identidade-controle-lógica" inaugurado pela filosofia parmenídica. Ao contrário, o *éthos* do fazer eleva ao apogeu a racionalidade instrumental que valoriza apenas o fazer, o processo de obtenção de resultados.

Nesse cenário são estabelecidos os compromissos da ética moderna como um saber que deve disciplinar o comportamento humano orientado

---

[14] Morin, 1996:126-129.

para o seu desenvolvimento.[15] Trata-se de uma "ética teleológica", isto é, uma ética orientada para fins específicos, instrumentalizada para a consecução das promessas da ordem moderna. A ordem moderna é essa que promete, pela primeira vez e de uma só vez, liberdade, abundância e felicidade.[16] Em nome de suas promessas, a ordem passa a ser uma obsessão moderna. Os saberes que maior prestígio alcançam no mundo moderno são aqueles que se propõem a colocar ordem no mundo,[17] nas relações, nos corpos e nas mentes. Engenharia, direito, medicina, literatura, entre outros, são festejados como feitores da ordem, ainda que para isso reduzam o conflito a uma espécie de disfunção ou patologia que deva ser exorcizada da vida. Claro que a filosofia que melhor sustenta essa visão de mundo é o "positivismo" e, por isso mesmo, o positivismo se tornou o principal sustentáculo filosófico da modernidade, estendendo sua influência por todas as áreas do saber, como direito, psicologia, história etc. Como guardiã da ordem, muitas vezes a ética foi pulverizada em pequenas éticas menores — "etiquetas" — instrumentalizadas na função de garantir padrões particulares de convivência.

Apesar das ambiciosas promessas da modernidade, alguma coisa aconteceu e tirou o projeto moderno de seu rumo inicial.[18] O ser humano que deveria ser o potente construtor da ordem passou a ser um passivo objeto da ordem. Mais do que isso, uma presa indefesa diante de uma ordem voraz. Mercado de capitais, sistemas políticos, ordens jurídicas foram se autonomizando e, aos poucos, se sobrepondo às aspirações e necessidades humanas, como criaturas que se voltam contra o criador. Nesse sentido, uma das primeiras críticas à modernidade veio por meio da literatura. A história do monstro de Frankenstein criada no início do século XIX pela britânica Mary Shelley é apontada como poderosa metáfora para o fracasso das ambições modernas. O desejo da ciência de, tal qual Deus, criar a vida converteu-se

---

[15] Bauman, 1999:29-47.
[16] Touraine, 1994:38-39.
[17] Ibid., p. 36.
[18] Giddens et al., 2007.

num terrível pesadelo onde o próprio ser humano tornou-se vítima. Foram muitos os problemas no projeto moderno, tais como, para citar alguns: a ambivalência da ordem, a produção de estranhos, a intolerância pessoal e cultural, a negação da complexa tessitura do real e a não democratização dos avanços científicos.

O primeiro problema a aparecer foi o da ambivalência da ordem. Quanto mais alguém coloca ordem em algum lugar, mais percebe desordem nesse mesmo lugar. Esse paradoxo pode ser mais facilmente entendido se tomarmos como exemplo as pessoas obcecadas por limpeza: quanto mais limpam, mais sujeira encontram. Assim como a sujeira é o "outro lado" inevitável da limpeza, a desordem é o outro lado inevitável da ordem. Portanto, quanto mais ordem a modernidade procura, mais desordem ela encontra. Essa é a ambivalência da ordem. Nada é completamente "ordenável" e nas frinchas da ordem sempre brota algo que escapa ao controle.[19]

Como reação ao que escapa ao controle, o pensamento lógico e racional da modernidade procura reduzir todas as coisas a uma lógica binária, tal como verdadeiro/falso ou lícito/ilícito, por exemplo. Trata-se de um movimento de reordenação da desordem que categoriza e classifica situações e pessoas. Assim, ainda como exemplo, podemos falar no binômio amigo/inimigo. Todos aprendemos a lidar com amigos e com inimigos. O problema ocorre com os que escapam a essa classificação. Como lidar com aquele não classificado como amigo ou inimigo? Esse "não classificado" é o "estranho".[20] O estranho não representa nem o bem nem o mal, pois com ambas as coisas nós aprendemos a lidar. Ele representa o mistério assustador do inclassificável. O estranho é que não está incluído na ordem, seja positivamente seja negativamente. Por isso ele é visto pela ordem, antes de qualquer coisa, como uma ameaça. Como nos ensina Bauman (1999:68), os estranhos

---

[19] Bauman, 1999:40.
[20] Ibid., p. 62-64.

desmascaram a frágil artificialidade da divisão. Eles destroem o mundo. Estendem a temporária inconveniência de "não saber como prosseguir" a uma paralisia terminal. Devem ser transformados em tabu, desarmados, suprimidos, física ou mentalmente exilados — ou o mundo pode perecer.

O estranho coloca em xeque a própria capacidade ordenadora da ordem e de sua lógica binária e, dessa forma, passa a ser visto como uma ameaça às identidades. O estranho escapole ao dilema hamletiano de ser ou não ser, pois ele nem bem é, nem bem não é. Assim, inaugura um novo dilema para a modernidade que aponta para ele todo seu furor classificatório obrigando-o a se enquadrar dentro de um dos rótulos existentes se pretende continuar a existir.[21]

De certa forma, como algo não classificável, o estranho se torna refugo da sociedade e pode ser dispensado como lixo. Contudo, mesmo como refugo o estranho ainda incomoda. Mesmo nos seus redutos *underground* os estranhos são considerados estorvo pelo sistema que, em um último esforço de enquadramento, lança a palavra redentora: "reengenharia". Finalmente, quando tudo falha e a incomodativa presença do estranho permanece, toma fôlego outro problema: a intolerância.[22]

A insegurança quanto à própria identidade[23] e o medo da perda das conveniências ou privilégios materiais e simbólicos levam à prática de várias formas de intolerância, das pessoais às culturais. A modernidade se converte em palco para a intransigência de opiniões, atitudes e crenças, fazendo emergir diferentes formas de violência. Via de regra, à intolerância se segue o desprezo pela vida e nessa toada reprimendas e coações atingem o grau máximo da morte e do aniquilamento. A intolerância se manifesta no desentendimento global entre povos e culturas,[24] mas, também, na arrogância

---

[21] Bauman, 1999:85.
[22] Ibid., p. 77-80.
[23] Hall, 2006:35-46.
[24] Sem, 2006:84-102.

e no destrato entre pessoas em um mesmo país, cidade, bairro, instituição ou microsfera. Algumas vezes a intolerância dribla a violência mais explícita transformando-se em desprezo e indiferença. Nesse caso, o intolerante simplesmente nega a existência e a presença do intolerado já que este lhe é, por qualquer razão, tão incomodativo. Quando isso se converte em prática cotidiana, dá-se o fenômeno da "invisibilidade", isto é, algumas pessoas são tornadas invisíveis aos olhos de outras. Por mais que coabitem os mesmos espaços, estes sequer enxergam aqueles.

Outro grave problema enfrentado na modernidade graças à hipertrofia da razão analítica é a ignorância e o desprezo pela complexidade que caracteriza a tessitura do real.[25] O método de operação da razão analítica é destrinchar o todo em partes cada vez menores, sob a suposição de que a parte guarda sempre a mesma natureza do todo, de tal forma que conhecida a característica da parte, fica, no mesmo passo, conhecida a característica do todo. Para isso é necessário separar, parcelar a realidade e supor que todo o real obedece a uma lógica mecânica. Como afirma Edgar Morin (2000:208),

> a inteligência parcelada, compartimentada, mecanicista, disjuntiva, reducionista quebra o complexo do mundo em fragmentos disjuntos, fraciona os problemas, separa aquilo que está unido, unidimensionaliza o multidimensional. É uma inteligência ao mesmo tempo míope, présbita, daltônica, zarolha. Acaba cega, na maioria das vezes. Ela destrói no embrião todas as possibilidades de compreensão e de reflexão, eliminando também todas as chances de um julgamento correto, ou de uma visão a longo prazo.

Se é verdade que por um lado esse raciocínio reducionista e separador realmente funciona em vários aspectos, pouco a pouco o conhecimento moderno foi obrigado a reconhecer que esse tipo de operação analítica,

---

[25] Morin et al., 1996:134.

por outro lado, não é capaz de desvendar a verdade em várias outras dimensões do real. A tendência resultante desse raciocínio é a simplificação do real, por meio de estabelecimentos de relações de causa e efeito que não ultrapassam a superficialidade dos fenômenos. Como exemplo, podemos lembrar como é comum em sede jurídica argumentos que recorrem a raciocínios do tipo "vontade do legislador", como se entre a chamada vontade do legislador e o texto da lei houvesse uma única e simples conexão ou relação de causa e efeito.

Por fim, nessa lista não exaustiva de problemas, a ciência tão aclamada na modernidade como redentora dos modos de vida, ainda que tenha produzido inequívocos benefícios à vida humana, não encontrou o correspondente político e econômico capaz de democratizar tais benefícios.[26] Aliás, diga-se não apenas que inúmeros benefícios não foram democratizados entre pessoas e povos como, muitas vezes, a conquista de certos benefícios se dá à custa de vidas menos afortunadas, como no caso da indústria farmacêutica.[27]

Todos esses problemas revelam o fracasso do "*éthos* do conhecimento-fazer" na sua tarefa de regular a convivência humana. Ainda que se perceba uma crise do projeto moderno por meio de problemas crônicos em dimensões sensíveis como a economia, política ou cultura é possível afirmar que a grande crise da modernidade é ética. Por isso, muitos autores de diferentes áreas, da física à história, da biologia ao direito e, é claro, da filosofia, falam da necessidade urgente de se buscar um novo *éthos* que possa regular o convívio humano, seja nos grandes temas, seja nas relações cotidianas.[28]

4. Ética e moral e alguns desafios do mundo contemporâneo

Para que seja possível melhor entender esse novo *éthos*, é necessário, agora, fazer uma distinção entre ética e moral. É corrente na literatura se apre-

---

[26] Santos, 2004.
[27] Para um bom exemplo literário cf. Le Carré (2000).
[28] Nussbaum, 2007; Russ, 1999; Jonas, 1998; Boff, 2000; Kymlicka, 2001; Guattari, 1990; Morin, 2005.

sentar a ética como ciência que estuda os comportamentos morais.[29] Ora, veja-se que essa já é uma definição capitulada pelo cientificismo moderno. Por isso, não será esse o entendimento aqui adotado. Novamente o recurso à etimologia e um olhar sobre a filosofia antiga devem nos ajudar. Muitas vezes as palavras "moral" e "ética" são usadas em sentido sinonímico, o que é plenamente aceitável, uma vez que ambas podem ser entendidas como "conduta orientada para o bem conforme certo costume ou tradição". Isso se explica na própria etimologia das palavras, já que o vocábulo moral vem do latim *morus* que significa costume ou cultura, enquanto o vocábulo ética vem do grego *éthos* que também significa costume ou cultura. Todavia, essa não é a única forma de grafia da palavra; desde o grego antigo há uma variação fonética e semântica que introduz um sentido diverso para a palavra ética.[30] Quando em grego ela é escrita ἔθος, possui a vogal breve e, por isso, deve ser transliterada como *éthos* (som aberto). Nesse caso, como já foi dito, ética significa um conjunto de costumes e hábitos ou as características culturais de uma coletividade. Porém, quando escrita ἦθος, possui a vogal longa, devendo ser transliterada como *ē´thos* ou *êthos* (som fechado). Nessa segunda forma, a palavra não significa mais costume ou cultura, mas sim "morada" ou covil habitual, falando-se em animais. Esse sentido distinto originado do grego ἦθος ou *ē´thos* fez com que parte da filosofia entendesse a ética como atributo doméstico ou particular do indivíduo, definindo-a como algo próximo de "disposição do caráter".

Essa distinção semântica é fundamental para o debate em torno dos sentidos possíveis para a palavra ética. Diga-se, aliás, que ela não é nova. Vejamos o fragmento 119 de Heráclito: "ηθος ανθρωπου δαιμον", que pode ser transliterado para *ē´thos anthrópou daímon* — o êthos do homem é o *daímon*.[31] Esse fragmento aparece na edição brasileira dos filósofos pré-socráticos, organizada e traduzida por Gerd Bornheim (1999:43) da seguinte forma: "O caráter é o destino (*daimon*) de cada homem". Porém, esse

---

[29] Japiassu e Marcondes (1989:90), verbete "ética".
[30] Chauí, 1994:349.
[31] Anaximandro, Parmênides e Heráclito (1991:90, fragmento 119).

mesmo fragmento está disposto em outra edição brasileira — *Os pensadores originários* — organizada e traduzida por Emmanuel Carneiro Leão (editora Vozes) como: "A morada do homem, o extraordinário". Essa segunda interpretação é exatamente aquela que destaca Heidegger (1979:170) na sua carta *Sobre o humanismo*: "*êthos* significa morada, lugar da habitação. A palavra nomeia o âmbito aberto onde o homem habita. O aberto de sua morada torna-se manifesto naquilo que vem ao encontro da essência do homem e assim, aproximando-se, demora-se em sua proximidade". Ora, esse aberto da morada não se reduz, portanto, à vida doméstica ou à morada doméstica, mas refere-se à situação de existência do homem no mundo. Nós habitamos o mundo, vivemos no mundo, moramos no mundo. Essa é nossa condição essencial que é necessariamente compartilhada por todos. Assim, nossa vivência no mundo é também "convivência" no mundo, isto é, "viver com". Por seu turno, "viver com" presume a existência de um "outro". Como afirma Heidegger (1995:170), o nosso *ser no mundo* é determinado pelo "com", pois o mundo da presença é sempre o mundo compartilhado. O "ser em" é sempre o "ser com" os outros. Aqui sim, finalmente, podemos encontrar o sentido forte para a palavra ética.

Com efeito, ética é aquilo que nos remete para o outro, para a emergência de uma alteridade. De um ponto de vista ético, esse outro não pode ser visto apenas como conceito ou categoria abstrata, muito menos como ente manipulável segundo minhas perspectivas e interesses, mas como existência autônoma que reclama respeito e dignidade na sua própria qualidade de outro, isto é, na sua outricidade. Como afirma Manfredo de Oliveira (1993:101), "a liberdade só se afirma como liberdade pelo reconhecimento incondicionado da outra liberdade como liberdade". Nessa esteira, a ética é uma relação bilateral, mas não em sentido tradicional como "eu" e "outro". O "eu" nessa relação seria uma ameaça narcísica à intenção ética.[32] Por isso a bilateralidade da relação ética é "outro" e "outro", ou seja, o "eu" fica transformado em outro do "outro". Isso quer dizer que o outro deve ser visto desde um pon-

---

[32] Lévinas, 2005:197.

to de vista arquimediano independente das minhas idiossincrasias. Eu devo constatar, respeitar e tolerar o outro porque ele existe como tal, não porque isso pode ser bom para mim. A ética nos remete, assim, para um campo de responsabilidade pelo outro como condição inevitável de nossa existência ou morada no mundo. Nas palavras de Lévinas (2005:293): "o que chamo de responsabilidade por outrem, ou amor sem concupiscência, o eu só pode encontrar sua exigência em si próprio; ela está no seu 'eis-me aqui' do eu... ela é originalmente sem reciprocidade, pois traria o risco de comprometer sua gratuidade ou graça..."

A ética nos situa no centro do campo do "cuidado".[33] O outro é aquele a quem dirigimos nosso cuidado, nosso zelo, nossa atenção; ele nos interpela em nossa capacidade mais profunda de produzir humanidade, de perceber e fazer brotar a existência humana para que ela cresça e perdure na sua própria vida. Nessa perspectiva é possível, sim, dizer que a ética produz um ganho subjetivo, pois a humanidade produzida inevitavelmente transcende o outro para também crescer no "eu" que a pratica. É como se a conduta ética gerasse em quem a pratica um sentimento ao mesmo tempo ligeiro e profundo de realização humana. Esse é o máximo de satisfação que a ética pode proporcionar ao sujeito, ao "eu", uma vez que ela não se destina à autorrealização, mas à garantia da convivência humana. Além disso, como ente não manipulável, não se pode esperar que o outro aja conforme as minhas expectativas, nem mesmo em relação à sua conduta ética. Em outras palavras, não devemos agir eticamente para que o outro também o faça, até porque seria impossível ter garantias nesse sentido, mas porque humanamente devemos fazê-lo. Isso significa que se por um lado a conduta ética é um ato racional de justiça; por outro lado ela é um ato afetivo de amor. Tal conclusão nos remete ao início de nossa reflexão: como algo próprio da ordem do humano, a ética, tomada como outricidade, passa pelo *logos*, mas, também, pelo *pathos* que exige sua própria reabilitação no mundo contemporâneo.

---

[33] Ricoeur, 1995:162-163.

A relação ética não depende exclusivamente da identidade, vigor e conhecimento que são próprios do *logos*, embora estes sejam necessários. Ela implica diferença, ternura e amor que são próprios do *pathos*. Em certa medida é possível até se dizer que implica o *pathos* antes do *logos*. É conhecida a referência que o filósofo Emmanuel Lévinas faz ao capítulo 4, versículo 9, do livro do Gênesis: "O Senhor disse a Caim: 'Onde está seu irmão Abel?' — Caim respondeu: 'Não sei! Sou porventura eu o guarda do meu irmão?'". Veja-se que a pergunta de Caim na resposta dada ao Senhor antecipa e exterioriza o centro da consciência ética: sim, somos todos guardiões do outro e é exatamente isso que funda a nossa existência humana. Por isso que para Lévinas (1984) é a ética, e não a ontologia, a filosofia primeira.[34]

Nesse aspecto é possível encontrar uma vocação universal na ética. Evidentemente, em tempos de multiculturalismo qualquer pretensão de universalidade deve ser cuidadosamente refletida sob pena de perpetrar diferentes formas de violência e dominação.[35] Todas as culturas e formas de vida merecem respeito. Por outro lado, nenhuma cultura é completa, acabada, absoluta. Por isso, todas elas devem estar sempre aptas ao diálogo e à interação com outras formas de pensamento e sistemas de crença.[36] A ética, no sentido aqui apresentado, ganha pretensão de universalidade exatamente como um *medium* entre as diferentes culturas. Quando duas práticas diferentes, consideradas moralmente corretas por duas culturas distintas, entram em choque, é a ética, como ponto de vista arquimediano, que pode conduzir à solução do conflito buscando a alternativa que melhor favoreça o respeito à integridade do(s) outro(s). Com efeito, de um ponto de vista ético, é possível falar que para todas as pessoas e para todos os povos se impõem dois princípios universais: a responsabilidade e a tolerância.

A responsabilidade decorre, acima de tudo, da consciência de nossa finitude material. Como seres finitos, não temos razão para acreditar que a vida humana se perpetuará *ad infinitum* no planeta Terra. Por isso, devemos

---

[34] Nessa mesma linha segue o pensamento de Zygmunt Bauman (1997:83-88).
[35] Benhabib, 2006:171-201.
[36] Santos, 2004:254.

agir para com os outros e para com o planeta de forma a renovar constantemente as possibilidades de uma existência digna para todos.[37] Já a tolerância decorre, acima de tudo, da consciência da inevitável coexistência.[38] Se a vida humana é um empreendimento coletivo, social, é imperioso que sejam respeitadas todas as manifestações pessoais e sociais decorrentes do livre arbítrio que caracteriza a condição humana.[39] Ainda que saibamos que o livre-arbítrio não é um dado absoluto, pois existem muitas sobredeterminações tanto nas macrorrelações como nas microrrelações, o livre-arbítrio continua merecendo o respeito e, por isso, deve haver tolerância. A palavra tolerância está aqui não como condescendência de alguém superior em relação a outro inferior. Ela pretende registrar o dever de respeitar manifestações com as quais não se concorda, na linha do conhecido aforismo de Voltaire: "posso discordar de tudo que você está dizendo, mas vou lutar até o fim para que você tenha o direito de dizê-lo". Uma sociedade plural é aquela onde cada pessoa deve ter direito à escolha do seu próprio projeto de vida, ainda que arque com os ônus de tal projeto.[40]

Todavia, o princípio da tolerância não é, ele mesmo, maior do que a ética. Por isso não pode ser tomado de forma absoluta. Em outras palavras, o dever de tolerância não significa que tudo deva ser tolerado. Não podem e não devem ser toleradas as práticas que conspiram contra as relações éticas, isto é, contra o respeito à dignidade do outro. A tolerância é uma regra que carrega, em si mesma, sua exceção: "tudo deve ser tolerado, menos a intolerância". Todas as práticas e manifestações pessoais e culturais que violem o lugar do outro não devem ser toleradas.[41] É importante registrar que esse "lugar do outro" se define tanto pelo direito como pela moral, ou, dito de outro modo, trata-se do respeito aos direitos jurídicos e morais que têm todas as pessoas.

---

[37] Jonas, 1998:39-42.
[38] Marías, 2003.
[39] Rawls, 1996:43-49, 141-174.
[40] Ibid., p. 211-216; cf. Taylor, 1994:25-73; cf. Walzer, 1999.
[41] Rawls, 1996:216-221.

É nesse cenário que toma sentido falar-se em uma "nova ética". No lugar do "*éthos* do conhecimento" e do "*éthos* do fazer" que não conseguiram ultrapassar o estreito limite da racionalidade meramente instrumental, toma vulto como dever histórico tanto pessoal como institucional uma nova ética cosmopolita e inclusiva fundada na figura do outro como condição de possibilidade da existência humana livre e digna.[42] Essa nova ética não é apenas uma baliza para o presente, mas uma forma de se entender o tempo, isto é, de se interpretar o passado e planejar o futuro. A conduta ética nos obriga ao constante reexame do nosso passado histórico — pessoas, instituições e povos — tendo em vista recuperar e reparar os erros perpetrados contra indivíduos ou grupos sociais. Isso significa que a responsabilidade ética transcende tempo e espaço e o fato de não termos vivido num certo momento ou num certo local não nos exime dos nossos compromissos éticos. Da mesma forma o futuro, mesmo incerto, também é campo obrigatório para tais compromissos. Ainda que nós mesmos não vivamos no futuro distante, temos hoje o dever ético de zelar por ele e pelas pessoas que nele existirão, seja prevenindo, seja orientando para que não ocorram erros conhecidos. As ações do presente devem ser pautadas por exigências éticas não somente de hoje, mas também do passado e do futuro.

Para tanto, além dos princípios da responsabilidade e da tolerância já vistos, a literatura afim apresenta outros princípios que decorrem dessa nova ética.[43] Vejamos alguns:

PRINCÍPIO DA REALIDADE
Deve-se agir a partir da realidade, encarando-a de forma lúcida, sem, contudo, ficar preso a ela. Encarar a realidade de forma lúcida é, pois, evitar pessimismos imobilistas e otimismos ingênuos.

PRINCÍPIO DA FORÇA AFIRMATIVA
Deve-se afirmar a capacidade que possui o ser humano de transcender o inevitável mal-estar da realidade para afirmar e reafirmar seu legítimo desejo pela felicidade.

---

[42] Appiah, 2005; cf. Dussel, 2000.
[43] Cf. Morin, 2005; cf. Russ, 1999.

PRINCÍPIO DA LIBERDADE E IGUALDADE
Deve-se assegurar, a um só tempo, o respeito à liberdade e igualdade dos indivíduos. O máximo da liberdade violaria a igualdade e o máximo da igualdade violaria a liberdade. O equilíbrio razoável entre liberdade e igualdade implica a indivisibilidade entre direitos civis e políticos e direitos econômicos e sociais.

PRINCÍPIO DA DIFERENÇA
No plano social e cultural deve-se afirmar o direito à igualdade quando as diferenças conformam razões para a discriminação negativa; mas, por outro lado, deve-se afirmar o direito à diferença quando a igualdade conforma razão para massificação. Além disso, tratar desigualmente os desiguais justifica-se apenas como forma de redução das desigualdades.

PRINCÍPIO DA AUTODETERMINAÇÃO E DO RESPEITO À VIDA
Deve-se respeitar o consentimento autônomo que é inerente à dignidade da pessoa humana, o que implica o respeito aos diferentes projetos e modos de vida. No choque entre as culturas e suas distintas concepções de bem, a ética deve ser o elemento médio que pondera as concepções buscando nelas as versões que maximizam a tolerância.

III. Ética, direito e decisões judiciais

1. A necessidade da ética como fundamento para o direito.

Durante boa parte da modernidade, a dicotomia "direito x moral"[44] fez com que os assuntos ligados ao tema dos valores fossem defenestrados do universo jurídico ou, então, reduzidos à condição de mera perfumaria do sistema legal. Via de regra, o debate em torno de questões éticas e morais era acusado de "metajurídico" e, dessa forma, retirado da esfera de reflexão dos juristas como se fosse exclusividade de filósofos ou politólogos.[45] A concepção cientificista da modernidade atingiu em cheio o coração do di-

---

[44] Cf. Garzón Valdés, 2000:397-421; cf. Goyard-Fabre, 2002:XXV-XXVII.
[45] Batiffol, s.d.:15.

reito, que passou a ser consumido pelas sociedades como mero zelador da ordem e, no mais das vezes, do *status quo*. Nos sistemas romano-germânicos, esse fenômeno pode ser testemunhado, sobretudo, por meio de uma assustadora profusão de leis, como se essa inflação legislativa pudesse garantir absoluta certeza e previsibilidade de todas as relações jurídicas. Não que a segurança não seja importante; ela é, aliás, um dos mais importantes valores jurídicos.[46] A questão é que a mentalidade positivista, hegemônica na modernidade, constituiu o binômio "ordem-segurança" como único valor e finalidade da ordem jurídica. Todos os demais valores, fundamentos e fins do direito foram, em larga medida, marginalizados ou tomados, apenas, subsidiariamente.

Com efeito, a acepção geral do positivismo jurídico tomado a partir do sistema romano-germânico associou o conceito de direito a duas ideias fortes: "Estado" e "ciência". A associação entre direito e Estado é expressa na conhecida expressão "monismo jurídico", por meio da qual se afirma a estatalidade como requisito formal para a validade da norma jurídica.[47] O fundamento que subjaz nessa associação é a coercibilidade do direito ou a força por intermédio da qual o aparato de Estado pode sustentar as relações jurídicas. A ideologia que está por trás desse processo é que o direito detém o monopólio da força legítima nas sociedades atuais. A segunda associação, entre direito e ciência, é mais sofisticada e encontra espaço profícuo no universo acadêmico, embora seja afirmada também fora da universidade, seja nas instituições e associações jurídicas, seja no discurso dominante dos juristas. É corrente o uso de expressões como "a ciência do direito" ainda que essa seja uma das grandes polêmicas não resolvidas no âmbito da filosofia ou teoria geral do direito.[48] O fundamento que subjaz nessa associação é a validade epistemológica do direito, isto é, o elevado grau de confiabilidade que se deve ter no conhecimento jurídico.[49] A ideo-

---

[46] Latorre, 2002:47-54.
[47] Wolkmer, 1997:21-23, 40-58.
[48] Albert Calsamiglia apud Garzón Valdés, 2000:17-18.
[49] Larenz, 1989:41-44.

logia que está por trás desse processo é que o direito e aqueles que o manifestam detêm sempre um fundamento de verdade nas suas assertivas. Se na primeira associação o direito moderno busca sua legitimação política, nessa segunda associação busca a sua legitimação cognitiva.

As duas associações geram subprodutos que, de alguma forma, territorializam o direito e demarcam seu campo próprio de juridicidade. Na associação entre direito e Estado o subproduto gerado é a "lei". Na associação entre direito e ciência o subproduto gerado é a "técnica". Todavia, nesse processo de demarcação de juridicidade, os subprodutos "lei" e "técnica" acabaram tornado-se mais poderosos que a própria categoria de direito que, por seu turno, foi ironicamente conduzida à condição de dependente de seus próprios subprodutos. Assim, conforme a mentalidade positivista, o direito passou a ser ensinado e aprendido como um procedimento técnico-legal. Não é por outra razão que das cadeiras universitárias às provas de concursos públicos, o conhecimento jurídico é apresentado e valorizado muito mais como procedimento técnico-legal, portanto dogmático, do que como qualquer outra forma de saber. Veja-se esquematicamente:

Mentalidade positiva

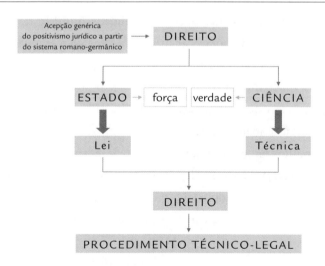

Evidentemente que a apreensão positivista do direito apresenta outros corolários e possibilidades de reflexão;[50] o que se pretende enfatizar com o raciocínio aqui desenvolvido é a maneira como a ontologia do direito foi reduzida à mera lógica formal, como se o conectivo lógico do nexo de imputabilidade que liga uma situação juridicamente relevante a dada consequência jurídica pudesse existir independentemente de qualquer consideração ética, como se os sujeitos de direito não reclamassem dignidade, apenas normatividade.[51] Chaïm Perelman (1998:91) lembra que

> o positivismo jurídico, oposto a qualquer teoria do direito natural, associado ao positivismo filosófico, negador de qualquer filosofia dos valores, foi a ideologia democrática dominante no ocidente até o fim da Segunda Guerra Mundial. Elimina do direito qualquer referência à ideia de justiça e, da filosofia, qualquer referência a valores, procurando modelar tanto o direito como a filosofia pelas ciências...

No limite essa redução lógico-formal do direito, embora possa até ter certa eficácia, acabaria por inviabilizar a finalidade primeira do ordenamento jurídico que é a de organizar uma sociedade cooperativa e plural com base em valores. Como afirma Batiffol (s.d.:77), "é à luz desta orientação teleológica que o direito contemporâneo põe o problema dos valores: admite-se geralmente que a elaboração do direito pressupõe a admissão de que certos resultados merecem ser procurados". No caso da negação desses valores, poderíamos ter um direito poderoso, mas incapaz de corresponder aos anseios de justiça da sociedade, donde ele acabaria destituído de seu próprio significado ou sentido. Daí o grande desafio contemporâneo que se coloca tanto para o jurista, como de resto para toda a sociedade, que

---

[50] Cf. Guerra Filho, 2001:67-114; cf. Bobbio, 1995.
[51] Batiffol, s.d.:22-25.

consiste, exatamente, em se recuperar os fundamentos éticos do direito. Nessa linha afirma Tércio Sampaio Ferraz Júnior (2001:347) em relação à justiça como valor e fundamento ético para o direito:

> Ao menos nesses termos existenciais é de reconhecer que a justiça confere ao direito um significado no sentido de razão de existir. Diz-se, assim, que o direito deve ser justo ou não tem sentido a obrigação de respeitá-lo. Ou seja, a perda ou ausência do sentido de justiça é, por assim dizer, o máximo denominador comum de todas as formas de perturbação existencial, pois o homem ou a sociedade, cujo sentido de justiça foi destruído, não resiste mais às circunstâncias e se perde, de resto, o sentido do dever ser do comportamento.

De certa forma, é possível dizer que essa tarefa já está em curso, apesar de algumas resistências que possa encontrar. Isso porque, sobretudo, na segunda metade do século XX, por várias razões, o paradigma positivista foi, aos poucos, perdendo sua força e diminuindo sua influência, embora ainda seja poderosa.[52] Diante desse quadro de enfraquecimento do positivismo, é possível afirmar, sem maiores receios, estarmos vivendo uma transição paradigmática passando do positivismo para o "pós-positivismo".[53] Para que se entenda melhor essa transição é necessário ter em conta qual a racionalidade interna que organiza tanto o paradigma positivista como o pós-positivista.

O positivismo jurídico, como o positivismo filosófico em geral, surge, antes de tudo, como reação ao pensamento metafísico que vincula a realidade visível a categorias invisíveis, quer dizer, não observáveis, tais como a natureza das coisas, a vontade divina ou, até mesmo, a razão humana.[54] A

---

[52] Perelman (1998:91-131). Apesar de ser forçoso concordar com Perelman que o declínio do positivismo jurídico ocorre a partir do fim da Segunda Guerra Mundial, vale lembrar que ao longo de todo o século XX existiram importantes teorias jurídicas que operaram fora da matriz positivista. A esse respeito cf. Larenz (1989:97-217).
[53] Cf. Atienza, 2007:295-312.
[54] Para essa relação entre positivismo filosófico e positivismo jurídico cf. Coing (2002:88-118).

confiança nessas categorias metafísicas implica, no mesmo passo, a crença em alguma força superior (não necessariamente no sentido religioso) que controla todos os fenômenos visíveis. Descoberta essa força ou sua maneira de operar, seria possível explicar esses fenômenos. Pois o positivismo rejeita tal ideia e afirma que o conhecimento deve ser feito mediante a observação neutra de cada um dos fenômenos que se pretende conhecer, para que ele seja apreendido não no que ele tem de mutável ou incidental, mas na sua regularidade ou estrutura essencial. Tal regularidade é entendida, conforme o positivismo, como qualidade intrínseca e estruturante do fenômeno, não como resultado de uma força superior. Para Augusto Comte (1983b:63), principal elaborador do positivismo filosófico, é necessário que se tenha em conta que não existe nenhuma unidade absoluta intrínseca à realidade, portanto as regularidades dos fenômenos devem ser buscadas na observação do fenômeno mesmo para que, assim, seja possível extrair dele suas relações de consequência. Essa é a ideia de "previsibilidade" que caracteriza o positivismo. Eis a síntese da perspectiva cientificista da filosofia positivista: "ver para prever e prever para controlar". Afirma Comte (1983a:23):

> Sem dúvida, ao tomar o conjunto completo de toda sorte de trabalhos da espécie humana, deve-se conceber o estudo da natureza, destinando-se a fornecer a verdadeira base racional da ação do homem sobre ela. O conhecimento das leis dos fenômenos, cujo resultado constante é fazer com que sejam previstos por nós, evidentemente pode nos conduzir, de modo exclusivo, na vida ativa, a modificar um fenômeno por outro, tudo isso em nosso proveito... Todas as vezes que chegamos a exercer uma grande ação, é somente porque o conhecimento das leis naturais nos permite introduzir, entre as circunstâncias determinadas sob a influência das quais se realizam os diversos fenômenos, alguns elementos modificadores que, em que pese sua própria fraqueza, bastam, em certos casos, para fazer reverter, em nosso proveito, os resultados definitivos do conjunto das causas exteriores.

No direito, a primeira consequência da ascensão do paradigma positivista foi a negação do direito natural, em todas as suas vertentes.[55] Depois, a busca por uma explicação científica do fenômeno jurídico.[56] Para tanto, o direito passou a ser estudado fenomenicamente, ou seja, como uma exterioridade objetiva dada à observação do cientista do direito.[57] Por conseguinte, de acordo com a "ciência do direito", essa exterioridade objetiva revela aquilo que o direito possui de regular, constante, e que, por isso mesmo, pode lhe definir em qualquer tempo ou lugar, como se fosse a "lei geral" do fenômeno jurídico.[58]

Mas o que o direito possui de regular ou constante e que lhe define na sua própria estrutura essencial? Foram, e são, muitas as respostas para essa pergunta, mas de maneira geral, a maior parte delas converge para dois elementos: a "força" e a "forma". Segundo esse modo de pensar, o direito é resultado objetivo de um ato de vontade da autoridade competente, valendo graças ao procedimento que lhe deu existência e ao aparato coercitivo que lhe garante permanência social; é indiferente ao conteúdo já que esse é mutável, não tem regularidade assegurada. Nesse paradigma, o direito vale independente de fundamentos ou compromissos éticos de suas normas. Vale notar que essa apreensão imperativa e formal do direito deita suas raízes no século XVII por meio da famosa afirmação de Hobbes (1974:171, 175): "é a autoridade e não a verdade que faz a lei". Contudo, é na filosofia normativista de Kelsen que essa ideia ganha maior fama e impulso. A primeira metade do século XX foi decisivamente marcada pela ideia de que o conhecimento jurídico se satisfaz por uma apreensão meramente científica que atesta a sua validade como forma jurídica coercitivamente organizada. Os valores e princípios nela albergados estão fora de discussão. Como uma síntese geral desse raciocínio, confira-se o que diz Kelsen (1994:55):

---

[55] Cf. Nino, 1980:30-32; cf. Goyard-Fabre, 2002:71-72.
[56] Scarpelli, 1996:25-30.
[57] Hespanha, 1997:175.
[58] Batiffol, s.d.:23.

Uma ordem jurídica pode ser julgada como injusta do ponto de vista de uma determinada norma de justiça. O fato, porém, de o conteúdo de uma ordem coercitiva eficaz poder ser julgado como injusto, não constitui de qualquer forma um fundamento para não considerar como válida essa ordem coercitiva.

Com efeito, esse estatuto positivista de juridicidade que reduz o direito à força e à forma nega qualquer tipo de preocupação com o conteúdo de suas normas e com seus fundamentos éticos. Nas palavras de João Maurício Adeodato (1995:12-13):

> Filosoficamente, podemos dizer que o positivismo jurídico caracteriza-se por aceitar que o direito resulta de um ato de poder competente, podendo assumir qualquer conteúdo. Ele é autossuficiente, é procedimental, é de certo modo irracional quanto ao conteúdo, na medida em que recusa um paradigma externo que configuraria a possibilidade de uma ética "necessária".

Entretanto, esse paradigma que recusa toda e qualquer forma de juízo de valor e nega os fundamentos éticos do direito revela-se incapaz de dar conta de situações mais dramáticas de autoritarismo, totalitarismo e graves injustiças. Exatamente o que foi constatado pelo filósofo Chaïm Perelman (1998:95):

> Os fatos que sucederam na Alemanha, depois de 1933, demonstraram que é impossível identificar o direito com a lei, pois há princípios que, mesmo não sendo objeto de uma legislação expressa, impõem-se a todos aqueles para quem o direito é a expressão não só da vontade do legislador, mas dos valores que este tem por missão promover, dentre os quais figura em primeiro plano a justiça.

Os critérios cientificistas não conseguiram sustentar a dignidade e a vocação próprias do direito como conhecimento prático voltado para a constituição de modos cooperativos de vida. A título de exemplo, basta pensarmos que nos tribunais não se busca apenas decisões lógicas ou racionais, mas decisões razoáveis com escolhas justificadas e pretensões fundamentadas, coisas que são inerentes à razão prática que anima o raciocínio jurídico e que acolhem as valorações próprias da consciência ética. Por isso o mesmo Perelman (1996:477) nos lembra que "um sistema de direito não se apresenta de modo tão formal e impessoal quanto um sistema axiomático, lógico ou matemático". Ainda no que diz respeito ao exemplo dos tribunais, afirma que, "contrariamente às teses positivistas, nas decisões judiciárias são introduzidas noções pertencentes à moral; algumas que foram fundamentadas, no passado, no direito natural, são hoje consideradas, mais modestamente, conformes aos princípios gerais do direito".[59]

2. Pós-positivismo e a justificação ética do poder

O caminho tomado pelas reflexões da filosofia do direito na segunda metade do século XX reverberou a pretensão ética como condição necessária e intrínseca ao direito e ao raciocínio jurídico. Os valores e princípios do direito, a exigência do bem comum e os fundamentos de liberdade e igualdade são ícones que resistiram ao formalismo do positivismo jurídico e permaneceram na consciência jurídica como exigências humanas a serem realizadas. Hoje em dia, todas as áreas ou ramos do direito, de alguma forma, já engendraram essa reflexão e por isso o recurso aos princípios do direito é tão falado e debatido. Estaríamos vivendo, assim, um novo paradigma: o do "pós-positivismo".

O pós-positivismo mantém a associação do direito com as ideias de força e forma. Não seria possível pensar um direito fraco e impotente

---

[59] Perelman, 1996:479.

diante dos fatos. Da mesma maneira, não seria possível pensar um direito impreciso que não pudesse diferenciar a si mesmo de outras condutas normativas, como a moral ou a religião, por exemplo. Contudo, o pós-positivismo acrescenta um terceiro elemento à estrutura essencial do direito, qual seja, a "ética".[60] Supera-se a ideia de que o direito é uma forma vazia pronta a emprestar sua potência a qualquer conteúdo resultante do talante das ondas políticas. Isso reconcilia o raciocínio jurídico com os valores e princípios que foram apartados juntamente com a negação do direito natural.[61] Todavia esta reconciliação não significa um retorno ao direito natural, quer pela manutenção das categorias "força" e "forma" — próprias do positivismo —, quer pelo reconhecimento de que os valores e princípios são historicamente produzidos,[62] ou seja, eles não decorrem de nenhum ente metafísico. Como produtos social-históricos esses valores e princípios estão constantemente em debate e o recurso a eles deve sempre vir acompanhado de uma justificação que torne eticamente aceitável suas utilizações.

O núcleo essencial do paradigma pós-positivista é a necessidade incontornável de justificação do poder.[63] Ainda que, por definição, o poder "possa", ninguém deve ser obrigado a aceitar qualquer tipo de imposição apenas em nome do poder. Em sociedades democráticas o poder precisa ser "justificado", isto é, "tornado justo". É preciso que se apresentem a todo tempo as razões éticas e morais para obedecê-lo.[64] Isso vale desde a relação entre pais e filhos, até a relação entre cidadão e Estado, passando, é claro, pela relação entre jurisdição e jurisdicionado. Certamente, em tempos positivistas o trabalho era bem menor, pois valia o ditado popular "manda quem pode e obedece quem tem juízo"... Em tempos pós-positivistas pode mandar aquele que legitimamente ocupa o lugar

---

[60] Höffe, 2001:141-146; Dworkin, 2001:3-103; Alexy, 2005:31-54.
[61] Zagrebelsky, 2008:14-18, 109-126.
[62] Perelman, 1996:191.
[63] Alexy, 2001:179-181.
[64] Nino, 1989:367-400.

de fazê-lo, mas que, ao mesmo tempo, apresenta as boas razões de seus mandos. Enquanto para o positivismo a obediência ao direito é algo "natural", para o pós-positivismo trata-se de um movimento histórico que deve ser justificado.

As conclusões mais imediatas a que se chega são que: (*i*) no paradigma pós-positivista o direito não se impõe por sua força ou forma apenas, mas pela sua fundamentação ética que deve, por sua vez, apresentar razões convincentes para que ele seja obedecido; (*ii*) nas complexas democracias contemporâneas a pluralidade de interesses exige uma justificativa "razoável" para as imposições jurídicas. Isso significa que estamos diante de uma nova forma de legitimação do direito. Se antes ele se legitimava apenas conforme a "autoridade" que o dizia — legitimidade pela competência — e conforme ao "procedimento" adotado na sua elaboração — legitimidade pela forma — agora o conteúdo do direito passa a ser igualmente importante como fonte de sua legitimação — legitimidade pela intenção ética.[65] Essa é uma realidade que vale, em âmbito estatal, para administradores, legisladores e juízes.

É necessário considerar que da mesma forma que o paradigma pós-positivista solucionou uma série de problemas relativos ao positivismo, como a superação do mito da neutralidade, por exemplo, ele traz consigo uma série de outras questões e desafios que devem ser enfrentados. Um exemplo nessa linha é o debate referente à colisão de princípios que tomou vulto após o reconhecimento da função normativa dos princípios, próprio do ambiente pós-positivista.[66] Outra questão que tem exigido fôlego dos interlocutores é o alcance jurídico do conceito de "dignidade humana" que, a depender do enfoque, pode ser considerado um valor, um princípio ou, ainda, um instituto jurídico.[67]

---

[65] Atienza, 1997:35-37.
[66] Alexy, 2001.
[67] Cf. Peces-Barba Martínez, 2003.

3. Prudência, intenção ética e jurisdição

Outro ponto sensível colocado em discussão pelo pós-positivismo, em especial a partir da "legitimação pela intenção ética", é a questão do "ato de julgar".[68] Durante um bom tempo a sentença foi entendida como o resultado necessário de um raciocínio puramente lógico, de tipo silogístico. Assim, a lei seria a premissa maior, o fato a premissa menor e a sentença o corolário como resultado da subsunção do fato à lei. Tudo operando como se a decisão procedesse de uma razão teórica que conhece o direito e observa os fatos para, em seguida, promover uma ordenação necessária. Embora tal raciocínio possa até se adequar a muitos dos casos judiciais, ele não é capaz de dar conta da totalidade dos casos. Mais ainda, ele não revela a própria natureza da atividade jurisdicional, uma vez que essa não é caracterizada pela razão teórica, mas sim pela "razão prática".[69] Enquanto a razão teórica se preocupa em adequar o intelecto à coisa, a razão prática se preocupa em valorar e ponderar para ajustar situações do mundo da vida. Por isso, o direito não pode ser pensado como mera adequação ao texto da lei — intelecto à coisa — mas como a busca da realização máxima dos valores jurídicos, num contexto determinado, a partir da compreensão e do discernimento relativos à norma jurídica. Evidentemente que os valores não se realizam todos com a mesma intensidade, ao mesmo tempo e na mesma situação, mas a tarefa do raciocínio jurídico é buscar o máximo possível desta realização.

A ideia de uma razão prática ou "sabedoria prática" remonta a Aristóteles,[70] que a expressava por intermédio da palavra grega *phrónesis*. Segundo Aristóteles, a sabedoria prática vincula-se à ideia de "deliberação", ou seja, à capacidade de tomar boas decisões tendo em vista a natureza particular do fato em questão. Nessa esteira, a razão é compreendida muito mais como "discernimento" do que como cálculo matemático:

---

[68] Aarnio, 1991:25-30.
[69] Perelman, 1998:1-3.
[70] Aristóteles, 1973:342-354, VI, 11, 1.139a-1.145a.

O que se chama discernimento, e em virtude do qual se diz que os homens são "juízes humanos" e que "possuem discernimento", é a reta discriminação do equitativo. Mostra-o o fato de dizermos que o homem equitativo é acima de tudo um homem de discernimento humano, e de identificarmos a equidade com o discernimento humano a respeito de certos fatos.[71]

Essa forma de pensamento que procura sempre a melhor decisão conforme as circunstâncias de cada situação, que os gregos chamavam de *phrónesis*, é expressa no latim por meio da palavra *prudentia*, donde, em português, prudência. É, exatamente, a prudência o alicerce da experiência jurisdicional entendida, por sua vez, como a busca de uma deliberação tendente ao "bem", isto é, à decisão equitativa, justa. Por isso diz-se que o juiz faz *juris prudentia* e não *juris scientia*.[72]

Alguns críticos do paradigma pós-positivista costumam dizer que admitir que a decisão judicial vá além do mero liame entre fato narrado e lei seria perigoso, pois abriria grande margem de discricionariedade ao juiz, podendo chegar à arbitrariedade. Pois bem, trata-se uma crítica poderosa que precisa ser enfrentada.

O ponto de partida para o enfrentamento da aludida crítica é ter-se em mente que o pós-positivismo opera com o pressuposto de que nas sociedades democráticas todo e qualquer poder — principalmente o jurídico — deve ser justificado. Por isso mesmo, a sentença não pode ser reduzida apenas a uma decisão que disperse o conflito tutelado. Ela deve apresentar as razões pelas quais a decisão tomada foi aquela e não outra e porque aquela solução é a mais aceitável dentro do direito. O juiz não pode mais ser visto como a "boca que pronuncia as palavras da lei", pois a complexidade do ordenamento jurídico conforma um campo de possibilidades entre as quais se deve optar por aquela mais adequada diante do caso concreto. Por

---

[71] Aristóteles, 1973:350, VI, 11, 1.143a, 20.
[72] Zagrebelsky, 2008:122-124.

isso, o juiz precisa prestar contas de sua decisão, apresentando democraticamente às partes e à sociedade interessada a razão razoável que a sustenta. Nessa tarefa, a argumentação ganha relevante destaque e, por isso mesmo, é outro tema tão caro ao pós-positivismo. No mais das vezes, ela será determinante para estabelecer a convicção do juiz e motivar sua decisão[73] de forma que ele possa convencer seu auditório, isto é, seu público específico, de que fez as escolhas mais adequadas. É isso que assegura a independência e autonomia do poder judiciário, ou seja, o fato de que suas decisões não são impostas autoritariamente, mas motivadas e em consonância com o direito e a sociedade. Isso não quer dizer que o judiciário deva ser servo da opinião pública, pois se assim fosse muitas injustiças e barbaridades poderiam ser cometidas. O compromisso do juiz é, em primeiro lugar, com a intenção ética do direito, e isso se traduz de imediato pelo máximo respeito aos jurisdicionados e aos seus direitos subjetivos, até como decorrência da segurança jurídica e da própria justiça. Mas o processo de motivação deve ser convincente o suficiente para parecer razoável aos olhos do cidadão médio. Para isso,

> o juiz deverá pôr fim ao litígio, indicando quais considerações e quais valores prevalecem em direito e em equidade. Após ter escutado os adversários, ouvido o pró e o contra, ele deverá indicar as razões que lhe determinaram a decisão: sua exposição de motivos procurará fazer que o dispositivo seja admitido pelas partes litigantes, pelas instâncias judiciárias superiores e pela opinião pública.[74]

Porque a motivação de qualquer decisão é uma exigência democrática do direito e da sociedade como um todo, ela deve estar presente em todos os momentos ou foros da argumentação jurídica, isto é, na produção da norma jurídica, na aplicação da norma jurídica e no estudo da norma jurídica.

---

[73] Perelman, 1996:514.
[74] Ibid., p. 554-555.

Da produção legislativa ao trabalho acadêmico e doutrinário, é essencial que sejam motivadas, ou seja, "justificadas" as razões pelas quais se apresenta uma determinada concepção da norma jurídica. Contudo, não resta dúvida de que o momento mais relevante para a justificação da norma é o da sua aplicação, pois se traduz como a situação da norma concreta, exigível para as partes. Seria o máximo da arbitrariedade que seu estabelecimento fosse feito de forma inacessível e/ou obscura, o que seria de pronto rejeitado pela própria ideia de direito e pelo princípio basilar do Estado democrático de direito. No Brasil, a exigência de justificação resulta do direito positivo mesmo, seja pelo aludido Estado democrático de direito expresso já no artigo primeiro da Constituição Federal, pelo princípio do devido processo legal inserto no artigo 5º, inciso LIV da Constituição ou, mais diretamente, pelo artigo 93, inciso IX da mesma Constituição, que assim dispõe: "todos os julgamentos dos órgãos do Poder Judiciário serão públicos, e *fundamentadas todas as decisões*, sob pena de nulidade..." (grifo nosso). Como se não bastasse a eloquência da Constituição Federal, o Código de Processo Civil — Lei 5.869/73 — é peremptório ao tratar do assunto. Primeiro, na seção dedicada às funções do juiz, estabelece: "Art. 131 — O juiz apreciará livremente a prova, atendendo aos fatos e circunstâncias constantes dos autos, ainda que não alegados pelas partes; mas *deverá indicar, na decisão, os motivos que lhe formaram o convencimento*" (grifo nosso). Adiante, ao tratar dos atos do juiz, determina: "Art. 165 — As sentenças e acórdãos serão proferidos com observância do disposto no art. 458; *as demais decisões serão fundamentadas*, ainda que de modo conciso" (grifo nosso). O artigo 458, que lhe é conexo, dispõe sobre os requisitos da sentença e assim determina:

> Art. 458 — São *requisitos essenciais da sentença*: I — o relatório, que conterá os nomes das partes, a suma do pedido e da resposta do réu, bem como o registro das principais ocorrências havidas no andamento do processo; II — *os fundamentos*, em que o juiz analisará as questões de fato e de direito; III — o dispositivo, em que o juiz resolverá as questões, que as partes lhe submeterem. (grifo nosso).

Ora, esses mandamentos legais foram recordados porque "motivação" não é outra coisa senão sinônimo de "justificativa".[75] Como afirma Manuel Atienza (1997:37), quando existem normas a serem cumpridas, há também uma metanorma que obriga aqueles que estabelecem as regras a dar razões que justifiquem o seu cumprimento. A justificação uma vez oferecida será, obviamente, objeto de análise por todas as pessoas interessadas, não no sentido de ser verdadeira ou falsa, já que não estamos em sede de razão teórica, mas no sentido de ser "forte" ou "fraca", conforme a qualidade ou capacidade de convencimento da argumentação utilizada. O que está em questão não é o aspecto técnico da sentença, mas sua capacidade de persuasão tendo em vista os valores e fins do direito que ela pretende assegurar e o meio que propõe para tal. Dito em outras palavras, o que está em questão é sua "razoabilidade". Com efeito, é necessário compreender que justificar, fundamentar ou motivar uma sentença não é somente demonstrar a correção de sua formalidade ou mesmo seu amparo legal; é, antes disso, apresentar a maneira como concilia o sentido do dever jurídico com a intenção ética do direito. A esse respeito, assim se manifesta Chaïm Perelman (1996:516):

> Mas cada vez que uma decisão de justiça deve ser capaz de apreciar a importância dos valores em jogo, que deve poder pesar o pró e o contra, para chegar a uma decisão bem motivada, que leve em conta, de uma forma equilibrada, as exigências da equidade e da segurança jurídica, o juiz não poderá limitar-se ao cálculo de um autômato, mas deverá recorrer a todos os recursos da argumentação, tanto em sua deliberação íntima, em sua tomada de decisão, quanto na redação de uma sentença que comprometerá sua responsabilidade pessoal.

Por isso tudo, não procede a crítica de que no paradigma pós-positivista poderíamos recair no subjetivismo e na arbitrariedade das decisões jurídi-

---

[75] Essa sinonímia é registrada tanto no *Dicionário Houaiss da Língua Portuguesa* como no *Novo Dicionário Aurélio da Língua Portuguesa* [Rio de Janeiro: Positivo, 2009].

cas. Ao contrário, nunca a necessidade de fundamentação foi tão valorizada. Mesmo que isso signifique maior trabalho ou exposição, o magistrado tem o dever não apenas de apresentar suas razões, mas, também, de ser convincente na apresentação de sua intenção ética, quer dizer, na busca da "legitimação pelo conteúdo" de sua sentença. Isso porque o fundamento primeiro da jurisdição não pode mais ser entendido como a busca da paz social. Essa era uma ficção que somente se sustentava no paradigma positivista, já que de fato nenhuma decisão pacifica um conflito. Ela, no máximo, dispersa o conflito que pode ou não se reorganizar em outro momento e lugar. Então qual seria o fundamento último da jurisdição? A resposta é ao mesmo tempo simples e profunda: o "cuidado". A jurisdição existe para cuidar do jurisdicionado, isto é, para meditar com ponderação o justo meio de reparar um mal, de entregar um bem da vida, de fazer ou refazer laços, de garantir um direito. Isso exige, antes de tudo, uma compreensão humana das partes e do processo, assim como exige uma intenção ética de quem julga.

Todo o esforço de justificação da norma, em especial da norma concreta, judiciária, tem o caminho entrecruzado pela preocupação em torno da garantia dos direitos fundamentais. Na verdade, "ética" e "direitos fundamentais" são dois temas que no direito costumam ocupar um mesmo território. Dessa forma, o desenvolvimento filosófico de um acaba por ser tributário do desenvolvimento filosófico de outro. Dito isso, pode-se considerar que toda a discussão contemporânea sobre a "máxima da proporcionalidade" é de vital ajuda na tarefa de justificação da norma.[76]

Foi diante do desafio ético da proteção do núcleo essencial dos direitos fundamentais que a doutrina alemã desenvolveu e consolidou a ideia de que toda norma ou ato normativo deve possuir dois requisitos básicos: (*i*) a garantia da eficácia dos meios que propõe; (*ii*) a certeza de ser o meio proposto o menos oneroso possível para o indivíduo ou grupo social.[77] Com base nessa orientação doutrinária, o Tribunal Constitucional Federal da Alemanha assumiu sua de-

---

[76] Alexy, 2001:111-114; 2004:32-81; 1999:277-279.
[77] Larenz, 1989:585-586.

legação constitucional de protetor dos direitos fundamentais. Em vários casos onde esses direitos entraram em rota de colisão, o Tribunal Constitucional consagrou acórdãos[78] que buscaram garantir certo direito fundamental sem, contudo, anular completamente o outro direito colidente, conformando o conceito jurídico de "proporcionalidade", marcado pela exigência de proteção à dignidade humana através da menor restrição possível aos direitos fundamentais do homem. Paradigmática foi a decisão proferida em 1971 por aquela Corte:

> O meio empregado pelo legislador deve ser adequado e exigível, para que seja atingido o fim almejado. O meio é adequado quando, com seu auxílio, se pode promover o resultado desejado; ele é exigível quando o legislador não poderia ter escolhido outro igualmente eficaz, mas que seria um meio não prejudicial ou portador de uma limitação menos perceptível ao direito fundamental.[79]

A partir desse ponto e com ulterior desenvolvimento da doutrina, chegou-se ao nível atual de entendimento sobre a máxima da proporcionalidade, a partir de três diretivas que lhe são constitutivas:

1. CONFORMIDADE OU **ADEQUAÇÃO** DE MEIOS (*GEEIGNETHEIT*)
Este princípio impõe que a medida proposta — norma ou ato normativo — seja apropriada às finalidades almejadas, isto é, que os meios adotados sejam conforme os fins pretendidos e, por isto, eficazes na consecução destes. Fere o princípio da adequação toda medida que não se mostre apta ao alcance de seus objetivos.

2. EXIGIBILIDADE OU DA **NECESSIDADE** (*ERFORDERLICHKEIT*)
Este princípio, também conhecido como da "menor ingerência possível", impõe a prova de que a autoridade criadora da norma não poderia

---
[78] Larenz, 1989:490-500.
[79] Cf. *BverfGE*, 30, 292 (316).

ter adotado outro meio igualmente eficaz e menos desvantajoso para o(s) destinatário(s) da norma. Fere o princípio da necessidade toda medida que não seja a menos gravosa possível para o indivíduo.

3. PROPORCIONALIDADE EM SENTIDO ESTRITO (*VERHÄLTNISMÄSSIGKEIT*)

Este princípio, também conhecido como da "ponderação de interesses", impõe que o resultado obtido seja capaz de trazer um benefício maior do que o ônus imposto pela medida, isto é, o meio de intervenção proposto pela norma se justifica não apenas por atingir o resultado almejado, mas quando esse resultado consegue uma melhora efetiva na situação de garantia de direitos do indivíduo. Fere o princípio da proporcionalidade em sentido estrito toda medida que seja desproporcionada em relação ao fim, ou seja, imponha um ônus maior do que o bônus.

4. CASOS FÁCEIS, CASOS DIFÍCEIS E CASOS TRÁGICOS

Em que pese o avanço do debate acerca da justificação e da prudência sob as luzes do paradigma pós-positivista, foi um autor positivista que introduziu uma das distinções mais importantes da filosofia do direito para esse debate acerca da justificação: é a distinção entre "casos fáceis" e "casos difíceis" apresentada por Herbert Hart em seu livro *The concept of law*, publicado em 1961. De certa forma, Hart elabora esse raciocínio como uma resposta a Kelsen, que no último capítulo da *Teoria pura do direito* desenvolve uma noção própria da interpretação jurídica.

Ao discutir a questão da hermenêutica, Kelsen afirma que a mais importante interpretação, aquela que pode ser chamada de "autêntica", é a que é feita pelo juiz, pois é o magistrado quem detém a competência para dar o sentido específico da norma quando a aplica ao caso concreto. Portanto, segundo Kelsen (1994:394), o único problema a ser enfrentado é saber que tipo de interpretação é a interpretação autêntica.[80] Duas alternativas são

---

[80] Convém lembrar que, para Kelsen, "interpretação autêntica" é aquela realizada pelo juiz no exercício da judicatura.

oferecidas: ou ela é "ato de conhecimento" ou "ato de vontade". Ato de conhecimento seria aquele configurado como

> um ato intelectual de clarificação e de compreensão, como se o órgão aplicador do Direito apenas tivesse que pôr em ação seu entendimento (razão), mas não a sua vontade, e como se, através de uma pura atividade de intelecção, pudesse realizar, entre as possibilidades que se apresentam, uma escolha que correspondesse ao Direito Positivo, uma escolha correta (justa) no sentido do Direito Positivo (Kelsen, 1994:391).

Por outro lado, ato de vontade seria aquele configurado como

> a fixação de uma moldura que representa o Direito a interpretar e, consequentemente, o conhecimento das várias possibilidades que dentro desta moldura existem. Sendo assim, a interpretação de uma lei não deve necessariamente conduzir a uma única solução como sendo a única correta, mas possivelmente há várias soluções que — na medida em que apenas sejam aferidas pela lei a aplicar — têm igual valor... (Kelsen, 1994:390).

O problema, então, pode ser assim colocado: a interpretação autêntica — aquela que é feita pelos tribunais — é ato de conhecimento ou ato de vontade?

A resposta dada por Kelsen ao problema é a seguinte: a atividade cognitiva do juiz limita-se ao conhecimento da validade da norma. Isso quer dizer que o juiz precisa conhecer o conjunto das normas válidas que conformam o ordenamento jurídico, o que chama de "moldura" do direito positivo. Uma vez conhecida essa moldura, a atividade interpretativa, segundo Kelsen (1994:394), não autoriza o magistrado a buscar normas ou sentidos normativos fora do direito positivo, isto é, do direito válido. Porém, uma vez dentro dos limites da moldura, o juiz pode escolher livremente, conforme sua própria vontade, qual norma irá aplicar entre as várias normas possíveis. Isso significa que no exato momento de aplicação da norma cessa a cognição e passa a funcionar a vontade. Portanto, a "interpretação autêntica" é um "ato de vontade". Para apoiar essa conclusão, Kelsen (1994:395) lembra a diferença entre a interpretação feita pelos tribunais e a interpretação da ciência do direito. Enquanto aquela é ato de vontade, esta sim é ato de conhecimento. A interpretação jurídico-científica estabelece significações possíveis para a norma jurídica de tal forma a reduzir ao máximo a pluralidade de significações da norma jurídica, obtendo, assim, o maior grau possível de segurança.[81] Mas esse não é um trabalho dos juízes e sim dos juristas ou cientistas do direito. Os juízes, no exercício da jurisdição, criam direito ao definir por sua própria vontade a norma (válida) e o significado próprio que a ela darão em face do caso concreto.

Hart irá refazer esse caminho, mas não pela observação direta dos tribunais e sim pela observação dos efeitos da linguagem sobre o próprio conceito de direito. Segundo Hart, o direito pode ser entendido como um conjunto de padrões de conduta que ganham "eficácia" quando comunicados pela linguagem. De saída é importante notar que norma que não seja eficaz, isto é, não esteja apta a produzir efeitos, não pode ser considerada jurídica. A pergunta então é a seguinte: o que dá eficácia a uma norma jurídica? A resposta de Hart (1986): a linguagem. Todavia a linguagem, como é sabido, pode ser mais ou menos clara e precisa. Essa imprecisão da linguagem pode deixar dúvidas quanto ao padrão de conduta pretendido: "Mesmo quando são usadas regras gerais formuladas verbalmente, podem, em casos particulares concretos, surgir incertezas quanto à forma de comportamento exigido por elas". Continuando seu raciocínio, Hart (1986:139) admite que tal imprecisão não será coisa a ocorrer em todas as situações, mas certamente em algumas: "Haverá na verdade casos simples que estão sempre a ocorrer em contextos semelhantes, aos quais as expressões gerais são sempre aplicáveis... mas haverá também casos em que não é claro se se aplicam ou não".

---

[81] Kelsen, 1994:397.

Dessa conclusão de Hart nasce, então, a diferenciação entre "casos simples" e "casos difíceis". Daí em diante ela será intensamente trabalhada no âmbito da filosofia do direito.[82] O interesse imediato dessa distinção no raciocínio aqui desenvolvido é que o problema da justificação da decisão, com especial ênfase na questão do argumento ético, muda em volume e densidade conforme se esteja diante de um caso fácil ou de um caso difícil. Assim, é preciso, de imediato, que se visualize as diferenças entre os dois tipos de casos.

Os casos fáceis podem ser entendidos como aqueles que ocorrem dentro de uma zona clara da linguagem. Isso significa que entre o acontecimento do caso e sua solução judicial não há circunstâncias linguísticas específicas que tragam problemas que possam afetar a plena realização do direito. Nesse sentido, as normas pertinentes ao caso são claras e facilmente aplicáveis. Todavia, um caso não é simples apenas porque não há empecilhos com a premissa normativa. Na mesma linha, as premissas fáticas se apresentam sem relevantes obstáculos, ou seja, correspondem a situações de fato razoavelmente simples que se repetem em contextos similares e que envolvem agentes em situação basicamente comum. Em relação às disputas jurídicas que envolvem as partes, os casos fáceis se amparam na existência de acordos gerais na jurisprudência acerca dos conceitos normativos incidentes e seus sentidos possíveis. Por isso tudo, esses tipos de caso admitem solução amparada apenas por raciocínio silogístico.[83]

Por sua vez, os casos difíceis podem ser entendidos como aqueles que ocorrem dentro de uma zona de penumbra da linguagem. Isso significa que entre o acontecimento do caso e sua solução judicial há circunstâncias linguísticas específicas que trazem diferentes tipos de problemas que podem afetar a plena realização do direito. Nesse sentido, as normas pertinentes ao caso são vagas ou ambíguas ou, ainda, incongruentes. No entanto, um caso não é difícil apenas porque pode haver empecilhos com a premissa

---

[82] Aarnio, 1991:23-25.
[83] Atienza, 2001:13.

normativa. As premissas fáticas também podem trazer obstáculos relevantes, seja porque apresentam situação de fato complexa e/ou duvidosa, seja porque envolvem agentes em situação peculiar ou diferenciada por questões sociais, econômicas, psicológicas, culturais etc. Em relação às disputas jurídicas que envolvem as partes, os casos difíceis não contam com consenso jurisprudencial, ou tal consenso, caso exista, não atende à singularidade das partes. Além disso, também se caracterizam como difíceis aqueles casos que envolvem termos, normas ou institutos jurídicos moralmente carregados. Por esses motivos, nesses casos difíceis o julgador se encontra diante de uma inevitável ampliação de seu poder de decisão. Claro que ele continua julgando sob a batuta dos fins do direito, mas o caminho da solução será, sem dúvida nenhuma, mais flexível. Porém, na exata medida em que cresce essa flexibilidade, cresce também o esforço para a justificação da decisão. Por isso os casos difíceis não admitem solução amparada apenas por raciocínio silogístico.[84]

O próprio Hart com sua versão mais sofisticada do positivismo admite que nem sempre o ordenamento jurídico estará apto a regular cada conduta específica por meio da vontade abstrata da lei. Daí a inarredável tarefa dos tribunais de fazerem um juízo de ponderação, com base na razão prática, a fim de buscar a solução mais aceitável diante do caso. Isso é o que Hart (1986:148) constata e denomina "textura aberta do direito":

> A textura aberta do direito significa que há, na verdade, áreas de conduta em que muitas coisas devem ser deixadas para serem desenvolvidas pelos tribunais ou pelos funcionários, os quais determinam o equilíbrio, à luz das circunstâncias, entre interesses conflitantes que variam em peso, de caso para caso.

De alguma forma, Hart está reconhecendo que os fundamentos de moralidade compartilhados numa dada sociedade são importantes para

---

[84] Atienza, 2001:13-14.

garantir a estabilidade do direito. Isso é claramente perceptível nos casos difíceis.

É importante que se diga que, como é comum no debate filosófico, não há consenso em torno dessa ideia de casos simples e difíceis e nem das consequências que dela se possa extrair. Há uma fileira positivista que critica o que considera demasiada abertura desse raciocínio que poderia conduzir a subjetivismos e imprevisões, portanto insegurança jurídica. Para estes deve valer a aplicação estrita da lei. Por outro lado, há uma fileira pós-positivista que também crítica essa mesma abertura, dizendo que ela pode ameaçar a garantia dos direitos morais dos indivíduos caso o juiz não os assegure em sua sentença. Nem tanto para um lado nem tanto para outro, o fato é que já não se pode considerar a prestação jurisdicional como mera aplicação da lei ao caso concreto. Ainda que em diferentes níveis de densidade, a transição paradigmática do positivismo ao pós-positivismo deixou claro que a inclusão de argumentos morais no direito e a busca da legitimação ética do conteúdo da sentença são imprescindíveis no mundo contemporâneo. O direito não pode ser encarado como um sistema de força pela força, mas como coerção orientada por valores. Como afirma Alexy (2005:22), *"una práctica social que no pretendiese nada más que el poder o la fuerza no sería un sistema jurídico"*.

O novo problema que a filosofia do direito colocou na pauta dos juristas é o seguinte: como buscar critérios para uma aplicação do direito que considere não apenas sua eficácia normativa e social, mas também sua aceitabilidade ética? A resposta a essa pergunta é decisiva tanto para o futuro dos tribunais como para a estabilidade de uma sociedade que se quer plural e democrática. Para nos ajudar a enfrentar esse problema, serão apresentadas algumas teses sustentadas por Manuel Atienza (2001), filósofo do direito espanhol que se destaca entre os que mais têm refletido sobre essa questão.

Antes de tudo, deve-se considerar o significado próprio da categoria "decisão judicial". As histórias dos tribunais e de algumas teorias da hermenêutica jurídica apresentam duas visões que serão aqui consideradas como distorções dessa categoria: o "decisionismo" e o "determinismo".[85] No caso do decisionismo, entende-se que a decisão judicial é a pura manifestação de um ato de vontade da autoridade estatal competente. Nessa perspectiva, o juiz manifestaria sua vontade amparada no ordenamento jurídico, mas sem maiores esforços racionais de justificação. Até mesmo a decisão de não aplicação da regra, em caráter de exceção, não exigiria uma diligência justificadora. A explicação por trás do decisionismo é que a legitimidade da decisão repousa sobre a autoridade da função judiciária. Em outras palavras, o juiz está investido no cargo para julgar de forma autônoma, portanto qualquer decisão é válida e legítima. O único meio aceitável para o questionamento da decisão é a impetração de recurso no processo judicial.

Já no caso do determinismo, entende-se que a decisão judicial também é manifestação de um ato de vontade da autoridade estatal, mas não o juiz e sim o legislador. Nessa perspectiva o juiz estaria apenas atuando como um porta-voz da vontade do legislador aplicada ao caso concreto, ou seja, transformando a vontade abstrata da lei em vontade concreta que vincula as partes do processo. Qualquer exceção à aplicação da lei somente seria admissível quando prevista na própria lei. O juiz estaria julgando sem propriamente decidir, mas apenas sendo a "boca da lei". A explicação por trás do determinismo é que a legitimidade da decisão decorreria do procedimento de elaboração e promulgação das leis, por um lado, e do correto funcionamento do processo judicial, por outro. Nesse caso, o meio mais adequado para a mudança da decisão seria a atuação política para a alteração legislativa da lei que produziu efeito concreto na sentença do juiz.

Evidentemente que, tanto sobre decisionismo como sobre determinismo, inúmeras considerações políticas e sociológicas, além das filosóficas, é claro, poderiam ser elaboradas. Mas a ideia central que se pretende registrar aqui é que o julgamento judicial é um processo de extrema complexidade e, por isso, não pode ser reduzido nem à condição de decisionismo e nem de deter-

---
[85] Atienza, 2001:10-11.

minismo. Ambas são insatisfatórias por diversas razões, mas, especialmente, por serem incapazes de produzir a justificação ética da decisão, tendo em vista o caso concreto. Deve-se ter em mente que o poder do juiz não é infinito, sendo limitado por alternativas de ação previamente definidas. Contudo, tais alternativas de ação não se limitam ao texto literal das regras, devendo o magistrado considerar, tanto quanto cabível, o conjunto do ordenamento jurídico, seja nas suas regras, princípios ou valores, bem como o fim social a que se destina o direito. Nessa linha, toda decisão precisa ser motivada para que possa haver o controle público das decisões e sua consequente legitimação social, como se espera em um Estado democrático de direito.

Avançando no raciocínio que nos é apresentado por Atienza (2001:11-12), deve-se considerar que "decidir" é diferente de "explicar ou justificar" uma decisão. Qualquer decisão é uma ação resultante de um processo psicossocial que pode emergir de maneira mais solitária ou coletiva e em distintos contextos. Com efeito, quando se condena x a uma pena y, tem-se aí uma ação, isto é, uma decisão. Já quando se fala "devo condenar x a uma pena y", tem-se aí um procedimento, isto é, um meio utilizado para se chegar a uma decisão. Como foi visto, o paradigma positivista apresenta o silogismo como parâmetro necessário para a decisão, inculcando-nos a ideia de que a decisão judicial é, por isso, uma decisão lógica. É importante considerar que, ainda que a decisão resulte de um silogismo, a lógica nunca produz decisões. Ela produz as condições necessárias para que um observador externo possa julgar uma decisão conforme as regras de uma dada lógica. Quer dizer, alguém poderá afirmar se uma decisão foi mais ou menos, de acordo com certa forma de raciocínio, lógico. Todavia é fundamental, novamente, asseverar que decidir — a ação da decisão — não é uma questão puramente lógica. Nem poderia sê-lo mesmo, pois nesse caso não precisaríamos de pessoas prestando a jurisdição, máquinas poderiam fazê-lo (ideia que a todos parece absurda).

Compreendido que qualquer decisão é uma ação de base psicossocial, precisamos entender a diferença entre "explicar" uma decisão e "justificar" uma decisão. Explicar uma decisão significa mostrar as causas, isto é, as razões que permitem ver uma decisão como efeito dessas causas. Uma forma lógica de raciocínio como o silogismo, por exemplo, pode muito bem ser considerada como a explicação de uma decisão, mas jamais como sua justificação. Isso porque justificar uma decisão significa apresentar as razões que permitem considerar uma decisão como algo aceitável, ou seja, razoável. Na justificação a lógica formal opera muito pouco. Atua de maneira bem mais forte a racionalidade prática ou sabedoria prática, como dizia Aristóteles, que esclarece os motivos pelos quais aquela decisão e não outra deve ser considerada a melhor.

Nesse momento, vale recordar e esclarecer outra distinção bastante importante para o paradigma pós-positivista. Trata-se da distinção entre "contexto da descoberta" e "contexto da justificação".[86] Muito embora a decisão judicial seja ação incursa na liturgia do processo judicial, o momento próprio da decisão não se restringe ao contato com os autos do processo. De acordo com a complexidade do caso, o problema pode reverberar por mais ou menos tempo e com mais ou menos intensidade na cabeça do juiz, até que em dado momento vem a decisão. Esse momento pode bem ser após um raciocínio silogístico ou o exame de dada prova contida nos autos, por exemplo. Mas também pode ser depois de uma noite de sono, um almoço de domingo, uma sessão de ioga ou uma conversa com a sogra. Esse momento aonde a decisão vem a lume é o chamado "contexto da descoberta". É claro que nele operam razões propriamente jurídicas e outras tantas de caráter ideológico. Enquanto sob o manto do paradigma positivista tanto se preocupavam os juristas em defender a neutralidade do magistrado, sob o paradigma pós-positivista se reconhece e assume que tal neutralidade é, de fato, impossível, pois qualquer decisão decorre de um processo psicossocial. Seria ingenuidade imaginar que um juiz, ao julgar o pedido de um alvará para a realização de um aborto em situação não prevista na lei, não levaria em conta sua religião e suas crenças sobre o início da vida humana.[87] Em vez

---

[86] Atienza, 2001:12-13.
[87] Importante que se diga que o reconhecimento da impossibilidade da neutralidade na decisão judicial não significa negar a exigência de "imparcialidade" do magistrado. O juiz

de tentar negar o inegável, mais profícuo é que se procure a justificativa da decisão. Isso nos conduz ao segundo elemento da distinção: o "contexto da justificação". Enquanto o contexto da descoberta pode bem explicar uma decisão, apenas o contexto da justificação pode apresentar tal decisão como algo aceitável diante das exigências do ordenamento jurídico e da necessária intenção ética que deve ter uma sentença. Sendo o contexto da justificação a apresentação das razões que revelam a aceitabilidade da decisão, por certo que sobre ele recaem tanto os argumentos jurídicos como os argumentos morais. Até mesmo argumentos psicológicos, sociológicos e econômicos são considerados, uma vez que lá no mundo da vida, aonde a sentença irá produzir seus efeitos, essas dimensões não se separam. À luz do Estado democrático de direito, motivar as decisões judiciais significa "justificá-las".

Quando se fala em argumentos morais no contexto da justificação, isso pode causar alguma estranheza em pessoas pouco familiarizadas com ou pouco afeitas ao paradigma pós-positivista. Mas é preciso ter em conta que, como dito anteriormente, a aceitabilidade de qualquer norma jurídica, seja a lei, o ato administrativo ou a sentença judicial, deve acontecer tanto em relação à origem e ao procedimento como ao conteúdo. No que diz respeito a este último, a pura demonstração do amparo legal da decisão não constitui razão suficiente para sua justificação. Isso porque é possível decidir um mesmo caso de diferentes maneiras com base no mesmo ordenamento jurídico. É vital que se esclareça por que aquela e não outra é a melhor decisão de um ponto de vista ético. Por que é aquela a decisão que mais dignifica a condição de sujeito da pessoa e respeita sua dignidade humana. Nessa linha, é necessário concluir que toda justificação é sempre uma justificação moral. Todavia, tal conclusão nos remete a outro problema: a concepção moral que deve prevalecer em uma sentença é a do próprio magistrado? Existem, ao menos, duas concepções gerais

---

que possuir, de alguma forma, comprometimento com a parte e/ou interesse direto no resultado do processo deverá declarar-se ou ser declarado impedido para que não realize o julgamento.

sobre os sentimentos morais: a relativista e a objetivista.[88] De acordo com a concepção relativista, cada um constitui no âmbito de sua consciência seu senso de certo e errado, isto é, sua opinião moral. Essas opiniões não podem ser reconduzidas às prescrições objetivas de aplicação geral, pois isso significaria uma espécie de absolutismo moral, quer dizer, a imposição dos valores morais de uns sobre outros. Por outro lado, de acordo com a concepção objetivista, grupos sociais constituem opiniões morais compartilhadas que se refletem nos costumes e no ordenamento jurídico desses mesmos grupos. Essa manifestação objetiva, de opiniões morais, não pode ser considerada uma imposição absolutista conquanto possam os próprios grupos sociais colocar em questão suas opiniões morais. Dito isso, não se pode querer uma vinculação à corrente do relativismo moral, pois qualquer justificação moral da sentença seria considerada uma imposição arbitrária. Assim, a legitimação ética da sentença ocorre nos termos da concepção objetivista da moral. Isso significa que não é aceitável que um juiz justifique moralmente uma sentença alegando suas próprias crenças e valores morais. Há pouco foi dito que de acordo com o contexto da descoberta é inevitável que as ideologias e visão de mundo do magistrado atuem no momento de sua decisão. Porém, não é admissível numa sociedade democrática que as decisões sejam justificadas dessa forma. Uma vez tomada a decisão, o magistrado deve justificá-la a partir dos sentimentos morais compartilhados na sociedade e que foram incorporados ao ordenamento jurídico na forma de normas, valores e fins do direito. Lembre-se de que o fundamento último da legitimação ética é a dignificação do outro na sua outricidade, ou seja, na sua condição de outro. Isso não necessariamente ocorrerá imputando-se o código moral ou a escala de valores daquele que julga. Daí a importância de a sentença amparar-se numa concepção objetivista da moral. Para tanto, os princípios jurídicos costumam ser normas suficientemente maleáveis para se justificar, na medida certa, uma grande variedade de casos.

---

[88] Atienza, 2001:19-20.

Tudo que foi visto, até agora, faz parte de um esforço racional de aplicação do direito a partir de critérios éticos e democráticos. Esse esforço acarreta uma série de novas exigências na elaboração da sentença. Porém seria insano imaginar que diante do trabalho cotidiano e da quantidade média de casos por magistrado seria possível a cada julgamento todo esse trabalho filosófico. Daí a importância da diferenciação entre casos simples e casos difíceis, pois é nos casos difíceis que esse trabalho de justificação deve ter mais fôlego. Se considerarmos uma escala gradativa entre os casos mais fáceis e os casos mais difíceis, podemos dizer que quanto mais difícil for o caso, maior esforço de justificação ele demandará. Ainda que o esforço de justificação ética não seja o mesmo em todos os casos, isso não significa que a intenção ética não deva estar presente em todos os julgamentos. Isso quer dizer que todo esse esforço racional por uma nova compreensão ética da jurisdição deve atuar para a criação de uma nova cultura judiciária que permita ao juiz duas coisas fundamentais: (*i*) uma compreensão ético-filosófica de seu papel diante das partes do processo e da sociedade; (*ii*) a empatia diante dos processos para identificar aqueles mais difíceis ou delicados.

Nessa infindável tarefa de justificação ética, é fundamental ter em conta que não há critérios científicos e mesmo morais que assegurem respostas do tipo "verdadeiro ou falso" ou mesmo "certo e errado". Quaisquer que sejam os argumentos, eles devem estar abertos ao julgamento da comunidade jurídica e da sociedade como um todo. Numa democracia não há donos da verdade. Deve haver o esforço construtivo da garantia constante de direitos numa realidade em permanente mudança. Exatamente porque a realidade está sempre a apresentar situações novas e singulares, nem sempre será possível encontrar uma solução eticamente aceitável com base no direito positivo e nas regras formais de justiça. Numa situação-limite como essa, o juiz não estará diante de um caso difícil, mas sim de um "caso trágico".[89] Os casos trágicos revelam não apenas dramas pessoais e sociais, mas dilemas de-

---

[89] Atienza, 2001:21.

cisórios onde será impossível encontrar uma solução plenamente adequada. O caso é trágico tanto para quem é julgado como para quem julga. Como qualquer situação-limite, no mais das vezes, vai exigir uma resposta-limite. Por isso, tais casos estão inevitavelmente abertos para "juízos de equidade", exigindo de quem os julga não apenas conhecimento e vigor cognitivo, mas sentimento de ternura e amor na sua decisão. Novamente temos *logos* e *pathos* se manifestando na ordem do humano. Por isso o filósofo francês Paul Ricoeur (1993:34) nos fala da necessidade de incorporarmos em nossas regras um grau cada vez maior de compaixão e generosidade, afirmando ser essa "uma tarefa perfeitamente razoável, ainda que difícil e interminável".

IV. Magistratura e ética institucional

Este texto não poderia ser encerrado sem tratar da questão específica da ética institucional da magistratura, especialmente em função da aprovação pelo Conselho Nacional de Justiça, no ano de 2008, do Código de Ética da Magistratura Nacional. É importante que se registre que a iniciativa brasileira está longe de ser isolada. Na verdade, pode e deve ser inserida dentro de um esforço global nesse sentido.

Na virada do milênio, a Organização das Nações Unidas (ONU), consciente da importância do Poder Judiciário como guardião último da justiça e da democracia, convocou um grupo de especialistas, juízes de cortes superiores e juízes seniores de várias partes do mundo para formar The Judicial Integrity Group, isto é, o Grupo de Trabalho para o Fortalecimento da Integridade Judicial. A iniciativa foi motivada, sobretudo, pela preocupação de que em vários países de todos os continentes, denúncias de envolvimento de membros do Poder Judiciário em situações de corrupção ou imparcialidade poderiam conduzir a população mundial, em especial os jurisdicionados, a uma crise de confiança em relação ao sistema judiciário, o que seria fatal para a manutenção da democracia em todo o planeta.

Assim, no ano de 2000 o Grupo iniciou seus trabalhos em busca de um conjunto de princípios que orientassem uma atuação institucional ética de magistrados e que pudesse ter aceitação universal. Como nem o Grupo nem a própria ONU teriam poderes para impor tais princípios, seria vital que eles se afirmassem e legitimassem em todos os países e culturas a partir de suas próprias virtudes. No ano de 2001, esses princípios foram formulados em Bangalore, na Índia, e foram oficialmente aprovados em Haia, Holanda, em 2002. Dessa data em diante, paulatinamente os Princípios de Bangalore cresceram em sua influência em todos os continentes, auxiliando, inclusive, como base na elaboração de códigos regionais de ética para a magistratura (como é o caso do Código Ibero-americano) e de códigos nacionais (como o Código Brasileiro aprovado pelo CNJ). Em 2006, o Conselho Econômico e Social (Ecosoc) da ONU aprovou Resolução (23/06) convidando os Estados-membros a ajustarem seus sistemas legais internos aos Princípios de Bangalore de Conduta Judicial e a promoverem a formação do espírito ético de seus magistrados. Para facilitar a apreensão e compreensão dos Princípios de Bangalore, representantes de 35 países se reuniram na cidade de Viena, Áustria, no ano de 2007, estudando propostas de emendas ao texto original e formulando comentários que permitissem maior profundidade, clareza e aplicabilidade aos Princípios. Assim, chegou-se à versão atual dos Princípios que, juntamente com os Comentários, aspiram ao lugar de "Código Universal de Ética Judicial". No Brasil, a ideia geral de um Código de Ética Judicial foi recepcionada pelo CNJ, que em setembro de 2008 instituiu formalmente o Código de Ética da Magistratura Nacional. Tal Código teve como inspiração mais imediata o Código Ibero-americano de Ética Judicial que, por sua vez, inspirou-se, em larga medida, nos Princípios de Bangalore. Tanto o Código Ibero-americano como o Código Nacional serão tratados adiante.

Os Princípios de Bangalore estão organizados a partir de seis grandes valores: (*i*) independência, (*ii*) imparcialidade, (*iii*) integridade, (*iv*) idoneidade, (*v*) igualdade e (*vi*) competência/diligência. Cada um desses valores se desdobra em um princípio que é apresentado com comentários visando ao seu entendimento e a sua aplicação prática. Esse corpo integral forma o chamado *Commentary on The Bangalore Principles of Judicial Conduct* [Comentários aos Princípios de Bangalore de Conduta Judicial]. No Brasil, esses comentários foram traduzidos e disponibilizados pelo Centro de Estudos Judiciários do Conselho da Justiça Federal. Também não há unanimidade em torno dos comentários aos princípios: alguns dizem que o detalhamento excessivo pode ser danoso pois produziria um "engessamento da magistratura". Aliás, tal crítica é muitas vezes dirigida aos próprios princípios. Contudo, não se pode falar sem conhecê-los, e para conhecê-los é necessário lê-los; tarefa que deve ser realizada individualmente e sem mediações, para que cada um forme criticamente seu ponto de vista.

Ao mesmo tempo que a ONU movia esforços para a elaboração de um documento de referência planetária acerca da ética institucional da magistratura, diversos países também o faziam aprovando códigos nacionais de ética judiciária. Essa preocupação ocorreu em especial nos países ibero-americanos, pois já no ano de 2001 a Cúpula Judicial Ibero-americana incluiu no *Estatuto do juiz ibero-americano* um capítulo destinado à "ética judicial". Essa discussão foi crescendo em tamanho e densidade até que no ano de 2004 presidentes de Tribunais Superiores de Justiça aprovaram no âmbito da Declaração Copán-San Salvador a revisão dos códigos de ética já existentes e a elaboração de um *Código modelo ibero-americano de ética judicial*. A ideia geral é que tal código modelo expressasse um forte compromisso com a excelência da jurisdição e o respeito com os direitos do jurisdicionado. Na mesma esteira, deveria, também, ser um instrumento de fortalecimento da legitimidade institucional e democrática do Poder Judiciário na Ibero-américa. O principal raciocínio subjacente ao código é que um melhor juiz produz uma melhor sociedade e uma melhor sociedade exige um melhor juiz. Para o trabalho de elaboração desse código modelo foram convidados os professores Manuel Atienza e Rodolfo Luis Vigo. Ambos, amparados por uma equipe de apoio, trabalharam por mais de um ano na elaboração de um código que fosse amplo o suficiente para contemplar a diversidade cultural e jurídica dos países ibero-americanos, mas que fosse específico o suficiente para concretizar o desejo do estabelecimento de condutas virtuosas e construtivas tanto para a jurisdição como para a instituição Poder Judiciário. Assim, o Código Modelo foi aprovado na Cúpula Judicial Ibero-americana realizada na República Dominicana em junho de 2006. Ele não exerce força vinculante sobre as magistraturas nacionais, mas, sem dúvida, apresenta razões suficientes para que cada tribunal e cada magistrado busquem nele fonte de conhecimento, esclarecimento e orientação acerca da conduta institucionalmente ética. Por isso mesmo, o Centro de Estudos Judiciários do Conselho da Justiça Federal, em fevereiro de 2008, ofereceu ao público brasileiro uma versão do Código em língua portuguesa.

A forma normativa adotada no Código Ibero-americano foi a dos princípios. A metódica é a mesma para todo o código: apresenta-se o princípio definindo-se sua especificidade e finalidade; em seguida é fornecida sua definição e algumas aplicações possíveis do princípio em certas situações mais significativas; por fim, são apresentadas algumas condutas que favorecem o cumprimento do princípio. Os princípios adotados são:

- Independência
- Imparcialidade
- Motivação (nas decisões)
- Conhecimento/Capacitação
- Justiça/Equidade
- Responsabilidade institucional
- Cortesia
- Integridade
- Transparência
- Segredo profissional
- Prudência
- Diligência
- Honestidade profissional

Veja-se que do dever de cortesia até o dever de equidade, o Código propõe um modelo de juiz virtuoso apto a fortalecer a democracia por meio da dig-

Deux Eglises, lugar altamente simbólico, figura uma máxima tirada de seus escritos: "há um pacto muitas vezes secular entre a grandeza da França e a liberdade do mundo".[6]

Último ponto em comum é a cronologia com duas fases importantes. A primeira delas é o segundo quartel do século XIX, período que corresponde ao desaparecimento dos pais fundadores nos Estados Unidos e dos últimos revolucionários na França, bem como ao surgimento de uma geração que não conheceu esses momentos decisivos. Paradoxalmente, é a viagem triunfal de Lafayette aos Estados Unidos em 1824/25, a convite do presidente, que reaviva a memória da guerra da independência e o desejo de construir o romance nacional. Por ocasião de uma das primeiras comemorações da revolução americana, em 1825, no cinquentenário da batalha de Bunker Hill, Daniel Webster, orador ilustre e futuro senador de Massachusetts e secretário de Estado, na presença de Lafayette, qualificou a revolução americana de "prodígio dos tempos modernos e de bênção", explicando que a história dos Estados Unidos demonstra que "um governo popular é tão permanente e duradouro quanto outros sistemas". Em contraponto, ele citou a frase atribuída a Luís XIV, "o Estado sou eu", como exemplo de um poder sem limites, com um povo subjugado, e que estava ultrapassado.[7] Dois anos depois, em 1827, Massachusetts criou um ensino do patriotismo graças à história dos Estados Unidos, no que foi seguido por outros estados. George Bancroft iniciou a publicação de sua grande *História dos Estados Unidos*, que desde logo conheceu um sucesso extraordinário, sendo o primeiro volume reeditado 10 vezes em 10 anos. Trata-se de uma primeira versão historiográfica do romance nacional americano comparável a Michelet, seu contemporâneo. Numa visão messiânica, ela apresenta os Estados Unidos como o resultado feliz da história da humanidade, aproveitando-se das melhores qualidades de cada povo europeu. Por exemplo, a propósito dos franceses, Bancroft ressalta o papel da emigração huguenote e refere-se ao projeto da Flórida huguenote do século XVI como marco fundador, por ser a primeira tentativa de estabelecimento permanente de europeus protestantes na América do Norte. Ele celebra incansavelmente "os 60 anos da epopeia triunfal da primeira democracia e de seus heróis". Como último indício de uma memória histórica já então dinâmica, temos o famoso artigo de John O'Sullivan, que, para justificar

---

[6] Apud Agulhon, 2000:12.
[7] Apud Kennedy, 2003:45-47.

a anexação do Texas, evoca em 1845 "nosso destino manifesto de reconquistar a totalidade do continente doado pela Providência".[8]

Do outro lado do Atlântico, a escola histórica francesa, com Augustin Thierry e Michelet, entre outros, fornecia a argumentação histórica que emprestava sua forma acabada ao romance nacional francês. Além dos historiadores, o próprio Estado, à época de Luís Filipe e da monarquia de julho, criou a partir de 1830 uma série de instituições de memória, incluindo um museu da história da França instalado em Versalhes, o primeiro do gênero e um dos mais sistemáticos.[9]

A segunda fase corresponde às duas últimas décadas do mesmo século, quando então os dois países conheceram profundas divisões, que nos Estados Unidos acabaram por levar inclusive à guerra civil. A gestão da memória é, pois, um meio de superar essas oposições. Nos Estados Unidos, as comemorações da promulgação da Constituição em 1887 e do primeiro mandato de Washington mobilizam a opinião. O Memorial Day, consagrado ao sacrifício de todos os mártires da nação americana, torna-se feriado nacional em 1888. Quatro anos depois, em 1892, o quarto centenário da descoberta da América por Cristóvão Colombo é outra data marcante. Institui-se então o juramento à bandeira; no ano seguinte, a exposição organizada em Chicago para esse aniversário exibe numerosos objetos de interesse histórico, diferentemente daquela do centenário da declaração da Independência em 1876.[10] É também durante essa exposição que o historiador Turner lança sua teoria sobre *o significado da fronteira na história americana* no momento em que a colonização chega à costa do Pacífico. Para ele, o avanço contínuo para o Oeste durante um século influenciou profundamente a cultura dos Estados Unidos, encarnando o espírito de inovação e o sonho americano de emancipação. A virtude dos pioneiros transmitira-se às gerações seguintes. A fronteira, pelas condições sociais que ela implica, atenua as diferenças sociais e desenvolve o igualitarismo. Ela reforça o otimismo americano e o apego ao Estado federal que, por meio do exército, garante a segurança. Essa tese foi debatida no plano histórico.[11] Porém, mais que uma avaliação de sua

---

[8] Para as duas citações, ver Royot, Bourget e Martin (1993:54). Essa obra contém uma série de outras referências reforçando a ideia de uma primeira fase de construção do romance nacional.

[9] Constans e Gervereau, 2001.

[10] Kammen, 1984:114.

[11] Royot, Bourget e Martin, 1993:175-183.

pertinência, ela merece atenção por sua produção de imagens e de uma nova mitologia histórica, completando assim o romance nacional. Essa mitologia encontra sua encarnação num gênero artístico surgido um quarto de século após o fim da fronteira, o *western*, frequentemente identificado ao cinema americano de modo geral. Aí se encontram todos os mitos, o primado do desenvolvimento agrícola, longe do comércio e da indústria do Leste, a solidão dos heróis, o igualitarismo agrário.[12] Aí se descobre a continuidade com a mitologia religiosa da época colonial. O *western* não acrescenta nem substitui, ele prolonga: o herói aspira sempre à Terra Prometida e ao novo Éden. A prova da existência de Deus e da missão confiada ao homem americano está na grandiosidade e beleza dessas paisagens desérticas.

Na França, esse decênio corresponde ao triunfo dos republicanos, que instaura definitivamente o 14 de julho como feriado nacional e confere à escola a missão de difundir sistematicamente o romance nacional, não apenas através dos compêndios de história, mas também do livro intitulado *Le tour de France par deux enfants*.

▌ Afora um messianismo comum, os romances nacionais diferem profundamente

O romance nacional francês se estrutura em torno das noções de antiguidade, de continuidade sem falhas e, talvez ainda mais importante, de autoctonia: três textos de origens diferentes ilustram essa afirmação. O mais antigo, de um autor de compêndios de história do ensino primário do início do século passado, Foncin, não hesita em fazer dos primeiros franceses homens pré-históricos, esquecendo-se de que os alemães também poderiam, com razão, invocar a proteção do imperador:

> Quanto reconhecimento não devemos a nossos ancestrais! Foi por nós que, em tempos pré-históricos, obscuros benfeitores descobriram o uso do fogo, domesticaram os animais, trabalharam os metais, cultivaram o trigo etc. Foi por nós, franceses, que Vercingétorix se sacrificou e morreu, que Carlos Magno determinou as invasões, que os cavaleiros fizeram as cruzadas, que os troveiros criaram a língua

---

[12] Mauduy e Henriet, 1989.

francesa, que as comunas inauguraram a liberdade municipal, que Joana d'Arc na fogueira encarnou a pátria francesa, que grandes reis e grandes ministros a engrandeceram e fortaleceram. E que seria de nós sem a Revolução Francesa?

O segundo é o grande contista e homem do rádio e da televisão da França da segunda metade do século XX, Alain Decaux, que assim se refere à sua vocação de historiador, herdada de seu avô professor:

> Como tal, ele passara a sua vida ensinando alguns milhares de meninos a amarem a França. Essa França era bela, ia buscar suas origens muito longe, nas florestas habitadas por druidas. Fora vítima de tantas ambições, ataques e violências que é espantoso que, graças à firme vontade de alguns e à coragem de todos, tenha conseguido crescer, subsistir e tornar-se o que é. Meu avô, professor republicano, não temia evocar esses reis que pacientemente haviam aumentado esse patrimônio. Sobre o mapa pendurado ao lado do quadro-negro, ele evocava esse que era o primeiro reino da França, alguns quilômetros quadrados em torno de Paris. Aumentado pelas conquistas, o reino tornou-se a França que os jacobinos de 1793, herdeiros paradoxais do rei que haviam guilhotinado, defendiam com a mesma tenacidade dos capetos. Por tantas vezes abalada ao longo dos séculos, invadida, humilhada, essa França descrita por meu avô sempre conseguira recobrar-se. Como não amá-la?[13]

O terceiro é talvez o mais surpreendente. Trata-se da carta que o candidato Mitterrand enviou a todos os franceses em sua última campanha presidencial de 1988: mais de um quarto dos nomes citados pertence à memória nacional, e o autor não hesita em incluir-se na continuidade de uma história da França sem ruptura verdadeira, retomando o tema mais antigo do romance nacional: "eu não condeno a afirmação do Estado em todos os tempos e em todos os lugares, longe disso. Eu teria feito o mesmo para forjar a estrutura que, de Filipe Augusto a Colbert, dos jacobinos a Bonaparte e Gambetta, Clemenceau e De Gaulle, permitiu à mais antiga nação da Europa erigir-se e depois durar e reunir nela mesma até nós as virtudes do passado e as promessas do futuro". Enumeração impressionante: parte dos heróis da escola primária desfila em torno do

---

[13] Decaux, 1979.

tema da construção contínua do Estado, da Monarquia à República, passando pelo Império, linhagem na qual se insere o presidente da República em final de mandato.

O que há de mais significativo em todos esses textos é o desejo comum de suprimir as rupturas — particularmente a maior delas, a Revolução Francesa —, projeto que não é novo. Podem-se ver suas primícias desde o Império, mas é o próprio Luís Filipe na década de 1830 que o realiza através precisamente do Museu de História de Versalhes que ele criou e acompanhou pessoalmente. Com as milhares de pinturas históricas por ele reunidas ou encomendadas ele quer demonstrar, pela iconografia, a grande unidade da história da França. Lá estão tanto o batismo de Clóvis e São Luís ministrando justiça sob o carvalho de Vincennes quanto a descoberta do rio São Lourenço por Jacques Cartier, a morte de Marat e Napoleão na ponte de Arcole. A galeria mais conhecida e mais bem-conservada é a das batalhas, onde estão os quadros das vitórias da Monarquia, da Revolução e do Império, de Tolbiac a Wagram, passando por Marignan, Fontenoy e Fleurus, sem esquecer Yorktown. Nada é deixado ao acaso, e as cenas mais importantes do romance nacional são valorizadas por suas grandes dimensões e sua localização central, como a batalha de Bouvines, a entrada de Joana d'Arc em Orléans e a entrada de Henrique IV em Paris. O quase oficial *Journal des Debats* explicita-lhes o sentido:

> Todas as grandes famílias da França, aquelas que datam gloriosamente de nossa Revolução de 1789 e aquelas cuja origem se perde na noite dos tempos (...) será que elas não têm todos os seus representantes, suas insígnias, seus títulos e suas proezas e de todos os heróis da pátria? Não, o rei não se esqueceu de ninguém.[14]

Luís Filipe criou assim "galerias de mortos lembrados na memória dos vivos", segundo Guizot, e "instalou o presente no passado", no dizer de Victor Hugo.

Mas a principal contribuição do século XIX foi dar aos franceses os gauleses como ancestrais, em vez dos francos. Por trás dessa mudança de origem está a ideia de uma autoctonia do povo francês, o que evidentemente não corresponde à realidade histórica, pois tanto os celtas quanto os francos vieram do

---

[14] Apud Gaehtgens, 1997:165.

Leste. Essa reconstrução da história francesa já estava presente no famoso livro do revolucionário Sieyès, *Que é o terceiro estado?* Este apresenta como terceiro estado os descendentes dos gauleses, enquanto a nobreza provinha dos francos, sendo a Revolução uma desforra dos gauleses contra os invasores francos. De certo modo, trata-se de uma "descolonização" ou, para usar um termo menos anacrônico, uma guerra de independência. Augustin Thierry e seu irmão Amédée dão uma roupagem histórica a essa tese da ascendência gaulesa, tendo este último publicado em 1828 uma *História dos gauleses desde os tempos mais remotos até a total submissão da Gália à dominação romana*. Amédée valoriza aí a figura de Vercingétorix, que por suas qualidades e defeitos — inteligente, vivo, porém individualista e indisciplinado — prefigura o caráter nacional. Logo de saída, deixa claro o seu intuito: "foi com zelo religioso que ele [o autor] recolheu essas velhas relíquias dispersas, indo buscar nos anais de uma vintena de povos os títulos de uma família que é a nossa".[15] À época do Segundo Império, Napoleão III reforça essa epopeia fundadora. A última expressão dessa mitologia, num tom graciosamente irônico, consiste evidentemente na famosa série de histórias em quadrinhos sobre o herói gaulês Asterix e a última aldeia gaulesa a resistir aos romanos.

É grande o contraste com o romance nacional americano, baseado na ruptura com o Velho Mundo e na criação de um novo após uma perigosa travessia. Assim, o emigrante é a imagem por excelência do fundador da cidade, e não o autóctone. Isso é enfaticamente afirmado na primeira seleção memorial. Aqui o evento fundador é a chegada dos *Pilgrim Fathers*, os Pais Peregrinos, dissidentes puritanos, a Cap Cod, em Plymouth, em 1620. No entanto, essa não é a colônia mais antiga nem a mais importante. Jamestown, mais ao sul, na futura Virginia, fora fundada em 1607, dando início à brilhante trajetória econômica daquela região. Essa aventura é relembrada a cada ano, não diretamente, mas indiretamente pela grande festa de *Thanksgiving*, a quarta quinta-feira de novembro, Dia de Ação de Graças, que comemora a primeira colheita dos *Pilgrim Fathers* onze meses após sua chegada: os índios trazem-lhes perus selvagens, mirtilo, milho e abóboras.[16] Esse primeiro evento é complementado pelo sermão de John Winthrop, *Um modelo de caridade cristã*, com sua expressão indefinidamente repetida, tirada de um dos textos mais conhecidos do Evangelho de São Mateus (5-13),

---

[15] Nos ancêtres les Gaulois, p. 208.
[16] Bellah, 1984.

o *Sermão da montanha*: "vós sois a luz do mundo. Não se pode esconder a cidade edificada sobre um monte". Winthrop havia liderado em 1630 um grupo de puritanos na Nova Inglaterra e se tornaria o primeiro governador de Massachusetts. Assim, a referência ao passado está muito mais ligada à história bíblica do que ao passado real dos colonos. A dimensão religiosa é, pois, predominante e marca outra grande diferença em relação à França.

Em seguida, o segundo evento fundador, a revolução, com o dia 4 de julho, o Independence Day, a comemoração da declaração de independência. Esse outro evento também guarda indiretamente uma conotação religiosa, pois o texto comemorado faz menção a Deus quatro vezes. Desde a primeira frase célebre: "todos os homens foram criados iguais; foram dotados pelo Criador de certos direitos inalienáveis". Colocando a luta pela independência sob o mesmo signo providencial em seu primeiro discurso de posse, Washington vê na memória dos acontecimentos mais recentes "a mão invisível que conduz as questões humanas. Cada passo de nosso país rumo à independência parece ter sido marcado por sinais de intervenção da Providência". A ligação com Deus não é somente a dos deístas da época das Luzes, mas a de Israel. Mais ainda do que os franceses, os americanos se veem como os sucessores do povo eleito da Bíblia. É o que diz explicitamente um pastor de Massachusetts num sermão de ação de graças em 1799, examinando os traços em comum entre o povo dos Estados Unidos e o Israel antigo: "muitas vezes já se disse que o povo dos Estados Unidos está mais próximo do Israel antigo do que qualquer outra nação do mundo. Daí o uso frequente da expressão 'nosso Israel americano'". Mais tarde, em 1856, outro pastor da Filadélfia, Joseph F. Berg, demonstraria em *A pedra e a imagem* que os Estados Unidos são a Terra Prometida bíblica.[17] Eis por que tantos grupos dissidentes, em geral messiânicos, se estabeleceram nos Estados Unidos ao longo de todo o século XIX. O primeiro evento fundador dos americanos, os *Pilgrim Fathers* que deixam a velha Europa cruzando o Atlântico, retoma aquele que funda Israel: a fuga do Egito e a travessia do mar Vermelho. Não se trata aqui absolutamente de uma suposição pessoal. Jefferson, tido como o menos religioso dos pais fundadores e mais deísta do que cristão, torna explícita essa referência no discurso inaugural de seu primeiro mandato: "eu deveria render graças a este Ser em cujas mãos estamos, que guiou nossos pais, tal como o Israel

---

[17] Royot, Bourget e Martin, 1993:52.

antigo, desde o seu país natal até uma terra onde abundam riquezas e deleites". É o que está implícito nas palavras do presidente Johnson, 156 anos mais tarde: "Eles aqui aportaram, exilados e estrangeiros, corajosos porém assustados por encontrarem uma terra onde o homem podia ser dono de si mesmo. Eles selaram um pacto com esta terra".[18] Daí a importância da paisagem aberta, de amplos horizontes e abundante vegetação, sendo o papel dos pintores decisivo para representar a Terra Prometida e o novo Éden.

Da emigração original à emigração em massa dos séculos XIX e XX não há solução de continuidade. Tal emigração é o sinal permanente da eleição divina e do laço entre o Israel antigo e os Estados Unidos. Mas aqui se acrescenta, em fins do século XIX, um novo instrumento memorial, a Estátua da Liberdade, com sua mudança de significado simbólico.[19] É bem conhecido o projeto inicial dos liberais franceses reunidos em torno de Laboulaye de oferecer à República americana, por ocasião do primeiro centenário de sua fundação, um presente de sua homóloga francesa. A estátua deveria assim encarnar os benefícios da expansão da liberdade pelo mundo graças à aliança entre as duas Repúblicas e à amizade entre seus povos. Esse foi o teor dos diferentes discursos de sua inauguração, em 1886, que representavam a visão universalista comum às duas nações. Nenhuma referência à chegada dos imigrantes, já então numerosos, à baía de Nova York. No entanto, desde 1883, *The new colossus*, poema de Emma Lazarus, judia secularizada e proveniente da Europa central, já oferecia uma outra interpretação: fazer da Estátua da Liberdade a "mãe dos exilados", a acolher os miseráveis e oprimidos. Até mesmo em função da experiência de sua comunidade de origem, para Emma Lazarus a Estátua da Liberdade não acolhia apenas os emigrantes vindos de toda parte por questões econômicas, contudo, mais particularmente aqueles que fugiam da opressão e da perseguição. Foi preciso esperar mais de meio século para que o tema se tornasse relevante, embora tenha sido colocada uma placa no interior do pedestal em 1903. Por ocasião do cinquentenário da estátua, em 1936, Roosevelt não fez nenhuma alusão a respeito. A II Guerra Mundial e a chegada dos judeus que fugiam do extermínio deram enfim ao poema de Emma Lazarus toda a sua atualidade e sua força. Após a guerra, a placa com o poema de Emma Lazarus saiu da obscuridade para ser colocada na entrada principal. Em 1965, o presidente Lyndon Johnson assinou

---

[18] Apud Bellah, 1984:101.
[19] Skerry, 2006.

uma nova lei sobre imigração ao pé da estátua, citando o poema de Emma Lazarus. Não saímos da fuga do Egito. Não teria a estátua se naturalizado com essa mudança simbólica?

A Guerra de Secessão é o terceiro evento fundador. Surge uma memória religiosa complementar, mas não deixamos a Bíblia, e, sim, acrescentamos o Novo Testamento ao Antigo. O próprio Lincoln, no discurso inaugural de seu segundo mandato, via na provação da guerra civil "o justo castigo daqueles para quem o castigo chega"; em outras palavras, a ira de Deus contra seu povo infiel. É ainda o Israel antigo. No entanto, por ocasião do discurso de Gettysburg em homenagem à memória das vítimas da guerra civil, ele invoca uma memória cristã: "os que aqui deram sua vida para que esta nação pudesse viver". Em breve sua morte trágica evocaria a imagem do Cristo, como disse um de seus antigos aliados: "por 50 anos a fio Deus submeteu Abraão ao seu fogo ardente. Fê-lo para pôr à prova Abraão e purificá-lo (...) sua personalidade (...) fez dele o mais nobre e o mais digno de ser estimado desde Jesus Cristo... Creio que Lincoln foi um eleito de Deus".[20]

Em torno dessa memória crística da guerra civil e de seus mártires criaram-se novos memoriais, em particular os cemitérios nacionais destinados a abrigar os "combatentes mártires". O mais famoso deles é o de Arlington, à entrada de Washington, transformado em símbolo da unidade nacional após acolher os confederados sulistas mortos, depois todos os mortos das guerras seguintes e, de modo geral, os antigos combatentes, sem falar de um outro presidente assassinado e de seu irmão Robert, que teve o mesmo fim. Cabe notar, a esse respeito, que os homens públicos assassinados que se tornaram mártires, como Lincoln, são também fundadores da nação americana, o último dos quais é Martin Luther King.

Essa memória religiosa não se confunde com uma memória confessional. Em outras palavras, ela não faz distinção entre as várias igrejas cristãs. Tanto mais que, desde a origem, as colônias da América acolheram indistintamente as diversas confissões protestantes, inclusive, na região de Baltimore, as católicas. Isso é natural, pois a cultura protestante baseia-se na interpretação pessoal da Bíblia e compreende perfeitamente as diferenças teológicas e institucionais. Além disso, como vimos, essa memória religiosa se estabelece a partir do relato bíblico,

---

[20] Apud Bellah, 1984:104.

e não da história particular de cada uma das comunidades que emigraram ou mesmo dos dissidentes que se opuseram ao anglicanismo real. Nessa óptica dos Pilgrim Fathers, a memória dos Estados Unidos não guarda seu particularismo religioso nem mesmo suas divergências com o rei Jorge I, e, sim, a imagem bíblica dos hebreus escravos do faraó que tiveram a coragem de deixar o Egito e atravessar o mar Vermelho.

Para Robert Bellah, essa ligação entre memória nacional e memória religiosa constitui uma verdadeira religião civil, muito viva à época em que ele escreveu o seu artigo, logo após o assassinato de Kennedy. A expressão *under God* foi acrescentada ao juramento de fidelidade em 14 de junho de 1954. A seu ver, a nova fronteira de Kennedy é de expressões renovadas do Israel americano. Tudo indica que essa religião civil não perdeu nada de sua força no início do século XXI, e que o movimento dos *Born again*, longe de enfraquecê-la, somente a reforçou. A força do romance nacional americano está em combinar uma memória religiosa com a memória nacional sem esquecer a mediação da memória familiar, bem como em inscrever-se resolutamente nos vastos espaços a conquistar, e isso desde o primeiro evento fundador.

Graças precisamente a essa noção de ruptura e de Terra Prometida, esse romance nacional tem uma plasticidade grande o bastante para recuperar seus "esquecidos" ou, mais exatamente, seus ocultados. O indício mais forte é evidentemente a instauração do Martin Luther King's Day à época da presidência de Ronald Reagan, apesar de suas reservas. O gesto é tanto mais significativo porque, com a extensão do Washington's Day ao conjunto dos presidentes, esse é o único personagem histórico comemorado todo ano. Cabe dizer que o militante da igualdade racial já dera a sua própria contribuição ao romance nacional em seu célebre discurso de 28 de março de 1963, "*I have a dream*" ("Eu tenho um sonho"), proferido no lugar de memória altamente simbólico do Lincoln Memorial e no qual evocara precisamente os Pilgrim Fathers e a Terra Prometida da igualdade e liberdade para todos. Assim, pode-se fazer uma demonstração precisa e documentada dessa plasticidade do romance nacional a partir do novo catálogo de apresentação do museu de retratos da capital federal.[21] A exemplo do anterior, sua vocação não é meramente artística, mas cívica, reforçando a memória nacional, como o demonstram seu título — *Retrato de uma nação* —, seu

---

[21] *Portrait of a nation...*

plano cronológico, as escolha das personalidades representadas e os comentários sobre as imagens. Aí vemos em ação o trabalho de recomposição da memória pela maior integração das minorias, numa espécie de discriminação positiva. Se na capa aparece uma típica família "wasp" (*white anglo-saxon-protestant*) de Massachusetts, o pintor Hart Benton e sua mulher, por ele mesmo retratados, e no frontispício, uma fotogravura de Lincoln, também ganham destaque o músico afro-americano Lionel Hampton e, sobretudo, os autóctones e as mulheres: pela ordem, a princesa índia Pocahontas, "que salvou a vida do colono inglês John Smith (...) exemplo de uma heroína americana dos primeiros tempos", o chefe moicano Etow Oh Koam, que visitou a corte da rainha Ana em 1710, e Philis Whitley, "a primeira mulher afro-americana a publicar um livro". Somente depois aparecem os pais fundadores. Quanto ao fôlder com apenas seis retratos, os responsáveis pelo museu aí puseram, sob o título "coragem", a militante negra Rosa Park, que se recusou a ceder o seu lugar num ônibus em Montgomery, Alabama, desencadeando a resistência não violenta.

A partir dessa oposição principal, podem-se apontar outras diferenças marcantes. Mencionarei apenas duas, para não prolongar uma exposição já tão longa. A primeira tem a ver com a própria estruturação dos dois romances, o lugar do espaço "natural" e das paisagens. A França inscreve também sua memória histórica numa geografia. Michelet e Lavisse iniciam sua grande história traçando um panorama da França, assim como G. Bruno em seu *Le tour de France par deux enfants*. Mas a relação com a natureza não é a mesma que nos Estados Unidos. A paisagem que identifica a França tem a medida do equilíbrio, é uma paisagem já largamente humanizada desde gerações, tendo por modelo as regiões do Loire e de Île de France. Em seu livro, G. Bruno compara a França a um "jardim", servindo as montanhas agrestes para protegê-lo. Estas já fazem parte das margens. Já a natureza americana é uma natureza anterior à chegada dos homens, quando mais não seja porque o símbolo da eleição do povo americano e de sua missão providencial é a Terra Prometida que lhe foi concedida: evidentemente, com um lapso de memória nada desprezível: os índios. As pinturas de paisagens, tão numerosas entre os artistas americanos, exprimem assim o romance nacional tanto quanto as pinturas com temas propriamente históricos, estas mais raras.

A segunda nos remete ao tema inicial, a relação entre memória e identidade nacional. De saída, os Estados Unidos assumem plenamente sua dimensão memorial com o Memorial Day e os diversos memoriais — Washington, Jefferson, Lincoln —, mas também pela maneira de teatralizar a história e de encená-la, colocando por toda parte figurantes em trajes de época. A França esconde essa dimensão memorial atrás de uma rica roupagem histórica à base de datas e cronologias abundantes, multiplicando desde cedo as *Histórias da França* como prolongamento das *Grandes crônicas*. Por que essa desconfiança em relação à memória só desapareceu recentemente, no tempo em que reina a memória generalizada? Talvez porque em primeiro lugar vem o Estado, bem antes da nação. O tema merece discussão. Obriga-nos, em todo caso, a introduzir um terceiro termo no binômio memória/identidade nacional, qual seja, a história, e a analisar o seu papel na consciência nacional.

▪ Referências

AGULHON, Maurice. *De Gaulle, histoire, symbole, mythe*. Paris: Plon, 2000.

BELLAH, Robert N. La religion civile américaine. *Le Débat*, n. 30, p. 107-111, mai 1984.

CALVET, Robert. *Les Américains*: histoire d'un peuple. Paris: Colin, 2004.

CARRIER, Thomas J. *Washington DC:* a historical walkin tour. Chicago: Arcadia, 1999.

CONSTANS, Claire; GERVEREAU, Laurent. *Le musée révélé*. Paris: Robert Laffont, 2001.

DECAUX, Alain. On n'apprend plus l'histoire à nos enfants. *Le Figaro Magazine*, 20 oct. 1979.

GAEHTGENS, T. W. Le Musée Hstorique de Versailles. In: NORA, P. (Dir.). *Les lieux de mémoire*. Paris: Gallimard, 1997. v. 3.

JOUTARD, Philippe. Une passion française: l'histoire. In: BURGUIÈRE, André; REVEL, Jacques (Dir.). *Histoire de la France*. Choix culturels et mémoire. Paris: Le Seuil, 2000. p. 301-394.

KAMMEN, Michel. La mémoire américaine. *Le Débat*, n. 30, p. 112-127, mai 1984.

KASPI, A. *L'indépendance américaine*. Paris: Gallimard, 1976.

KENNEDY, Caroline. *A patriot's handbook*. Songs poems, stories and speeches celebrating the land we love. New York: Hyperion, 2003.

MAUDUY, Jacques; HENRIET, Gérard. *Géographie du western*: une nation en marche. Paris: Nathan, 1989.

Nos ancêtres les Gaulois. In: *Actes du Colloque International de Clermont-Ferrand*, Faculté des Lettres de Clermont Ferrand, 1982.

Portrait of a nation: highlights from the National Portrait Gallery, Smithsonian Institution. New York: Merrell, 2006.

ROYOT, Danier; BOURGET, Jean Loup; MARTIN, Jean-Pierre. *Histoire de la culture américaine*. Paris: PUF, 1993.

SKERRY, Peter. Mother of invention. *The Wilson Quarterly*, v. 30, n. 3, p. 44-47, Summer 2006.

WIENCEK, Henry. Smithsonian Institution. In: KENNEDY, Roger G. (Ed.). *The Smithsonian guide to historic America*: Virginia and the Capital Region. New York: Stewart, Tabori & Chang, 1981.

4
■ Memória e opinião*

Pierre Laborie

Todo mundo pode falar longamente sobre a memória, todo mundo tem sua opinião a respeito da opinião. Nem uma nem outra pertencem propriamente ao campo do historiador, por mais aberto e flexível que ele seja. Elas se inserem no amplo espaço do saber imediato e de suas paisagens artificiais "Potemkin",[1] bem como do senso comum e de suas intuições, mas também de suas pré-concepções, mal-entendidos, aproximações e confusões. Também, antes de mais nada, cabe lembrar o risco de render-se à facilidade ilusória desse tipo de noções conceituais. A despeito do que seu uso frequentemente dá a entender, é lícito duvidar de sua capacidade de apreender em sua generalidade fenômenos de natureza fundamentalmente complexa, seja porque dizem respeito ao mental coletivo, seja porque se caracterizam por uma extraordinária diversidade de expressão e de sentido. Vamos repetir: a opinião não é uma categoria universal, e sim uma construção que resulta de sua própria história e que contribuiu para produzi-la. Por sua vez, antes de poder ser identificada a uma de suas múltiplas manifestações, é antes de tudo no plural que a palavra memória deve ser empregada.

Essa exposição preliminar visa a tão somente situar o espírito com que me proponho abordar tais questões. Se minhas pesquisas de historiador me le-

---

* Tradução de Luiz Alberto Monjardim.

[1] Alusão ao favorito de Catarina II que, por ocasião da viagem da imperatriz à Crimeia, em 1787, fez erigir ao longo da estrada aldeias de fachada povoadas de figurantes.

varam a trabalhar com a memória e a opinião como formas de representações coletivas, o tema desta coletânea me permitiu considerá-las de outra forma e descobrir, sob um ângulo diferente, possibilidades que eu supunha erroneamente estarem esgotadas.[2] Esforço intelectual salutar, portanto, uma vez que não me havia ocorrido refletir sobre os dois conceitos conjuntamente e descobrir o que poderia ser tirado dessa relação.[3] Vale dizer, no entanto, que, se a ideia era boa, as coisas não se revelaram simples. Isso porque, para ser franco, devo dizer que esse exercício de reflexão é novo para mim, com todas as limitações e insuficiências que lhe são inerentes.

Como abordar tais questões do ponto de vista da história e do historiador? Como apreender ao mesmo tempo e num mesmo movimento dois objetos vistos geralmente como não constituídos, de contornos maldefinidos, a tal ponto que, no caso da opinião, considerada "inapreensível"? À diferença de outros temas mais tradicionalmente associados à memória, não se percebem de imediato os vínculos e relações existentes entre as duas noções, e sim que elas remetem evidentemente ao *mental-emocional* coletivo, ao universo dos imaginários sociais. Voltaremos a esse ponto, mas, nos dois casos, tanto na natureza quanto no funcionamento da memória e da opinião, aqui entendidas exclusivamente em sua dimensão coletiva, o papel da relação com o tempo e dos sistemas de representações parece central. Sem buscar definições aliás inacessíveis, tentando dizê-lo em poucas palavras, uma primeira tentativa de esclarecimento de algumas características principais da memória e da opinião deveria ajudar a ressaltar a importância desses dois traços, de um lado e de outro.

Através da rememoração de fragmentos do passado, cada memória social transmite ao presente uma das múltiplas representações do passado que ela quer testemunhar. Entre diversos outros fatores, ela se constrói sob influência dos códigos e das preocupações do presente, por vezes mesmo em função dos fins do presente.

Os fenômenos de opinião refletem representações do presente que, apesar das aparências, não exprimem unicamente a relação dos atores sociais com esse mesmo presente. Eles traduzem as reações cambiantes do sentimento coletivo diante das interrogações ou dos acontecimentos do presente, mas também diante de questões atemporais reformuladas ao presente. Nas hierarquias de im-

---

[2] Meu duplo e caloroso agradecimento a Denise Rollemberg, que me propôs esse tema e me convidou para participar do seminário.

[3] A não ser fortuitamente, ao estudar casos particulares.

portância ligadas ao contexto, eles remetem, pois, ao mesmo tempo, à visão do presente, às interpretações do passado e às expectativas do futuro.

Nessas duas percepções esquemáticas, vê-se, o modo de relação com o tempo, especialmente o presente, tem papel primordial, inclusive quando se trata de memória e de passado. Esse traço comum é apenas um elemento de um conjunto de semelhanças e diferenças cujo inventário é de interesse apenas limitado. Por outro lado, há muito que aprender com a observação das interferências de fato, das interações e das influências recíprocas entre os dois fenômenos. Em suma, como vimos e tornaremos a ver, a memória intervém na fabricação da opinião pela influência das representações dominantes do passado. Por sua vez, a opinião tem papel decisivo na validação social e na legitimação da memória ao dar credibilidade a seu discurso por meio de sua divulgação, processo que pode ser amplificado pela mídia.

No que nos concerne aqui, evidentemente são as encruzilhadas e as passarelas entre opinião e memória que merecem especial atenção. Que tipos de ligações, que relações e influências recíprocas existem entre memória e opinião? Quais os seus efeitos sobre os dois fenômenos, e com que consequências? Assim formulado, o problema que atravessa esta exposição parece relativamente simples de se colocar. Mas, de início, ver com clareza, não basta para dissipar a bruma que envolve as zonas de interferências. Teoricamente, é fácil estabelecer distinções entre opinião e memória, mas o mesmo não ocorre quando os dois fenômenos se entrelaçam. Daí novas interrogações: até que ponto a opinião depende das interpretações do passado que as disputas de memórias podem tentar lhe impor, por exemplo, ocupando metodicamente o espaço midiático? Até que ponto, por outro lado, o papel da memória como ator social depende da recepção e da visibilidade por ela adquiridas graças ao eco e à caixa de ressonância que a opinião lhe propicia? Como se efetuam a apropriação coletiva de um discurso da memória e sua transformação em vulgata difundida pela opinião? Que acontece quando os usos sociais transformam a memória em objeto de opinião? Que sucede com essa memória e seu estatuto histórico quando ela se torna uma questão de opinião?

Como se vê, são muitas questões interligadas, interrogações e cruzamentos complexos, dificuldades diante das quais quase todos os argumentos são reversíveis. Muitas questões impossíveis de apreender em sua totalidade, ainda mais em tempo limitado. Sem perder de vista a inevitável superposição dos questionamentos, darei aqui prioridade àquilo que julguei ter percebido como intenções no tema proposto. A saber, procurar refletir sobre os dois processos de construção, suas interações e seus efeitos; depois, mais além, no campo que diz respeito ao trabalho de elucidação da história, sobre suas exigências. Nessa perspectiva, três eixos principais — porém tratados de maneira desigual — marcam a articulação desta exposição:

- diante da imprecisão que reina nos espaços comuns à memória e à opinião, e diante dos usos que geram a confusão e que a exploram, por vezes, é necessário rever alguns dados básicos sobre a memória e a opinião para um breve trabalho de esclarecimento, mesmo que sumário;
- em seguida, é preciso tentar estabelecer um inventário comparativo das características mais significativas dos dois fenômenos, notando que são as mesmas ferramentas conceituais que servem, nos dois casos, para empreender o esforço de esclarecimento;
- a última parte será dedicada à problemática transversal. Focalizará os cruzamentos, interferências e interações entre memória e opinião. Daí uma série de problemas criados pelo estatuto histórico das duas noções e pelos efeitos das disputas de memórias, com seus riscos de derivas, de deturpação de sentido, chegando muitas vezes à impostura.

Por último, cabe observar que o tema — e essa é uma de suas dificuldades — remete permanentemente a abstrações e questões epistemológicas referentes à ideia e à escrita da história. Sempre que possível, faremos referência a situações históricas ligadas sobretudo à memória do segundo conflito mundial na França e mais precisamente à vulgata memorial-midiática que supostamente reflete as atitudes coletivas dos franceses sob Vichy e a Ocupação alemã. Sua construção e sua condição atual de verdade dominante na opinião revelam de modo significativo os problemas da relação estreita porém difusa, raramente explicitada, entre memória e opinião.

▌ Breves lembretes

Algumas referências básicas são aqui indispensáveis. Referem-se elas à opinião e à memória, incluindo uma rápida revisão daquilo que diz respeito à história e marca seu território. Tais dados elementares visam tão somente fazer compreender melhor de que estão falando os historiadores quando se referem à opinião e à memória.

Sobre a opinião

Não voltaremos aqui aos questionamentos habituais, espécie de exercícios obrigatórios que geralmente precedem as tentativas de reflexão sobre a opinião. Não abordaremos os problemas recorrentes da natureza e da realidade social da opinião pública, nem da escolha do termo mais apropriado,[4] muito menos do valor, do papel ou do sentido a serem atribuídos às sondagens de opinião. Mas, queiramos ou não, a afirmação incessante de uma equivalência entre sondagens e opinião tornou-se um fato sociocultural que não pode ser ignorado. Por sua repetição pluricotidiana, mecânica, a frequência do uso desempenha, atualmente, a função de prova da existência da opinião. Essa função admitida sem ressalvas não prova nada e, de modo algum, resolve o problema.

Isto posto, podemos destacar alguns dados sobre o funcionamento e a percepção da opinião:

1. As manifestações explícitas e visíveis dão apenas uma legibilidade parcial à opinião. Cumpre igualmente evitar três grandes armadilhas ligadas às aparências: as da proximidade, do sentido e da linguagem.

A familiaridade do uso da opinião é uma ilusão. Leva a crer que tudo é uma questão de bom senso, de lógica, de uma opinião sobre a opinião... Essa falsa ideia é corroborada pelo uso de sondagens que levam a crer que a opinião é não só uma realidade mensurável, mas também acessível, fácil de perceber, compreender e interpretar. Na verdade, para além dos estremecimentos emocionais e das agitações espetaculares superficiais, trata-se de um fenômeno coletivo complexo, opaco, de legibilidade imediata enganosa.

Os fenômenos de opinião fazem lembrar as fachadas em *trompe-l'oeil* [ilusão de ótica]. O que se vê nem sempre é o que é.

A realidade da opinião não depende de sua expressão manifesta. Não só ela existe externamente à sua manifestação explícita, como também, ao contrário do que geralmente se diz, suas manifestações mais visíveis, mais espetaculares, não são obrigatoriamente as mais significativas. Chega-se assim a uma

---

[4] Em vez de falar de expressão da opinião pública, rigorosamente enquadrada pelas ciências sociais, mas objeto de debate permanente, no que diz respeito ao campo da história, falaremos simplesmente de opinião ou, ainda, de fenômenos, fatos, acontecimentos de opinião. A ideia de movimento e a escolha do plural evidentemente não se devem ao acaso.

ideia primordial para a compreensão do fenômeno: a opinião que se manifesta abertamente não é necessariamente a opinião que se tem. Essa ilusão ou essa falsa percepção concerne, ao mesmo tempo, ao sentido das reações e ao modo de funcionamento da opinião. Para alguns, como se sabe, não só a expressão da opinião resulta do *trompe l'oeil*, como também ela própria não passa de uma ilusão, de um artefato.

Na aparência, e isso é reforçado pelas perguntas das sondagens (sim/não, a favor/contra), a opinião exterioriza seus pontos de vista numa linguagem binária que mascara um funcionamento complexo. Na realidade, sua expressão é bem mais opaca, especialmente em situações de crise. A fabricação da opinião é um lugar de tensões e contradições que se traduzem por atitudes aparentemente contrárias à lógica — mas que têm sua "lógica", diferente —, por ambivalências, pelo *pensamento duplo* e suas zonas cinzentas. Linguagem difícil de traduzir, em que as incoerências não são percebidas como tais, em que nem tudo se reduz à razão.

2. A opinião é um processo, um movimento em evolução permanente influenciado por múltiplos fatores, o qual exprime uma relação com o tempo e dele decorre. Depende, obviamente, do contexto e das categorias utilizadas, mas também dos regimes de temporalidades, das representações cruzadas entre passado, presente e futuro. O sentido que a memória dominante — ou as diversas memórias sociais — dá ao passado intervém de maneira decisiva nas representações que a opinião faz do presente.

3. Em história, os fenômenos de opinião, para serem compreendidos, não podem ser isolados e considerados separadamente. O sentido que se possa dar às reações da opinião ou ao seu movimento depende estreitamente das relações com o tempo e das interações com o contexto. Eis por que nenhum fato de opinião poderá ser corretamente apreendido, elucidado, se for tomado por si só, artificialmente destacado da espessura do tempo e de seu ambiente *mental-emocional*. No entanto, é isso que frequentemente se observa nos estudos de opinião, segmentados e focados em função dos problemas sobre os quais ela se pronuncia. Cada expressão de opinião, cada fato de opinião é uma parte de um todo imbricado, que deve ser apreendido em sua totalidade para não ser descaracterizado.

Sobre a memória

Reduzir a memória a alguns dados elementares é um exercício ainda mais perigoso que no caso da opinião, um sobrevoo inevitavelmente lacunar.

1. A memória é a base da identidade, e sua dimensão identitária é evidentemente fundamental. Pessoas e sociedades são feitos de memória — e de lacunas de memória... Ela torna a dar existência àquilo que existiu mas não existe mais, ela é uma "representação presente de uma coisa ausente" (Paul Ricoeur).

2. As memórias são plurais, a palavra e a ideia são multiformes.

O termo memória comporta múltiplos usos e empregos, acarretando por vezes confusão e deslocamento de sentido. O mais importante, ao menos na França, o mais frequente na linguagem memorial-midiática, é a perniciosa equivalência disseminada entre memória e história, a falta de distanciamento crítico entre a memória e seus usos.

Além disso, o termo remete a diferentes expressões de rememoração do passado: memória coletiva, social, familiar, memória histórica, memória de testemunhas, de propagadores de memória... Poder-se-ia esboçar uma tipologia das formas de memória a partir da natureza de seus modos de expressão. A título de exemplo, e inspirando-nos naquela que foi proposta por Paul Ricoeur, poderíamos fazer distinção entre memória enunciada, afirmada, memória significada, memória bloqueada, sufocada, memória imposta, memória manipulada, memória fundadora etc.

Cada uma dessas qualificações mereceria uma exposição e uma explicitação. Apenas três especificações:

- A memória bloqueada faz referência ao recalcamento, aos tabus, às "memórias interditas", às memórias contidas e tornadas inaudíveis, à impossibilidade ou às insuficiências do trabalho de luto... Na França, tal foi o caso, até os anos 1970, para os raros judeus sobreviventes retornados da deportação e, por mais tempo, para as vítimas dos bombardeios aliados de 1943 e 1944, e mais ainda para as mulheres que tiveram as cabeças raspadas após a Libertação.
- A memória imposta diz respeito à injunção, ao imperativo, ao *dever de memória*, aos seus mal-entendidos, com todos os problemas criados pela projeção da rememoração no futuro.

■ A memória fundadora (que também se poderia denominar instauradora, estruturante) põe em evidência eventos selecionados e carregados de significação particular. Essa operação seletiva pode referir-se a eventos que, à diferença do 11 de novembro de 1918, da Libertação de 1944, de Hiroxima ou do colapso do sistema comunista soviético em 1989, não deixaram lembranças diretas para seus contemporâneos. Conhecidos e pensados somente depois em sua dimensão singular, serviram no entanto para construir uma memória coletiva e para lhe dar sentido. Auschwitz ou, na França, em menor medida, o resistente Jean Moulin são dois exemplos.

3. A memória é uma encenação do passado. Assim como para a opinião, as aparências e as intenções afirmadas podem ser enganosas. A apreensão imediata da memória faz surgir uma série de afastamentos entre o que ela diz ser, entre a visão comum do fenômeno e seu modo de funcionamento real. Nos fatos, a memória é menos presença do passado do que escolha do passado,[5] do que uma reconstrução do passado para servir aos fins do presente. Ela é ao mesmo tempo uma luta contra o esquecimento, a recusa ao esquecimento, e uma forma de organização do esquecimento. Por sua vez, ela fabrica lacunas de memória.

4. A memória é do âmbito do *prêt à penser*. Ela congela o tempo, congela a "verdade". Pode modificar seu discurso, alterar-lhe o conteúdo, mas funciona por imagens fixas, irrefutáveis quando são enunciadas. Ela traduz uma relação com o tempo definitivo, como que parado. Pode-se então falar das prisões ou confinamentos da memória, e seu pensamento binário vai no mesmo sentido. O discurso da memória dá pouco lugar à complexidade, à reflexão crítica. Ela se acomoda com o passado.

5. A memória e seu campo afetivo prestam-se, enfim, aos processos de sacralização, ponto de partida de cegueiras, das derivas, das usurpações anacrônicas do presente na compreensão do passado.

6. A memória tem uma função militante. Ela sacode a indiferença, luta pelas causas que considera justas, denuncia o que lhe parece intolerável, celebra o que lhe parece admirável, exprime convicções de cidadão.

---

[5] Ver Lavabre (1994).

Sobre as exigências da história

O historiador é também cidadão... daí serem frequentes as contradições difíceis de superar, os problemas conhecidos e sem dúvida impossíveis de resolver no absoluto. Se não se trata de opor de maneira estéril a história à memória, sabe-se que a natureza, o sentido e as funções dessas duas noções marcam diferenças notórias na restituição e retranscrição do passado. Os usos que a memória às vezes faz do passado obrigam-nos a relembrar aqui um mínimo de exigências elementares para a prática da história como disciplina:

- a escrita do passado, os relatos sobre o passado que se valem do anacronismo mental e da teleologia não são história. Servem-se dela, o que é completamente diferente. Se a instrumentalização e a ideologização da história são problemas banais, não deixam de estar bastante presentes na relação entre memória e opinião;
- a história deve acima de tudo respeitar o pacto de probidade e verdade. Seu papel é tentar compreender, apresentar explicações, dar sentido e inteligibilidade à desordem do passado. O historiador não é um juiz, não está ali para dizer quem é inocente ou culpado, para absolver ou condenar, para inculpar ou desculpar. Esse trabalho é necessário, pode ser reclamado pela memória, e compete à justiça realizá-lo. Daí as ambiguidades e os problemas criados pela relação entre justiça e história, pelos processos considerados lições de história que "ficam na memória", que elaboram precisamente o entrelaçamento entre memória e opinião.

Porém, uma vez mais, as coisas são simples apenas na teoria. Na realidade sabemos quão difícil é respeitar de maneira intransigente essas exigências e esses limites. As fronteiras são porosas. Onde, no entanto, se faz necessário manter o rigor, o emprego das palavras deveria suscitar uma vigilância particular dos historiadores. Com todo o respeito e amizade que tenho por Philippe Joutard, pergunto-me se noções como "memória histórica" podem nos trazer maior clareza.

▪ Semelhanças e diferenças

Relacionar a memória com a opinião faz surgir uma série de semelhanças, diferenças, interferências e influências recíprocas. Trataremos por alto das primeiras, pois são a amplitude e a importância das interações o aspecto que aqui mais nos interessa e que será examinado na terceira e última parte deste texto.

Semelhanças

Vistos de fora, os pontos de semelhança entre memória e opinião remetem principalmente à inconsistência dos objetos. Como já indicado na parte introdutória, estamos diante de noções "moles": fluidez, definição impossível ou aproximativa, plasticidade, acesso e compreensão fáceis, na aparência, no senso comum.

Em segundo lugar, pode-se apenas destacar o papel central das representações mentais, presentes em todos os níveis e fases da construção ou da recepção. Representação do passado condicionada ou não pela memória dominante na construção da opinião, representações do passado visto do presente na fabricação da memória, representação que fazemos da opinião dos outros etc.

Enfim, para ser breve, sem nos alongarmos no assunto, vê-se que, tanto para falar da opinião quanto da memória, os historiadores trabalham com as mesmas ferramentas conceituais, especialmente no que concerne às condições de recepção e aos processos de captação e apropriação, identificáveis por toda parte. A transformação de um discurso da memória em vulgata pelo efeito de legitimação exercido pela opinião obscurece a distinção entre os dois fenômenos. A mensagem da memória e, mais além, a interpretação do passado de que ela é portadora entram assim no domínio flexível das questões de opinião.

Diferenças

Para simplificar, as principais diferenças podem ser listadas segundo uma classificação temática, em função da natureza das duas noções, de seu estatuto, de seu modo de relacionamento com o real, de funcionamento e de expressão.

Diferença de natureza

Pode haver interrogações sobre as figuras e os contornos da memória, mas não sobre sua realidade, ao contrário da opinião.

No mesmo registro, a memória é um elemento estruturante da representação do mundo nas sociedades humanas, da relação dos homens com o mundo.

Já a opinião e suas reações são apenas um dos reflexos passageiros dessa relação com o mundo. Elas não a constroem, são um de seus reflexos fragmentados.

Diferença de estatuto

A memória exprime certezas, prendendo-as, fixando-as; ela é depositária de uma verdade que pode adquirir um caráter sagrado. O imperativo do "dever de memória" pertence a essa configuração. Evidentemente, não existe "dever de opinião"! Ela não transmite qualquer injunção, permanecendo — em princípio — um espaço de debate, de reflexão crítica, de evolução constante, de mudança, de viradas, de retornos... É o lugar das ambivalências, das contradições, das lógicas de pensamento que não são lógicas da razão, mas que têm sua razão de ser.

Diferenças no modo de relação com o real, nos modos de funcionamento e de expressão

Apesar de reconstruir representações do passado, a memória se baseia na experiência do vivido. Ela transmite o *real*, ela rememora, ela testemunha frequentemente sofrimento, ressentimento, às vezes felicidade... Essa função de testemunho tem um papel estruturante, podendo levar a memória a colocar no centro de sua razão de ser um real de vestígios aniquilados (Auschwitz).

Já a opinião funciona sobre percepções e representações do mundo, do acontecimento ou dos fatos da sociedade. As emoções não estão ausentes dessas percepções e de seus efeitos, mas, mesmo quando seu papel é importante, elas não duram como as marcas. Assemelham-se mais a variáveis de duração limitada do que a longas permanências. Tais diferenças remetem mais amplamente àquela da relação com o tempo, já mencionada.

Lembremos, enfim, que o discurso da opinião é ao mesmo tempo binário e complexo, explícito e implícito, segundo os níveis e as formas de expressão, ao passo que o da memória procura transmitir certezas, declara o bem e o mal, o justo e o injusto.

▌ Interações e usos

Se tais diferenças entre opinião e memória devem estar sempre presentes em nossa mente, são as interferências, as interações e seus efeitos que aqui nos interessam prioritariamente, pois suscitam indagações a respeito do problema do sentido. Como já foi dito, a nebulosidade se instala quando os dois fenômenos se juntam para se nutrir um do outro e se diluírem em parte, formando um binômio opinião/memória de práticas ao mesmo tempo antropofágicas e inventivas. A memória coletiva não necessita da opinião para existir. Existe sem ela, ator social invisível, subterrâneo, presente e arraigado nas estruturas mentais das sociedades humanas. Mas ela só se torna verdadeiramente coletiva *e* dominante, e portanto um fato social, quando conta com a intermediação, a recepção e o apoio da opinião.

A memória como ator social é, pois, em parte dependente de sua recepção na opinião. Os processos de validação, apropriação e legitimação parecem remeter os problemas de memória a questões de opinião. Se, como veremos, tal deslocamento não é contestável, poder-se-ia então dizer que a memória se torna dependente da visibilidade que ela encontra em sua recepção na opinião? Uma vez mais, isso seria simplificar, pois tudo se passa numa relação interativa, e a opinião, por sua vez, é dependente do discurso sobre o passado do qual a memória é portadora. Três grandes questões permitem dizê-lo de outra forma: que acontece com a memória quando ela se torna ao mesmo tempo questão de opinião e disputa de opinião para o presente? Como e por que a opinião, espelho da sensibilidade coletiva, se reconhece num discurso da memória? Como se dá o processo de apropriação que transforma um discurso da memória em vulgata tornada verdade evidente na e para a opinião? Como e por que, por exemplo, na França, a partir dos anos 1970, os franceses se apropriaram da vulgata sobre as atitudes coletivas durante a guerra e aparentemente aderiram a essa visão do passado?

Não é possível apreender o conjunto das questões levantadas, muito menos fornecer resposta para todas elas. A reflexão se limitará aqui a evidenciar os efeitos marcantes das comparações entre opinião e memória e a tentar separar os problemas mais significativos.

Interações

A opinião não encontra com a memória somente através de suas injunções eventuais. Desnecessário é lembrar que, conscientemente ou não, ela se fabrica com as imagens do passado. Na França, por exemplo, é impossível explicar a adesão ao marechal Pétain em junho e julho de 1940 sem levar em conta a representação do passado de que ele então se tornara símbolo, a do "vencedor de Verdun" (1916). Símbolo do passado a que os acontecimentos do presente — derrocada do país, inimaginável para os contemporâneos — emprestavam um significado particular. Nem que fosse apenas no tocante às relações entre a opinião e esse mesmo velho marechal, poderíamos multiplicar as explicações do mesmo tipo: o acontecimento presente reinveste o sentido do passado, dando-lhe um "acréscimo de sentido" carregado de influência.[6] Essa reintrodução do passado assim repensado na leitura que a opinião faz do presente põe em relevo, aliás, o papel mais geral das temporalidades — ao mesmo tempo superpostas e cruzadas — no funcionamento da opinião.

Assim, é uma opinião fabricada ela mesma com a memória que se exprime sobre a memória dando sua aprovação ou não a uma interpretação do passado formulada precisamente por uma das diversas memórias. A opinião é feita de memória, mas por sua vez também a fabrica pela adesão a um relato, através de suas funções de validação, autenticação e legitimação, e por seu poder de difusão. Num país ou num grupo social, esse reconhecimento que a opinião confere ou nega a esta ou aquela visão do passado, assim como seus ajustes ou suas contestações eventuais em função das circunstâncias[7] são, evidentemente, para o historiador espelhos reveladores da evolução da sensibilidade e do mental coletivos.

As vicissitudes da memória dos anos de guerra na França abundam em exemplos. Durante cerca de 30 anos após o fim da II Guerra Mundial os franceses reconheceram-se numa visão do passado que identificava seu país àqueles que haviam resistido ao regime de Vichy e à ocupação alemã. Identificação simbólica, e não, como frequentemente se ouve dizer, de modo caricatural, se afirmando e se vendo, coletivamente, como "resistentes", por usurpação.

A partir de meados dos anos 1970, essa percepção foi denunciada como uma fábula mentirosa e substituída por outra visão que hoje se tornou dominante. Largamente difundida pelos veículos de opinião, ela vê na representação anterior apenas um *souvenir-écran* ("recordação encobridora"), uma honra inventada para mascarar a realidade de um país que teria sido covarde, pusilânime e cúmplice dos

---

[6] Tomei emprestada a expressão de Hannah Arendt.
[7] Exemplo de adesão ou negação, quando da libertação em 1944, a atitude da opinião diante das mulheres com as cabeças raspadas. Aprovada no momento dos fatos, a tosa das mulheres acusadas de terem tido relações amorosas com os ocupantes será denunciada, alguns anos mais tarde, como prática vergonhosa e atribuída à responsabilidade da Resistência.

ocupantes. Ela associa a Resistência a uma minoria marginalizada, de importância equivalente em número à daquela outra minoria engajada na colaboração.[8]

A opinião fabrica a memória de que ela também é feita, mas suas funções de validação e legitimação podem advir de uma intervenção da própria memória, de uma solicitação que tanto pode resultar das imposições das leis memoriais como de outros tipos de coerção. Mas a intimidação, a obrigação de se lembrar ou a injunção só são eficazes quando se tornam um movimento de opinião. Na França, a noção de *dever de memória* é sua forma mais comum, mecanicamente retomada pelo discurso politicamente correto e pela mídia, onde ela é afirmada quanto uma evidência. No entanto, ela cria problema — e não apenas para os historiadores críticos, suspeitos de defenderem ciosamente seu território — precisamente porque está em via de se tornar uma questão de opinião.[9]

Deslocamento de estatuto e de sentido

Entre os problemas ligados aos efeitos do vaivém entre memória e opinião — sem dúvida mais importantes que tão somente a questão das injunções da memória — estão aqueles decorrentes de suas mudanças de estatuto.

Ao ajudar o discurso da memória a sair de sua visibilidade limitada, a opinião aumenta a sua força, sua recepção e sua influência. Mas, e isso é importante, ela transforma sua natureza fazendo da verdade sobre o passado uma questão de opinião, conferindo às representações da memória um estatuto de verdade. Faz-se da autenticidade, justamente atribuída à memória, uma espécie de garantia e de certeza de verdade. Por deslocamentos sucessivos, passa-se da memória portadora de *uma* verdade à memória lugar e expressão *da* verdade sobre o passado. O que era uma narrativa, uma representação ou um ponto de vista sobre o passado torna-se a história desse passado. Os usos políticos, identitários e outros da memória a arrastam para o terreno instável da opinião e se aproveitam da confusão entre memória e história. A linguagem dos meios de comunicação já não importa, e a simplicidade do discurso binário, justiceiro e passional da

---

[8] Não se trata de julgar como historiador o fundamento de visões divergentes, e sim de ilustrar as variações da vulgata e de sua recepção na opinião.

[9] Sobre esses problemas, remeto o leitor ao livro de Ricoeur (2000) e ao debate por ele suscitado. O tom de um artigo publicado no jornal *Le Monde* (22-8-2008) sobre as posições nuançadas desse filósofo (já falecido) sobre o "dever de memória" do Shoah é revelador das tensões ligadas às questões memoriais.

memória convém perfeitamente ao modo de funcionamento deles, alérgico à expressão da complexidade. A validação e a legitimação da memória pela opinião facilitam objetivamente a mudança para enunciados do tipo "a memória é a história verdadeira, diferentemente daquela dos historiadores, abstrata, distante e fria" — cuja repetição ainda acaba servindo como demonstração.[10]

Sacralização

Talvez esteja aí o problema principal. Quando a opinião se apropria da memória, e de certo modo apodera-se desta colocando-a em posição dominante, com todos os seus meios de persuasão a seu serviço, ela transforma uma questão de opinião referente à interpretação do passado numa verdade evidente sobre o passado. A legitimação pelo suporte da opinião vem a reforçar um dos traços característicos do funcionamento da memória, que é a afirmação irrevogável de sua verdade. Sem ser seu único fator, a sacralização da memória se apresenta como um dos produtos do binômio memória/opinião. Ela pode chegar a instituir tabus, a pôr no índex trabalhos de historiadores que não estejam conformes.[11] Acrescente-se que essa espécie de religião da memória, com seus dogmas e interdições, empenhada em lutar contra a amnésia, cria necessariamente, por sua vez, lacunas de memória.

Derivas e riscos de descaminhos

O funcionamento do binômio memória/opinião e seus efeitos, assim como aqueles ligados aos usos sociais de uma memória que se tornou uma questão de opinião, suscita inevitavelmente questionamentos sobre o papel da história, sobre o que dela resta, sobre o que ela se torna e sobre qual pode ser o seu lugar nesse dispositivo.

---

[10] Observando-se o que aconteceu com *Le chagrin et la pitié*, filme de Marcel Ophuls (1969) sobre a memória dos anos de guerra numa cidade provinciana da França, e fazendo-se uma análise rigorosa das fases que marcam a evolução de seu estatuto memorial na opinião, é possível ver como se dão esses deslocamentos sucessivos.

[11] A propósito de acontecimentos dolorosos de responsabilidades controversas, ou de questões ligadas aos excessos da Depuração na França pós-libertação, muitos são os historiadores da Resistência suspeitos de intenções malévolas por terem se recusado a retomar por conta própria reconstruções arranjadas previamente. Sobre os problemas colocados pela história e a memória do Holocausto, são bem conhecidas as dificuldades encontradas por Hannah Arendt, Raul Hilberg e Peter Novick em suas respectivas épocas.

As transformações da memória numa questão de sociedade e em problema de opinião acabou por generalizar modos de análise do passado suscetíveis de contestação. Eles indicam um nítido abrandamento das exigências de método que caracterizam a especificidade da história como disciplina intelectual. A natureza justiceira e militante da memória — perfeitamente legítima de seu próprio ponto de vista — acentuada ainda mais quando ela se faz portadora de questões ou mesmo de reivindicações identitárias, leva a raciocinar sobre o passado em função unicamente dos fins do presente. Daí a banalização quase sistemática do emprego do anacronismo, especialmente do anacronismo mental, o mais propício às manipulações e cuja importância é fundamental na construção de sentido. Banalização que se estende igualmente à argumentação pelo erro do raciocínio teleológico e pela falsidade de suas lógicas invertidas, quase caricatas. Não apenas se julga o passado através de encadeamentos artificialmente reconstruídos, com categorias estranhas aos modos de pensar ou às possibilidades de conhecimento do período estudado, mas também se raciocina como se os homens se comportassem com uma presciência de um futuro que no entanto desconhecem e que em grande parte é imprevisível. O binômio memória/opinião propicia estranhas leituras do passado nas quais se analisam os comportamentos em função do que deveriam ter sido, a partir de um sistema de valores ou de hierarquias pertencentes ao presente, artificialmente decalcadas sobre o passado e instauradas como exemplares, absolutas e eternas. Tudo isso sob o julgamento da opinião cujas flutuações, por vezes sob influência, tão bem conhecemos.

A essa abordagem envi esada do passado, que é quase uma negação ou uma espécie de naufrágio da história, somam-se ainda ambiguidades sobre as funções atribuídas à memória. Assim como não ocorreria a alguém a ideia de contestar o ato de fidelidade que representa o desejo de preservar a lembrança e de salvá-la do esquecimento, também pode causar perplexidade o fato de se justificar a importância da memória por seu suposto papel de medicina preventiva dos riscos do futuro. Todos conhecem o enunciado famoso que afirma a necessidade de se conhecer o passado para não vê-lo repetir-se. Poderíamos citar uma centena de exemplos mostrando que são usos simplificadores que beiram o embuste.[12]

---

[12] Um dos exemplos trágicos nos é dado pela memória onipresente da Grande Guerra e seu pacifismo militante dos anos 1930 na França, terminando com um novo conflito com a Alemanha.

Impostura da fidelidade à memória que passa a existir quando a autoridade moral inerente à memória do sofrimento, reforçada pela força e o apoio de uma opinião majoritária, serve para justificar o pior. Apenas um exemplo. Na França, em 1949, escritores[13] que denunciaram a existência do *Gulag* na União Soviética foram violentamente caluniados por *Les lettres françaises*, prestigioso semanário do Partido Comunista fundado na clandestinidade dos anos da Ocupação e dirigido pelo escritor Louis Aragon. Durante os processos por difamação, resistentes e deportados opuseram a verdade de sua memória insuspeita às declarações dos querelantes que afirmavam a existência de um sistema concentracionista na União Soviética. Valendo-se da legitimidade que lhes conferia sua experiência nos campos de concentração nazistas e invocando a fidelidade à memória das vítimas, personalidades ilustres acusaram duramente de mentirosos aqueles que denunciavam os campos e o sistema de repressão na União Soviética.[14] Os escritores difamados venceram os processos, mas a opinião permaneceu sensível à *verdade* transmitida pela memória.

Evidentemente, os caminhos da memória por sua vez não devem nos cegar. Não há aqui um processo contra a memória movido pela história, um falso processo do falso contra o verdadeiro. Não há guerra ou confronto entre memória e história, nem defesa exclusiva de um território que os historiadores queiram reservar somente para si. Não apenas não há história sem memória, como também os recursos insubstituíveis desta última são uma matriz da história. Com a condição de que — e os problemas começam aí — sejam submetidos ao crivo e ao rigor das exigências de método, como todos os objetos da história e como deve ser a escrita da própria história.

O papel e a legitimidade da memória não estão, portanto, em causa, e quanto a isso não deve haver qualquer ambiguidade. O que está em questão aqui evidentemente é a alquimia das relações entre memória e opinião, as transformações causadas pelos modos como elas são usadas, as interferências confusas que criam situações de concorrência, de conflito ou mesmo de "guerra das memórias".

---

[13] Os Casos Kravchenko e David Rousset. Este último, tendo sobrevivido à deportação, escreveu em 1946 o livro *L'univers concentrationaire* (ver Rousset, 1981).

[14] O comunista Pierre Daix (próximo a Aragon e jornalista de *Les lettres françaises*) declarou sua matrícula nº 59.807 de deportado para Mauthausen, e Marie-Claude Vaillant-Couturier, deportada para Auschwitz e depois Ravensbrück, personalidade comunista emblemática, denunciou o depoimento de Margarete Buber-Neuman, que conhecera tanto os campos soviéticos quanto os nazistas, dizendo considerar o sistema penitenciário soviético "o mais desejável para o mundo inteiro".

A memória pode se tornar um material explosivo quando não transmite senão ideologia e, além disso, disfarçada de elemento suplementar. Ela se presta a várias deturpações quando é tratada de maneira ingênua, unicamente pelo prisma da compaixão, do sofrimento, do ressentimento e das reivindicações identitárias.

A memória é ensinada há pouco tempo na França, no secundário, através do exemplo da II Guerra Mundial. Sem falar dos conteúdos, às vezes discutíveis porquanto meros reflexos das tendências vigentes e da vulgata atual, é preciso reconhecer com pesar que a maioria dos manuais não toma nenhuma precaução metodológica para alertar sobre um tema que não é história, mas que em nada se apresenta como diferente, como outro, como necessariamente distinto.

Conclusões

Que deduzir desse percurso incompleto, simplificado, e no entanto difícil, em que tudo permanentemente se sobrepõe?

Ao conduzi-la sobre a areia instável e movediça da opinião, ao transformá-la num problema de opinião, os usos sociais, políticos e identitários da memória alteram sua natureza e modificam suas funções. Eles lembram que a memória tem a ver também com a ideologia, que ela pode derivar a ponto de por vezes não ter a ver senão com a ideologia.

Estreitamente ligada a seus usos, a apreensão da memória depende igualmente do modo como ela se exprime. Entre as escaladas de denúncias contra uma memória tirânica e os silêncios da memória, memórias silenciosas porquanto sufocadas ou inaudíveis, existe um espaço considerável, um mundo de diferenças. Na análise dos diversos níveis de expressão, tudo revela a importância primordial da relação com o tempo, dos cruzamentos de temporalidades e das aparências enganosas.

Diante das questões apresentadas, as respostas não raro parecem frágeis. Por que razão uma sociedade num dado momento de sua história se reconhece numa representação do passado transmitida pela memória é uma questão que permanece em aberto. Ela fica no plano da interpretação, com os riscos de uma sobreinterpretação.

Estas modestas observações a respeito do binômio memória/opinião reformulam o problema fundamental do sentido a ser atribuído à relação dos homens com seu passado. Como ao mesmo tempo ser fiel ao passado e libertar-se dele? Uma determinada concepção da memória abre caminho para uma espécie de sujeição ao passado ou de fechamento no passado. Já a história diz que a compreensão do passado deve fornecer a chave para libertar-se de um fardo às vezes pesado demais e para tornar possível o *viver juntos*.

Em 20 de julho de 1949, aqui, no Rio de Janeiro, Lucien Febvre não falou sobre a memória, mas enfatizou justamente a necessidade de não se deixar esmagar pelo passado pelo acúmulo desumano de fatos herdados, pela pressão irresistível dos mortos aniquilando os vivos. Falou da necessidade, para se viver, de se opor ao *sonho assassino* que pretendia impor aos vivos uma lei inviolável porquanto ditada pelos mortos. Disse ele então, e deixo-lhe a última palavra, mais atual do que nunca: "a história é um meio de organizar o passado para que ele não pese demais sobre os ombros dos homens. É em função da vida que ela interroga a morte".[15]

▌ Referências

FEBVRE, Lucien. Vers une autre histoire. In: _____. *Combats pour l'histoire*. Paris: Armand Colin, 1992.

LAVABRE, Marie-Claire. *Le fil rouge*. Sociologie de la mémoire communiste. Paris: FNSP, 1994.

RICOEUR, Paul. *La mémoire, l'histoire, l'oubli*. Paris: Seuil, 2000.

ROUSSET, David. *L'univers concentrationnaire*. Paris: Minuit, 1981.

---

[15] Febvre, 1992.

PARTE II

■ Memória e historiografia

5
▌Por que Clio retornou a Mnemosine?*

María Inés Mudrovcic

> *O que uma vez foi alegria e miséria*
> *deve ser agora transformado em conhecimento.*
> Jacob Burckhardt

Por que Mnemosine volta a Clio? Ou, melhor ainda, por que Clio, depois da ruptura instaurada por Voltaire em *L'Enciclopedie*, retornou a Mnemosine?[1] Porque foi a história que voltou à memória: é sob a direção de F. Bédarida que se cria o Instituto de História do Tempo Presente em 1978; é a Associação de História Contemporânea que começa a publicar a revista *Ayer*; é o historiador P. Nora quem "inventa" os famosos *lieux de mémoire*. Por que, *então*, os historiadores, a partir dos anos 1970, começam a deliciar-se com os manjares da memória?[2] Até esse *então*, eram os psicólogos, os neurobiólogos, os sociólogos, os filósofos, entre outros, que tinham como um de seus focos a memória. E, nesse contexto, boa parte da literatura proveniente das ciências sociais enfatizava a natureza socialmente construída da memória, seus usos políticos e culturais. Em suma, e para voltar à pergunta inicial, que condições foram necessárias para que uma história do presente fosse possível? Quer dizer, uma historiografia que se entrecruza com as memórias dos acontecimentos que tenta reconstruir? Por que alguns historiadores, a partir de meados do século XX, abandonaram essa

---

* Tradução de Ronald Polito.
[1] Mudrovcic, 2005b.
[2] Parafraseando Hobsbawm (1998).

tranquila parcela do passado que só a eles interessava investigar e começaram a arriscar-se na arena política, jurídica e moral da memória?

As perguntas não são ociosas. Nos anos 1970, a depuração teórico-metodológica por que passara a história parecia garantir, ao menos para um grupo importante de bons historiadores, a impossibilidade de cair na ingenuidade teórica de deixar-se tentar pelos debates políticos para ir buscar no passado um aval que ajude a legitimar o presente.[3] Agora não se trata disso. O título (Memória e Historiografia) que dá existência a esta mesa, assim o interpreto, busca dar conta da complexa e necessariamente conflitiva relação que as reconstruções historiográficas de passados recentes entabulam com as memórias individuais e sociais que estendem pontes de sentido entre o passado e o presente. Sendo assim, a própria existência de uma história do presente questiona uma ideia básica que compartilho e que foi expressada muito claramente por dois historiadores muito díspares. Em 1978, Michel de Certeau (1993:117), referindo-se à operação historiográfica, afirmou: "a escrita da história [...] faz mortos para que em outra parte haja vivos". Quase 10 anos depois, num contexto diferente, Eric Hobsbawm (1998:270) escreveu: "todos os seres humanos, todas as coletividades e todas as instituições necessitam de um passado, mas só de vez em quando esse passado é o que a investigação histórica revela". Creio que a história do presente, ou o retorno de Clio a Mnemosine, é um sintoma das sociedades contemporâneas, sintoma que pode ser lido mais facilmente em circunstâncias como a do famoso debate dos historiadores ocorrido na Alemanha entre 1989 e 1991 ou na conflituosidade do "presente-passado"[4] político que estão atravessando os argentinos.[5] Minha tese é que os mortos — ou, o que dá no mesmo, a existência de um passado que não nos importe socialmente — só são possíveis quando o autoentendimento político do presente deixa de compreender-se em termos das lutas de outrora. Só então se torna possível ver o passado em seus próprios termos, ter um passado, desligando-se o presente de divisões a partir das quais a sociedade já não mais entende a si mesma. Esta dá a si mesma um presente (ou seja, um lugar para viver e um tempo para projetar) quando consegue transformar

---

[3] Dongui, 2005.

[4] A propósito, inverto a "relação passado-presente" de Huyssen (2007) para referir-me a esses tipos de presentes, social e politicamente patológicos, que vivem no passado.

[5] Escrevo estas linhas quando já se passaram mais de 100 dias desde o chamado "conflito entre o campo e a cidade" na Argentina.

seu passado doloroso tão somente num passado. Creio que um sintoma de que se está próximo dessa situação é quando o historiador recupera, no dizer sobre o passado, a dimensão fundamentalmente cognitiva da história, e isso porque a própria sociedade na qual está imerso o permite.[6] Talvez seja essa uma das razões por que, na Argentina, a maioria dos intelectuais que se ocupa de nosso passado conflituoso não provém das fileiras dos historiadores.[7] A partir do contexto assim exposto, tentarei responder a três perguntas: de que falamos quando falamos de memória social? Por que a memória respira em uma história do presente? Como se pode ter um passado? — ou quando se podem enterrar os mortos?

▪ De que falamos quando falamos de memória social?[8]

É 2 de janeiro de 1994 em Las Margaritas, a leste de San Cristóbal de las Casas, México. Segundo dia da ocupação do município pelas forças do Exército Zapatista de Libertação Nacional. Um de seus comandantes responde ao jornalista que lhe perguntou por que se rebelou: "Ainda hoje, faz mais de 500 anos, nunca se resolveu nenhum problema das terras, das produções, da moradia, da educação e saúde, da independência, da paz, da democracia". Há meio milênio por trás da decisão de pegar em armas.[9] Em 24 de julho de 2003, durante sua visita à ilha de Lifou, o presidente Chirac diz que se encontra ali "para cumprir um dever da memória de todos aqueles que foram vítimas dos acontecimentos violentos que golpearam cruelmente Nueva Caledonia", referindo-se à tragédia de Ouveá ocorrida 15 anos antes.[10] O dever para com a memória das vítimas do terrorismo de Estado durante a última ditadura militar argentina se traduz no questionamento do valor jurídico das leis de Ponto Final e Obediência Devida. Esses casos constituem exemplos de atos políticos presentes legitimados pelo que se denomina memórias coletivas.

A memória é um desses temas fecundos que oferecem a oportunidade de serem tratados a partir de diferentes disciplinas. Encontramos estudos no âmbito

---

[6] Essa intuição se vê refletida na interrogação que propõe o historiador argentino Carlos Altamirano (2007:33).

[7] Ver, por exemplo, Vezzetti (2002).

[8] Uma versão desta seção se encontra em Mudrovcic (2005a).

[9] *Página 12*, Buenos Aires, 16 ene. 1994.

[10] *Le Monde*, Paris, 24 juil. 2003.

da biologia, da neurobiologia, das ciências cognitivas, da psicologia, da sociologia, da antropologia e da história, entre outras. Ao olharmos mais de perto para essas disciplinas, constatamos que, se existem teorias solidamente formuladas no âmbito da memória individual, quando se passa à escala dos grupos ou das sociedades, os fundamentos teóricos da noção de "memória coletiva" parecem pouco sólidos ou se mostram totalmente inválidos. Se uma teoria é um enunciado que tem certo valor explicativo da realidade, não se pode falar propriamente de uma teoria da memória coletiva.

No contexto das ciências sociais, as divergências em torno do conceito de "memória coletiva" cobrem um amplo espectro. Num de seus extremos estão os que afirmam que "não existe uma memória individual, toda memória é social",[11] e no outro, aqueles que consideram a noção de memória coletiva uma retórica holística de duvidosa implicação ontológica, uma simples *flatus vocis*.[12]

A dispersão semântica que se observa no âmbito das ciências sociais e humanas não raro se reflete no uso indistinto de noções tais como memória social, memória cultural, memória coletiva, memória histórica. Embora esse conceito tenha despertado numerosas objeções, numerosa é a literatura que apela direta ou indiretamente para uma noção de memória coletiva que permanece, em seus fundamentos, pouco clara. Dentro da vasta literatura dedicada ao tema, quero referir-me a um sentido que resulta epistemicamente problemático, pois é o que tenta dar conta de expressões tais como "a nação relembra seus soldados caídos", "os alunos relembram a figura do general San Martín, Pai da Pátria", ou "prestou-se homenagem à memória das vítimas mortas na tragédia". Essas frases se remetem a um grupo social como sujeito da recordação ou da memória.

A esse respeito, adiantarei uma definição. A memória coletiva é uma representação narrativa, ou seja, um relato que um grupo possui de um passado que, para alguns dos membros que o integram, se estende mais além do horizonte da memória individual. O que se acha mais além da memória individual inclui não só acontecimentos que ocorreram antes do nascimento de alguns e que, portanto, não podem ser propriamente recordados, mas também acontecimentos que foram contemporâneos para outros, mas que estiveram fora de sua experiência individual. Essa representação narrativa do passado do grupo se

---

[11] Schacter, 1995:346.
[12] Candeau, 2001:26.

refere a acontecimentos socialmente significativos e, ao mesmo tempo, possui uma dimensão fundamentalmente prática que dá conta de sua derivação ético-política. Em suma, o que denominamos memória coletiva de um grupo é um discurso narrativo que tem como sujeito esse mesmo grupo e que tenta dar sentido a eventos ou experiências relevantes de seu passado. Para que a soma de recordações individuais de uma expêriencia compartilhada se transforme em memória coletiva ou recordações partilhadas, ela deve poder integrar-se num relato aceito como relato genuíno "do que ocorreu". Quer dizer, as lembranças adquirem sentido como partes de uma trama que lhes dá coerência e as estrutura. Entendemos, então, que a memória coletiva é a narrativização social de lembranças comuns. A história deve ser compartilhada pelos membros do grupo de tal modo que cada um possa dizer "nós" vivemos este acontecimento, ainda que somente alguns — ou nenhum deles — o tenham experimentado diretamente. O acontecimento pode não constituir propriamente uma lembrança dos membros atuais do grupo, mas deve ter sido uma lembrança comum de seus predecessores. A memória das Mães da Praça de Maio é um caso em que o relato integra as recordações das próprias mães. O caso do exército zapatista referido anteriormente é um exemplo de relato que integra a recordação de seus predecessores. A recordação se relaciona com o interesse de tal modo que gera mandatos éticos entre os membros do grupo. A ética guia as relações estreitas daqueles que, por estarem vinculados a uma comunidade de recordações, possuem um interesse mútuo.[13] Pois bem, neste ponto quero estabelecer uma relação entre o enlace ético e político que a memória coletiva de um grupo estabelece com seu passado e o interesse cognitivo que, além disso, possui uma história do presente.

▪ Por que a memória respira em uma história do presente?

Corresponderia a centralizar uma discussão epistêmica acerca das condições de possibilidade de uma história do presente na reformulação do alcance de suas dimensões cognitiva e pragmática. Dado que o passado recente se transforma em objeto de uma história do presente, este mesmo deveria reverter-

---

[13] Margalit, 2002:22 e segs.

se em uma reconsideração do alcance pragmático do conhecimento histórico, atendendo não só a suas implicações ético-políticas, como também a sua qualidade de produto de uma instituição social.

Entendo por história do passado recente ou história do presente aquela historiografia que tem por objeto acontecimentos ou fenômenos sociais que constituem memórias[14] de pelo menos uma das três gerações que compartilham um mesmo presente histórico. As vantagens que a meu ver resultam de uma caracterização da história do presente como a aqui proposta são as seguintes:

- delimita um lapso temporal mais ou menos fechado;
- recoloca a relação sujeito/objeto ao definir este último como recordação (individual ou social) cujo suporte biológico é uma geração contemporânea à qual pode ou não pertencer o historiador;
- discrimina com relação à história oral, isto é, nem toda história oral é história do presente, mas só aquela em que o objeto (ou seja, a recordação) e o sujeito (no caso, o historiador) pertencem ao mesmo presente histórico;
- delimita como presente histórico aquele marco temporal de sentido determinado pela interseção dos espaços de experiência das gerações que se sobrepõem.

O recurso heurístico às gerações na definição de história do presente permite despojar o historiador da assepsia epistêmica do "observador analítico" — tal como o caracterizou Habermas — para ressituá-lo na imediatez do tecido social histórico. Com efeito, em todo presente coexistem, articuladas, várias gerações, e as relações que entre elas se estabelecem constituem a realidade desse presente histórico. Numerosos são os autores que têm destacado o valor do conceito de geração para a compreensão da temporalidade histórica. Ricoeur (1996) resgata de Dilthey a noção de "pertencimento a uma mesma geração", a qual acrescenta ao fenômeno biológico da "mesma idade" a dimensão qualitativa de terem sido os indivíduos expostos às mesmas experiências e influenciados pelos mesmos acontecimentos. Nesse sentido, quero assinalar que é mais apropriado falar de sobreposição sucessiva de gerações que de sucessão de gerações para indicar a especificidade de um encadeamento de transmissão de experiências, visto que sempre há duas gerações atuando no mesmo presente. Ricoeur

---

[14] Dando a "memórias" o alcance semântico definido anteriormente.

incorpora de Mannheim a noção de "agrupamento por localização", que confere ao conceito de geração um suporte temporoespacial concreto na dinâmica social. Por último, vê na ideia de "reino dos contemporâneos, dos predecessores e dos sucessores" de A. Schutz o "complemento sociológico da sucessão de gerações" que proporciona a articulação última entre o tempo privado e o tempo universal através do conceito do anônimo. Nessa tripla mediação — sobreposição sucessiva de gerações localizadas temporalmente e orientadas anonimamente através da simples contemporaneidade — se reconhece a articulação própria entre o tempo privado do indivíduo e o tempo público da história.

Se o objeto da história do presente são as memórias cujo suporte biológico é constituído por uma das gerações que compartilham um mesmo presente histórico, o lapso temporal retrospectivo abarca, aproximadamente, entre 80 e 90 anos.[15] Definido como recordação, o fenômeno histórico se imbrica diretamente na trama social, podendo-se reconhecê-lo como fator de poder na ressignificação do passado recente de acordo com o papel que desempenhe a geração portadora. Igualmente, visto que o acontecimento que se recorda foi qualificado de histórico, ele constitui, por isso mesmo, um ponto de inflexão no tempo social que reestrutura as gerações, despojando-as de uma organização meramente quantitativa (Ortega Mannheim). O significado ou impacto social do acontecimento inverte a relação tradicional de referência, já que é o próprio acontecimento que ressignifica, designando-a, a geração atuante. Assim é que falamos da "geração de 68" na França ou da "geração dos 80" ou da "militância dos 70" na Argentina. Ao redor desse tipo de acontecimentos que funcionam como "núcleos de sentido" se estruturam as relações dos espaços de experiência dos atores sociais. Como muito bem reconheceu Hobsbawm (1998:235), não existe nenhum país em que, ao desaparecer a geração que teve experiência direta nos fenômenos estudados, não se tenha produzido uma mudança importante na política e na perspectiva histórica dos mesmos. Por outro lado, a definição

---

[15] Há 60 anos, em 27 de janeiro de 1945, Yakov Vincenko (que ainda vive) foi o primeiro soldado soviético a transpor os limites de Auschwitz; seu relato do que ali encontrou ainda faz estremecer. O jovem soldado não sabia então que ali também haviam morrido 150 mil soldados soviéticos feitos prisioneiros nos combates de 1941, quando a Alemanha, sem declaração de guerra, invadira a URSS. Sabia-o o general Yakov Dimitri Volkogonov, também historiador da Academia de História de Moscou, morto recentemente e testemunha da reação de Stalin quando foi informado de que a aviação alemã violara o espaço aéreo soviético. O relato anterior nos permite afirmar que transcorre o tempo em que os testemunhos dos sobreviventes do genocídio mais documentado e estudado do século XX estão se transformando em fontes históricas, só acessíveis a partir dos arquivos.

proposta situa a recordação (relato da experiência vivida) como parte dos interesses antagônicos dos conflitos entre gerações que atuam contemporaneamente e resgata a profunda diferença entre as pessoas — historiadores, algumas delas — que relembram a ação de Churchill em 1940 e as que sabem disso através do relato de seus avós ou pais, por exemplo. Uns e outros compartilham o mesmo presente histórico, na medida em que seus espaços de experiência — para usar a categoria meta-histórica de Koselleck[16] — se entrecruzam, pois nem todo contemporâneo insere sua própria experiência vital num mesmo marco histórico. O presente histórico está constituído por aquelas gerações que se sobrepõem sucessivamente, gerando uma cadeia de transmissão de acontecimentos que são reconhecidos como "seu" passado, ainda que nem todos os tenham experimentado diretamente.[17] O grau de anonimato na apropriação desse passado está em relação direta com a localização sociopolítica das gerações comprometidas: o Holocausto é o passado recente em que estão diretamente implicadas as gerações atuais de alemães, mas, como "crime contra a humanidade", também envolve todas as gerações presentes que compartilham ao menos a tradição ocidental. A *História do século XIX* de Hobsbawm é um exemplo de história do presente na qual o historiador pertence à geração portadora das recordações. Já os *Carrascos voluntários de Hitler*, de Goldhagen, ou *Os vizinhos*, de T. Gross, são obras em que o sujeito-historiador pertence a uma geração distinta da que porta a lembrança, mas que no entanto compartilha o mesmo presente histórico.

Assim definida, a história do presente lançaria por terra um dos pressupostos epistêmicos que caracterizam a visão *standard* do conhecimento histórico: a separação entre sujeito e objeto para garantir uma reconstrução expurgada de interesses práticos. Dessa separação foram efetuadas duas leituras: como distância temporal real entre o historiador e seu objeto de estudo; e como distância entendida como *epojé*[18] dos interesses ético-políticos do historiador, se o fenôme-

---

[16] Para Koselleck (1993), o espaço de experiência é uma categoria formal que indica um passado estratificado que não pode ser medido cronologicamente, mas que pode ser fechado a partir de indicadores temporais de acontecimentos passados em torno dos quais se organiza o resto.

[17] Nesse sentido, creio ser mais apropriado utilizar a expressão "presente histórico" para indicar a densidade temporal desse novo objeto da história, visto que separa a noção de presente do imediato e do instantâneo que identificariam a história com técnicas jornalísticas. Assim como nem todo passado é histórico, nem todo presente é "presente histórico". Mesmo assim, creio que a expressão discrimina com relação a "passado histórico", isto é, como o passado constituído pelas vivências de meus predecessores que não são meus contemporâneos e sobre o qual já não se pode influir.

[18] Suspensão do juízo (N. do T.).

no era muito próximo. Este último pressuposto fica claramente exemplificado com a caracterização habermasiana do historiador como "observador analítico" enquanto "cientista íntegro que insiste na diferença entre a perspectiva assumida por aqueles que participam de um discurso de autocompreensão coletiva" e a ciência histórica.[19] Mesmo quando está discutindo as consequências públicas de uma história do presente, Habermas não considera necessário repensar suas bases epistemológicas. O historiador como "observador analítico" deveria constituir-se em ideia que regula — à maneira kantiana — a prática historiográfica do passado recente, mas jamais num pressuposto que garantisse epistemicamente esta prática. A neutralidade valorativa que está na base da intencionalidade da ciência histórica deveria servir como plataforma crítica para pôr em cena os interesses e valores que operam como marcos de sentido da geração à qual pertence o historiador e que funciona como *locus* sócio-histórico de autoentendimento ético-político de onde se reconstrói o fenômeno, e não como garantia inquestionável de uma suposta reconstrução objetiva. Levado por seu entusiasmo, Habermas (1999:18) conclui:

> as mudanças evidentes na cultura política alemã que tiveram lugar nos 50 anos transcorridos desde o fim da II Guerra Mundial são dignas de aplauso [...] os indivíduos alemães se converteram em autênticos democratas [...] [e] seu componente antissemita tem variado, pois perdeu os elementos centrais, assombrosos.

Se realmente as mudanças tivessem sido tão decisivas, o livro de Goldhagen não teria despertado semelhante debate público. E, como tampouco ocorreram mudanças dessa natureza na Polônia, um ano depois da publicação do livro do historiador T. Gross o presidente polaco Aleksander Kwasniewski pediu perdão publicamente pelo massacre de 1.600 judeus cometido em Jedwabne em 1941.

■ Como se pode ter um passado? — ou quando se pode enterrar os mortos?

Em *Sublime historical experience*, F. Ankersmit distingue quatro tipos de esquecimentos, dois dos quais ele denomina "trauma 1" e "trauma 2".[20] As duas

---

[19] Habermas, 1999:18.
[20] Ankersmit, 2005:321-327.

décadas de silêncio acerca do período nazista que se verificaram na Alemanha logo após a II Guerra Mundial constituem, para Ankersmit, o caso paradigmático de esquecimento do que ele denomina "trauma 1". Nesse tipo de trauma, apesar da experiência vivida, a identidade, diz Ankersmit, fica intacta (mas reprimida no passado), e pode ser reestabelecida a condição de que esse passado doloroso seja incorporado numa narração que ofereça uma reconciliação entre a experiência traumática e a identidade.[21] Em sua leitura psicanalítica, o Holocausto como acontecimento traumático foi reprimido (esquecido) nos anos seguintes à II Guerra Mundial. Contudo, uma história correta (*right story*) pode reestabelecer a identidade que estava destruída incorporando esse passado catastrófico. Esses tipos de mecanismos, diz Ankersmit, "podem ser considerados mudanças *em* — e não mudanças *de* — nossas identidades"[22] ou, para dizê-lo metaforicamente, "a construção de novas cidades ou autoestradas são mudanças *dentro* das fronteiras de nosso país, mudanças que deixam inalterados os próprios limites".

Contudo, Ankersmit reconhece outro tipo de acontecimento histórico que provocou o que ele denomina uma quarta forma de esquecimento ou "trauma 2". A Revolução Francesa exemplificaria esse tipo de acontecimento que, à diferença de eventos como o Holocausto, provoca uma ruptura definitiva, constituindo-se na passagem de uma identidade anterior a outra totalmente nova e diferente. Para Ankersmit, a Revolução Francesa cria uma "barreira intransponível" entre um mundo pré-revolucionário e outro mundo pós-revolucionário: "o mundo teria irrevogável e inexoravelmente adquirido "uma nova identidade".[23] A diferença fundamental entre esse tipo de trauma e o trauma 1 é que o passado está completamente separado do presente, é tão totalmente "outro" que nenhum relato poderia integrá-lo como fazendo parte de uma mesma identidade. Esse passado só pode ser objeto de conhecimento histórico. Nos termos de Ankersmit, o "desejo de passado pode ser só *um desejo de conhecer*, não um *desejo de ser*" (de chegar a ser novamente o que se foi no passado)[24]. A ruptura é completa: "fomos ejetados, expelidos ou exilados do passado, ou melhor, por causa de um terrível evento (a Revolução Francesa), um mundo no qual

---

[21] Ankersmit, 2005:328.
[22] Ibid., p. 330.
[23] Ibid., p. 326.
[24] Ibid., p. 327.

costumávamos viver ingenuamente e sem problemas se separou em um passado e um presente".[25] Se se pode alcançar uma reconciliação com o trauma 1, isso é impossível com o trauma 2, "pois o desejo de conhecer (o passado) nunca pode satisfazer o desejo de ser". Essa ruptura entre passado (uma identidade anterior) e presente (uma nova identidade) é também exemplificada por Ankersmit com a análise hegeliana do conflito entre Sócrates e o Estado ateniense. A condenação de Sócrates tem sentido na medida em que constitui a morte do mundo de tradições em que viviam os atenienses e a entrada num mundo moral regido por princípios universais.

Até aqui, Ankersmit. A pergunta que surge é: o que faz que certos acontecimentos gerem passados como mundos diferentes? Por que alguns acontecimentos — como a Revolução Francesa —, e não outros — como o Holocausto —, produzem tamanha ruptura com o presente que criam passados que só podem ser objeto de conhecimento, mas não de desejo? Como surgem esses passados nos quais os historiadores podem beber sem risco de que seus textos inundem as arenas morais, políticas ou jurídicas, como ocorre com a história do presente? Por que Hobsbawm pode afirmar, decorrido tão pouco tempo, que "muito poucas pessoas negariam que uma época do mundo terminou com o desmoronamento do bloco soviético e da União Soviética, independentemente de como interpretemos os acontecimentos de 1989-91"?[26] Quando um acontecimento pode "virar uma página da história"? Por que muito poucos — ou quase ninguém — diriam o mesmo do Holocausto ou dos terrorismos de Estados latino-americanos? Por que o *nunca más* argentino é normativo, a meu ver, ou seja, é antes expressão de um desejo que a constatação de uma ruptura? Em suma, o que faz que certos acontecimentos gerem uma historiografia tão somente, e não uma história do presente?

A explicação à qual mais se tem recorrido, ao menos no âmbito da teoria e da epistemología, é a da distância. A distância, entendida de diferentes maneiras, é que faria passados mais ou menos "objetivos", quase sem implicações morais ou políticas. M. Salber Phillips (2004), em livro publicado recentemente, reconhece que, em história, a questão da distância tem sido pouco teorizada, com o

---

[25] Ankersmit, 2005:328.
[26] Hobsbawm, 1998:236.

que concordo plenamente. Seu diagnóstico é que esse "silêncio" sobre o tema é um indício de pressupostos disciplinares tácitos.[27] Considera que um bom lugar para começar sua análise é o campo no qual a representação histórica conflui com a memória. Cita autores que, como P. Nora, D. Lowenthal ou P. Novick, demarcam uma divisão profunda entre a memória (visto que nega a distância em relação ao passado recente) e a história (visto que geraria essa distância a partir de sua análise crítica). Julga que esse quadro é demasiado simplista (também coincido neste ponto).

Phillips considera que a distância em relação ao acontecimento é não só recebida (como no caso do Holocausto, que já conta mais de duas gerações desde sua ocorrência), mas também construída.[28] Em primeiro lugar, não se poderia negar a distância temporal, sempre crescente e que, segundo a distância em relação ao acontecimento, imporia maior ou menor objetividade na reconstrução pela maior ou menor implicação do autor e da audiência. "A distância deveria referir-se a uma dimensão de nossa relação com o passado."[29] Para tanto, Phillips reconhece diferentes tipos de distância. Uma distância "retórica", que tem a ver com todas as estratégias (textuais ou não) de que se vale a representação histórica para "distanciar" ou "aproximar" seu objeto. Uma descrição densa aproximaria mais empaticamente o leitor, ou seja, aquela que retrate mais minuciosamente as experiências. Contudo, haveria outro tipo de recurso que, mesmo referindo-se a acontecimentos dramáticos, facilitaria o acesso cognitivo, construindo uma distância que impeça uma identificação moral ou política. Em ambos os casos mencionados anteriormente prevalece, para Phillips, a atividade construtiva por parte do historiador, que pode gerar distância, assim como o faria naturalmente a distância temporal.

Contudo, o estudo de Phillips é insuficiente para entender por que a queda do mundo soviético ou a Revolução Francesa se convertem em passados, se convertem no outro. Nem a proximidade de um nem a distância do outro o explicam, e com isso fica invalidada a tese de que a distância é "construída" pelo historiador (ao menos nesses casos). Minha intuição é que esse

---

[27] Phillips, 2004:87.

[28] "Cada história — na realidade, cada representação do passado — tem a ver com o problema de posicionar sua audiência (a do historiador) em relação de proximidade ou distância dos eventos e experiências que estão sendo representados" (Ibid., p. 92).

[29] Ibid., p. 96.

tipo de acontecimento gera suas próprias rupturas sem mediação nem de distâncias temporais retrospectivas nem de distâncias construídas retoricamente pelo historiador. Mas, como? Por que Ankersmit, por exemplo, supõe que um relato correto poderia reconstruir a identidade entre esse passado doloroso e o presente alemão? Por que para alguns setores de argentinos o terrorismo de Estado é ainda uma possibilidade?[30] Porque, sejamos claros, e para dar só um exemplo e dos mais visíveis. López desapareceu em plena democracia,[31] seu corpo ainda não apareceu. Ele é, "simbolicamente falando", um "desaparecido" mais duro para nosso presente. López desapareceu (e seu nome merece estar no museu da memória) num momento político em que as estruturas institucionais (nossa democracia) pareciam ser "o outro" desse passado infame. Mas não se trata, e essa é minha tese, de que o passado viva ainda no presente, e, sim, de algo pior, que o presente se entende e atua em termos do passado (é um presente-passado, e não um passado-presente). Tal como indiquei na introdução, o autoentendimento político do presente se entende em termos das lutas do passado. E o que isso tem a ver com a "outridade" que geram certos acontecimentos dos quais vimos falando? Aqui minha tese é que acontecimentos como a Revolução Francesa ou a queda da União Soviética geram, por si sós, esses passados aos quais "nunca mais" se pode voltar, nem sequer parcialmente ressuscitar, porque são acontecimentos que provocam rupturas de estruturas políticas e, portanto, institucionais; essa é, a meu ver, a barreira intransponível criada por esses eventos. Por isso Hobsbawm vê na derrocada da União Soviética uma virada de página da história. As instituições da Rússia atual são diferentes das do passado soviético. E, embora o revisionismo histórico seja muito ativo, seus debates se desenvolvem dentro da academia e não têm quase nenhum impacto nos debates públicos, nem consequências jurídicas ou morais para o povo da Rússia contemporânea. Não se trata de "histórias do presente", por mais que seu passado seja recente, mas de histórias que contam o que já não se faz. As memórias compartilhadas pelos distintos setores da sociedade podem ser mais ou menos nostálgicas desse passado, mas não entram em disputa com os debates políticos do presente.

---

[30] Se não fosse possível, nem sequer teria sido usado como estratégia retórica de discursos inflamados no fragor das lutas políticas do presente.

[31] López desapareceu em 2006, logo após depor no julgamento levado a cabo contra o genocida Etchecolatz.

A Argentina, país herdeiro de um passado violento, iniciou um período "democrático" em 1983. Desde então, para C. Altamirano, o poder político fixou três esquemas de interpretações do passado recente, três esquemas para a memória. O primeiro, durante o governo de Alfonsín, que haveria de batizar-se "a teoria dos dois demônios". O segundo, durante o governo de Carlos Menen, com os indultos e os apelos à pacificação política, impôs um silêncio que, para Altamirano, colocou em evidência que "para nenhum outro setor do peronismo era complicado compor um relato público".[32] E, por último, o governo de Kirchner "fez sua a versão mais elementar e que sobrevoa toda complicação sobre o passado [...] a que estiliza a militância dos anos 1970 e apaga, por meio dessa estilização, não só os partidos armados da época, como a guerra intestina do peronismo".[33]

A política se meteu com a memória (entendida como se especificou anteriormente), tratando de gerar "memórias oficiais". As memórias dos militantes se meteram no debate político. As histórias do presente geram políticas. Clama-se pelo "dever da memória". Essa frase tem sofrido uma sacralização tal que se esvaziou de sentido. Mas tratemos de restituí-lo. O dever da memória é uma demanda de justiça, uma demanda jurídica, uma demanda moral. Uma "avó para o governo, um desaparecido para o campo".[34] Se muitos como Ankersmit não leem o Holocausto (nem os terrorismos de Estado, poder-se-ia acrescentar) como rupturas de identidades, como se ainda fosse possível um relato conciliador desses passados com nossos presentes, torna-se evidente que esses acontecimentos, por mais terríveis que tenham sido, não conseguiram calar no mais profundo da história, em seu coração político. Nenhum desses acontecimentos conseguiu derrubar instituições e criar espaços políticos novos. Daí ser ainda possível, na Argentina, um "relato conciliador" entre a violência política de outrora e nosso presente cindido. Daí serem ainda possíveis um relato do antissemitismo nazi e o presente político atual da Alemanha. Rupturas históricas e rupturas políticas se acham inexoravelmente ligadas; só nesses casos as memórias já não podem ser lutas políticas, e nenhuma "história do presente" é possível.

---

[32] Altamirano, 2007:25.
[33] Ibid., p. 33.
[34] "Governo-campo", termos confrontativos nos quais também se tem lido esse conflito político atual e nos quais os usos do passado em chave de terrorismo têm abundado em ambas as partes.

▮ Referências

ALTAMIRANO, Carlos. Pasado presente: ¿qué puede hacer el trabajo historiográfico en este terreno? Difícilmente podría cambiar el clima dominante en la actualidad. In: LIDA, Clara; CRESPO, Horacio; YANKELEVICH, Pablo (Comp.). *Argentina, 1976*. Estudios en torno al golpe de Estado. Buenos Aires: Fondo de Cultura Economica USA, 2007.

ANKERSMIT, Frank. *Sublime historical experience*. California: Standford University Press, 2005.

CANDEAU, Joel. *Memoria e identidad*. Buenos Aires: Ediciones del Sol, 2001.

CERTEAU, Michel de. *La escritura da historia*. México: Universidad Iberoamericana, 1993.

DONGUI, T. Halperín. *El revisionismo histórico argentino como visión decadentista da historia naciona*l. Buenos Aires: Siglo XXI, 2005.

HABERMAS, Jürgen. Goldhagen e el uso público da historia: ¿por qué el premio democracia para Daniel Goldhagen? In: FINCHELSTEIN, F. *Los alemanes, el Holocausto e la culpa colectiva*. El debate Goldhagen. Buenos Aires: Eudeba, 1999.

HOBSBAWM, Eric. *Sobre la historia*. Barcelona: Crítica, 1998.

HUYSSEN, Andreas. *En busca del futuro perdido*. Cultura e memoria en tiempos de globalización. Buenos Aires: FCE, 2007.

KOSELLECK, Reinhart. *Futuro pasado*. Para una semántica de los tiempos históricos. Madrid: Paidós, 1993.

MARGALIT, Avishai. *Ética del recuerdo*. Barcelona: Herder, 2002.

MUDROVCIC, María Inês. Memoria y narración. In: CRUZ, M.; BRAUER, D. (Eds.). *La comprensión del pasado*. Escritos sobre filosofia da historia. Barcelona: Herder, 2005a.

_____.Voltaire y *La Enciclopedia*: la génesis del nuevo campo epistémico da historia. In: _____. *Historia, narración y memoria*. Los debates actuales en la filosofía de la historia. Madrid: Akal, 2005b.

PHILLIPS, M. Salber. History, memory and historical distance. In: SEIXAS, Peter (Ed.). *Theorizing historical consciousness*. Toronto: University of Toronto Press, 2004.

RICOEUR, Paul. Hacia una hermenéutica del tempo histórico. In: _____. *Tiempo y narración*. Buenos Aires: Siglo XXI, 1996. v. 3: El tiempo narrado.

SCHACTER, Daniel L. (Ed.). *Memory distortion*. How minds, brains and societies reconstruct the past. Harvard: Harvard University Press, 1995.

VEZZETTI, Hugo. *Pasado y presente*. Guerra, dictadura y sociedad en la Argentina. Buenos Aires: Siglo XXI, 2002.

6
▌ Imigração, cidade e memória

Ismênia de Lima Martins
Andréa Telo da Corte

Nas palavras de Ítalo Calvino (1986:15), "a cidade não conta o seu passado, ela o contém como as linhas da mão, escrito nos ângulos das ruas, nas grades das janelas, nos corrimãos das escadas, nas antenas dos para-raios, nos mastros das bandeiras, cada segmento riscado por arranhões, serradelas, entalhes, esfoladuras". Dessa forma o escritor ítalo-cubano remete-nos à questão das camadas de memórias subjacentes ao espaço urbano, muitas vezes mergulhadas nas querelas atraso/progresso, antigo/moderno, ou confrontadas com a diversidade de grupos étnicos e discursos identitários territorializados no seu espaço.

A historiografia das últimas décadas do século XX foi pródiga ao refletir a memória e o espaço urbano sob o signo das transformações geradas pelos discursos de modernidade, dentro da perspectiva referida, que contrapõe passado e presente, o primeiro entendido como atraso, e o segundo, como progresso. O Rio de Janeiro, protagonista de aceleradas transformações urbanas nos primeiros anos do século XX, foi alvo preferencial dessa discussão.

O presente, porém, marcado por novas ondas migratórias, traz à tona questões relativas à territorialização de diferentes grupos de imigrantes que se inscreveram no espaço urbano em outras temporalidades. A própria entrada do Brasil no rol dos países emigrantistas impõe à historiografia uma reflexão sobre tal processo. As questões atuais, uma vez mais, motivam os historiadores a redimensionar suas perguntas e a atribuir ao tempo presente e ao passado da cidade novos problemas, a fim de compreender antigos e recentes processos de territorialização e expressão identitárias.

Logo, imigração, cidade e memória surgem como questões entrelaçadas, merecedoras de uma reflexão teórica mais elaborada, e o desenvolvimento de estudos de caso é da maior importância para o refinamento da discussão.

O tema da cidade, inter-relacionado ao estudo da memória e da identidade, revela-se no estudo dos grupos étnicos. Processos de reivindicações identitárias e expressões de etnicidade se desenvolvem sempre em relação ao território onde eles se encontram, mesmo que espelhem referências a outros espaços territoriais, reais ou imaginários. Aqueles que se apresentam como grupo definem-se em relação a algum lugar e em relação a alguém. Dessa forma, falar das identidades e memórias de grupos étnicos é também refletir o espaço em que elas se constituem, se reconfiguram e, finalmente, se movem.

O estudo das identidades, portanto, está diretamente relacionado às formas pelas quais os supostos grupos se territorializam e às marcas que imprimem na cena local, como, por exemplo, os nichos econômicos que escavam; as formas de morar que constituem; a expressão de fronteiras étnicas através das organizações associativas que engendram, da elaboração de discursos particulares de diferenciação ou, ainda, de rejeição da etnicidade, incorporando-se à identidade predominante.

No caso da cidade, todas essas práticas relacionam-se, em última instância, às condições objetivas e subjetivas vivenciadas no espaço urbano onde esses grupos se forjam: sociedade de acolhimento para os imigrantes, berço para os grupos locais, que esboçam diferentes discursos de pertencimento.

Nesse sentido, a cidade e toda a complexidade que envolve a questão urbana não podem ser vistas como mero cenário para o estabelecimento dos grupos étnicos, mas, simultaneamente, como um agente, ora disciplinador, ora desagregador. Disciplinador ao estabelecer regras e limites com os quais os grupos étnicos precisam negociar para garantir sua inserção social e a construção de seus próprios lugares de memória na cena urbana. Desagregador, ao estimular conflitos intergrupos e extragrupos. Para cada uma das facetas da cidade, múltiplas identidades, múltiplas memórias.

▮ Entender a cidade

Ímã que atrai a diversidade humana, a cidade é "um imenso quebra-cabeças, feito de peças diferenciadas, onde cada qual conhece seu lugar e se sente estrangeiro nos demais".[1] Compreender essa lógica possibilitará decifrar, ao menos parcialmente, as formas de territorialização dos diversos grupos étnicos no espaço estudado.

No entanto, compreender/apreender a cidade não é tarefa fácil. "Continente de experiências humanas, a cidade é também um registro, uma escrita, materialização de sua própria história."[2] Como registro, carrega em si uma escrita antiga, que narra a experiência histórica de outros tempos e grupos; e, como organismo vivo, é o lócus onde "os símbolos do passado se interceptam com os do presente, construindo uma rede de significados móveis".[3] Em outras palavras, a cidade comporta camadas de memórias em permanente interseção, onde cada nova marca leva ao rearranjo das camadas anteriores, resultando numa nova cidade.

De outra forma, a cidade é lócus político, na medida em que se imbui do poder público que sedia. Comporta, também, a dimensão econômica, por consubstanciar a ação de produzir e circular a mercadoria. É, ainda, o lugar da segregação, ao encerrar em si as diferenças sociais entre ricos e pobres, público e privado, visíveis e invisíveis. Finalmente, é o palco da cidadania.[4] Em suas múltiplas faces, a cidade é um personagem a ser desvendado.

Em meio a essa complexidade de sentidos, os grupos étnicos, em especial os compostos por imigrantes, são obrigados, pela necessidade objetiva da sobrevivência, a conviver, se mover e produzir suas próprias marcas, que se traduzem em âncoras de uma nova memória, tanto para o grupo quanto para a cidade.

Os processos de reconfiguração de identidades dependem, portanto, das condições objetivas e subjetivas facultadas pela cidade de acolhimento, interpenetradas pelas camadas de história. Desvendar as "camadas" de memórias abraçadas pela cidade é, pois, uma das tarefas principais a serem empreendidas, tanto na análise do fenômeno urbano quanto nos estudos das identidades étnicas.

À luz dessas reflexões, vimos trabalhando o caso de Niterói, a cidade e seus imigrantes.

---

[1] Rolnik, 2004:40.
[2] Ibid., p. 9.
[3] Ibid., p.17.
[4] Ibid., p. 40.

▌ Niterói, cidade múltipla

A cidade de Niterói, capital da antiga província fluminense desde 1834 e do estado do Rio de Janeiro entre 1889 e 1974, recebeu imigrantes ingleses, alemães, espanhóis, italianos, "sírio-libaneses" e judeus de diversas nacionalidades desde fins do século XIX, além dos portugueses, grupo majoritário que sempre esteve presente em sua vida.

Em meio a um conjunto expressivo de diferenças, disputaram, palmo a palmo, um lugar no mercado de trabalho local, competindo também com os brasileiros, muitos dos quais ex-escravos da região ou egressos das decadentes fazendas de café do vale do Paraíba, então em crise econômica, ou, ainda, oriundos de cidades do interior do estado, em especial da região norte, como Bom Jesus de Itabapoana, Itaperuna e Campos, todos ansiosos por desfrutar as melhores condições de vida da capital.

Separada da cidade do Rio de Janeiro, então Capital Federal, pelas águas da Guanabara, Niterói, no início do século XX, ainda era um lugar na contramão da modernidade, onde calçar uma rua "era uma tarefa ciclópica"[5] e reformas urbanas eram iniciadas e reiniciadas a cada novo governo, demandando, em alguns casos, o espaço de um século para se realizarem integralmente.

Lócus político, a cidade de Niterói, apesar de seu status de capital, não conseguiu se constituir em modelo para as cidades do interior, nem sequer em referência para a construção das identidades regionais.

Assombrada pelas contínuas intervenções federais nos assuntos estaduais e pela proximidade com o Rio de Janeiro, "ímã" que atraía todas as elites, a capital fluminense acabou por cultivar, ao longo do século passado, um exacerbado sentimento de inferioridade em relação à metrópole vizinha.[6]

No âmbito municipal a situação era similar, e o poder público local sofreu a intervenção contínua da esfera pública estadual nas suas ações. Ofuscada pelo Rio de Janeiro, a cidade de Niterói, nas primeiras décadas do século XX, viu sua identidade política reduzida às malhas do provincianismo.

Na prática, a capital do estado do Rio de Janeiro, até a segunda metade do século XX, se constituía em cinco bairros: Praia Grande, São Domingos, Icaraí, Fonseca e Barreto, e em sua economia destacavam-se os setores

---

[5] Soares, 1992:41.
[6] Azevedo, 1997:55.

industrial, sobretudo a indústria naval do entorno da baía de Guanabara, e comercial.

O comércio, estabelecido predominantemente no bairro de Praia Grande e caracterizado pela maioria dos autores como tosco e limitado, foi a principal atividade da cidade e espaço no qual os diversos "migrantes" se enfrentaram, marcando as ruas com sua presença e com seus equipamentos sociais, erigidos como lugares de memória.

Praia Grande, onde ainda hoje se encontra localizado o centro de Niterói, foi a referência principal da cidade na primeira metade do século XX. Independentemente das mudanças ocorridas, essa região sempre concentrou o principal do comércio a retalho na cidade, composto por inúmeras alfaiatarias, armazéns de tecidos, casas de roupas prontas, bazares, chapelarias, ourivesarias, movelarias, padarias e botequins, em grande parte pertencentes a portugueses, que de 1910 a 1950 estiveram à frente da Associação Comercial.

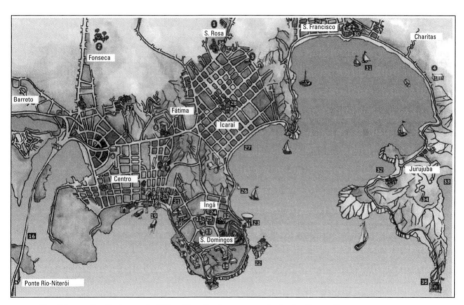

▌ Mapa dos bairros de Niterói voltados para a baía de Guanabara
Fonte: Mizubuti, 1996.

Ao lado deles, judeus das mais diversas origens e um número elevado de imigrantes "sírio-libaneses" fincaram suas bases na cidade, disputando conjuntamente, ora como mascates e/ou prestamistas, ora como lojistas, espaço e freguesia no reduzido mercado de trabalho da capital fluminense.

Em torno do corredor comercial, a antiga Praia Grande concentrava os principais edifícios públicos do município e do Estado — a Diretoria Regional dos Correios e Telégrafos, a Prefeitura, a Câmara Municipal, a Biblioteca Universitária, o Fórum, a Assembleia Legislativa Estadual, a Repartição de Polícia, o Edifício das Secretarias de Estado, o Instituto de Educação (atual Liceu Nilo Peçanha), o Tesouro do Estado, a Casa de Detenção, o Teatro João Caetano (atual Teatro Municipal), a Força Militar, o Corpo de Bombeiros e, sobretudo, a estação das barcas, meio de transporte cuja denominação acabou tornando-se metaforicamente sinônimo do centro da cidade.

Na região central encontravam-se também importantes templos religiosos, como a catedral do arcebispado e as igrejas de São João Batista e de Nossa Senhora da Conceição, agências bancárias, hospitais, as faculdades de Farmácia e Odontologia, e a Policlínica da Faculdade Fluminense de Medicina.

As ruas do centro abrigavam, ainda, a sede das associações de imigrantes: cinco de portugueses, duas de judeus, uma de italianos e uma de "sírio-libaneses", além dos consulados de Espanha e Portugal.

Os pequenos sobrados e escritórios do antigo distrito da Praia Grande acolheram pelo menos 26 associações de trabalhadores, entre caixas de socorro, funerais e mútua de operários.

Nessa região, as instâncias públicas e privadas se cruzavam, e o espaço não se apresentava hierarquizado socialmente de forma expressiva. Imóveis residenciais imponentes, pertencentes a banqueiros e empresários, compartilhavam o território com os mais diversos tipos de trabalhadores, imigrantes ou não, segregados em vilas e cortiços, e também com estabelecimentos comerciais, repartições públicas, cabarés e cafés.

Foi, igualmente, o principal espaço de manifestação social de seus habitantes. Palco dos desfiles cívicos, dos confrontos entre integralistas e comunistas na década de 1930, e de grande revolta urbana em 1959.

Simultaneamente lócus político, de circulação de mercadorias e do consumo, da segregação, da mistura e da cidadania, Praia Grande assistiu aos enfrentamentos entre os trabalhadores nacionais e estrangeiros, muitos dos quais recortados por profundas diferenças identitárias e ideológicas.

O tabuleiro de xadrez formado pelas ruas do centro de Niterói[7] forneceu, portanto, a matéria-prima com a qual esses diversos atores sociais dialogaram

---

[7] Campos, 1998.

com a cidade e entre si, ressignificando suas vidas, mergulhando em criativos processos de construção/reconstrução identitárias, renovando o espaço urbano com suas marcas.

Nos limites deste texto, destacamos o caso dos portugueses por sua relevância, inclusive quantitativa, no conjunto de imigrantes da cidade.

▌ Portugueses

Os portugueses se destacam no cenário urbano de Niterói desde o período anterior a 26 de março de 1835, quando a Vila Real da Praia Grande foi elevada à categoria de cidade, com o nome de Nictherói, e escolhida capital da província.[8]

Já nessa época, eles podiam ser aí encontrados, seja no comércio e na agricultura, seja no trabalho braçal. Contudo, as referências mais precisas datam de 1845, quando Irineu Evangelista de Souza, o barão de Mauá, deu início ao seu empreendimento no ramo da construção naval, na região conhecida como Ponta d'Areia.

A grande afluência de portugueses que, à época de Mauá, eram ferreiros, torneiros, carpinteiros, calafates e, mais tarde, no período republicano, operários da indústria naval promoveu o desenvolvimento da localidade, imprimindo-lhe um perfil lusitano.

Paralelamente a esse núcleo, a presença portuguesa no comércio local, quase como um prolongamento da colonização,[9] resultou numa extensa lista de empresários que alcançaram riqueza e reconhecimento, angariando títulos e prestígio dos dois lados do Atlântico, dando origem à famosa geração de comendadores da cidade.

A atuação dos empresários portugueses em Niterói estendeu-se a todos os campos da atividade econômica. Muitos deles se destacaram, inclusive, como banqueiros e industriais.

Note-se que esses portugueses, que acabaram por constituir a elite da cidade, atuaram até certo ponto como grupo, promovendo fusões de empresas ou pequenas participações nos negócios dos patrícios. Da mesma forma, fizeram da Associação Comercial um revérbero dos seus interesses.

---

[8] Whers, 2002:68.
[9] Medeiros, 2000.

Além deles, pequenos proprietários portugueses, continentais ou ilhéus, dominavam o comércio local, com seus cafés, bares, confeitarias, armazéns de secos e molhados e cortiços, embora dividindo sua clientela, sobretudo no centro, com os comerciantes judeus e "sírio-libaneses".

Não obstante pequenos episódios de xenofobia contra os lusitanos, de modo geral, a cidade ofereceu um bom ambiente ao enraizamento desses imigrantes. Ao contrário de seus patrícios mais pobres, a elite lusa destacava-se no noticiário social dos jornais da cidade e quase nunca era alvo de comentários xenófobos. Seu prestígio era grande, e eles se constituíam nos principais beneméritos das associações assistenciais locais.

Foram identificadas, no período, cerca de cinco associações lusitanas, todas com grande visibilidade. A mais destacada, porém, foi a Sociedade Portuguesa de Beneficência, fundada em 1920 e cujo hospital, inaugurado em 1930, se transformou no principal lugar de memória dos portugueses em Niterói.

▮ A Sociedade Portuguesa de Beneficência de Niterói

Suas origens remontam à criação do Centro da Colônia Portuguesa de Niterói, em 1904, fato que se inscreve no quadro mais amplo da formação de diversas associações mutualistas no final do século XIX e nas primeiras décadas do século XX. Tais iniciativas objetivavam o atendimento das necessidades das populações urbanas, sobretudo em relação aos serviços de saúde, que somente iniciariam a sua expansão nos anos 1920, com a reforma Carlos Chagas e a Lei Eloy Chaves, que instituiu, sob obrigatoriedade governamental, o sistema de seguros sociais no setor privado.

Os registros documentais hoje existentes sobre o Centro da Colônia Portuguesa de Niterói autorizam a sua caracterização como sociedade beneficente assistencial mutualista. Composta por elementos de origem portuguesa, possuía em sua direção poucos nomes representativos das atividades comerciais e financeiras da cidade. As beneficências eram distribuídas sob a forma de ajuda financeira aos associados desempregados ou enfermos, depois que uma sindicância atestava-lhes a idoneidade, segundo o vigente sistema de valores.

Em Niterói, os projetos de reforma urbana da década de 1920 vão coincidir com o enriquecimento dos portugueses enquanto grupo. Muitos expandiram seus negócios de forma vertiginosa ao transformar pequenos armazéns em firmas de exportação e importação e, sobretudo, ao estenderem sua esfera de atuação ao setor bancário e agroindustrial, aproveitando-se da insolvência financeira das antigas elites rurais.

Entre as estratégias utilizadas pelo grupo para conquistar a visibilidade social que coroaria tal processo de enriquecimento destaca-se sua interferência na criação da Sociedade Portuguesa de Beneficência de Niterói. Os portugueses mais distinguidos comercialmente, que até então mantinham uma relação apenas formal com o Centro da Colônia, compareceram à assembleia-geral extraordinária realizada em 20 de julho de 1919. A ata que registra sua participação detalha o encaminhamento das discussões no sentido de autorizar a diretoria a modificar a lei social, elaborar novos estatutos e, finalmente, iniciar os trabalhos para a construção de sua sede, assim como de um hospital.

A elaboração do novo regimento tomou mais de um ano, e a comissão responsável teve seu trabalho apreciado nas assembleias-gerais de 8 e 15 de agosto de 1920, quando se aprovou o estatuto que em seu art. 1º constituía a Sociedade Portuguesa de Beneficência de Niterói, atribuindo-lhe todas as obrigações e haveres sociais contraídos em nome do antigo Centro da Colônia Portuguesa, enquanto suas finalidades permaneciam fundamentalmente assistenciais.

É importante ressaltar que os novos estatutos abriram as portas da entidade a cidadãos de outras nacionalidades, vetando, no entanto, sua elegibilidade para os cargos de direção. A ação pragmática dos lusitanos pretendia, de um lado, reforçar o caixa e canalizar apoio para a construção do hospital; de outro, manter o controle da organização.[10]

A construção do hospital constituiu-se numa estratégia perfeita em relação aos objetivos pretendidos. A cidade de Niterói contava apenas com o Hospital São João Batista, criado em meados do século XIX e inteiramente defasado em relação às demandas da população, que desde então crescera aproximadamente 100%.[11]

A escolha do dr. Hernani Pires de Mello, jovem, porém reputado médico oriundo de ilustre família local, para acompanhar o projeto de edificação, atendendo às exigências mais modernas da época, granjeou inúmeros apoios para a iniciativa.

A campanha para a construção do hospital extrapolou os limites da colônia e contou com o apoio da população e da imprensa, que regularmente

---

[10] Martins, 1980.
[11] Martins, 2004.

incentivava a contribuição para as obras. A própria primeira-dama do Estado, d. Hortência Sodré, colaborou publicamente com o projeto ao abrir o Palácio do Ingá, sede do Executivo, à campanha de doação de fundos empreendida pelas Damas da Cruz de Malta, entidade feminina que congregava senhoras da sociedade lusitana local.[12]

Dessa forma, o empreendimento dos portugueses angariou enorme simpatia da população em geral, aumentando, de fato, o prestígio do grupo na cidade, vinculando-o à criação do Hospital Santa Cruz, que, até 1980, constituiu-se no mais importante equipamento social da área de saúde a serviço da população local.[13]

A localização do referido hospital fornece elementos para outra leitura. Embora já houvesse um terreno doado para sua construção, a diretoria decidiu-se pela compra de uma chácara à rua dr. Celestino. A intenção era claramente inserir o maior símbolo material da colônia portuguesa de Niterói no espaço monumentalizado pela reforma urbana da década de 1920: a praça da República, logradouro circundado pelo Palácio da Justiça, pela Assembleia Legislativa e pela futura sede do Poder Executivo estadual, que para lá deveria ser transferido, e ornada por um imponente conjunto de estátuas alegóricas da República.

O local escolhido, portanto, materializava de forma cabal a relevância da inserção portuguesa em Niterói, e as estratégias adotadas contribuíram para marcar definitivamente os símbolos portugueses na paisagem local. O prédio majestoso, em estilo gótico manuelino, dotado de torreões e ogivas, evidenciava o ânimo de seus idealizadores, atualizando a altivez daqueles construídos pelos antepassados navegadores. Também a denominação Santa Cruz se reportava àquela dada por Cabral à terra descoberta. No salão nobre destacava-se um gigantesco retrato de d. Afonso Henriques, e na decoração das paredes os retratos dos benfeitores misturavam-se às cordas entrelaçadas, às velas e às cruzes de malta.

Concluídas as obras, o Hospital Santa Cruz e a nova sede da Sociedade Portuguesa de Beneficência passaram a destacar-se naquele que viria ser o principal marco de poder da cidade, a praça da República, conferindo-lhe visibilidade extraordinária e reforçando seu prestígio social.

---

[12] Martins, 1980.
[13] Ibid., p. 7.

▌ Vista da praça da República, com o Hospital Santa Cruz ao fundo,
em fase final de construção
Fonte: Arquivo da Sociedade de Beneficência de Niterói.

Porém, a obra, devido à sua grande relevância, em poucas décadas deixou de ser identificada como uma criação dos portugueses, tornando-se um patrimônio comum. Nesse sentido, os registros de novos associados são eloquentes, pois, já no ano subsequente à inauguração do hospital, o número de brasileiros era muito superior ao de portugueses, chegando ao triplo em 1937. É importante observar que muitos associados não eram filhos de portugueses, mas integravam os setores mais favorecidos da população.

Vale igualmente mencionar que outros grupos de imigrantes, sobretudo "sírio-libaneses" e espanhóis, cujas entidades não tinham condições de manter um hospital, como o faziam na cidade do Rio de Janeiro, tornaram-se também associados.

▌ Os portugueses da Ponta D'Areia e da ilha da Conceição

Entre os portugueses de Niterói, pode-se afirmar que a territorialização foi uma das formas pelas quais as distinções de classe se expressaram. Enquanto a elite habitava os palacetes em áreas nobres da cidade, sobretudo o centro e algumas áreas dos bairros do Fonseca e do Ingá, até os anos 1950 os trabalhadores e operários localizavam-se preferencialmente na Ponta d'Areia, os pescadores, na ilha da Conceição, e os pequenos comerciantes, em bairros como Santa Rosa, Icaraí e, muito mais tarde, São Francisco.

Os trabalhadores lusitanos da localidade conhecida como Ponta d'Areia procuraram diferenciar-se dos demais portugueses da colônia em Niterói por constituir-se em um "mundo particular".

A região, que concentrava portugueses desde a época de Mauá, manteve-se atrativa para imigrantes de todas as origens, enquanto a indústria naval esteve aquecida no estado. No caso dos lusitanos, dizia-se que "os imigrantes eram empacotados em Portugal com a etiqueta Ponta d'Areia para desembarcarem diretamente aqui".[14]

Concomitantemente à colaboração prestada na obra do Hospital Santa Cruz, dirigida pelos principais da colônia, os portugueses da Ponta d'Areia edificaram no "seu território" a Igreja de Nossa Senhora de Fátima e fundaram a Banda Portuguesa, em 1929, e o Centro Musical da Colônia Portuguesa, em 1930.

Outros grupos portugueses cuja territorialidade é visivelmente demarcada na cidade são os pescadores e os operários da ilha da Conceição, situada em frente à enseada de São Lourenço e que, desde 1958, está ligada ao continente, constituindo uma península. A ilha, que em seus primórdios foi propriedade particular dedicada à agricultura e à criação de gado, teve sua história no século XX relacionada ao desenvolvimento da indústria naval, com a presença do estaleiro do Loyd Brasileiro e da firma inglesa Wilson Sons, que, nas décadas de 1920 e 1930, promoveu a ocupação do local por imigrantes italianos, espanhóis e, sobretudo, portugueses trabalhadores da carvoaria da empresa. A vocação natural da ilha e a experiência portuguesa na pesca fizeram daquela localidade um importante centro pesqueiro da região.

A insularidade favoreceu o reforço das tradições culturais dos imigrantes portugueses. Em 1935, criaram o Esporte Clube Lusitano, espaço atualmente ocupado por uma escola estadual.[15]

Por um lado, a festa de Nossa Senhora da Conceição pode ser considerada uma expressão da religiosidade portuguesa, mas, por outro, ultrapassa o seu ca-

---

[14] Nogueira, 1998:37.

[15] *Encontro com Portugal-Brasil...*

entranhas e a dimensão dos desafios anteriormente referidos. Ficam mais visíveis os vermes que vão se nutrindo e tomando conta do organismo estatal: a incompetência de gestão; a visão de curto prazo; a preocupação corporativista; a imprevisibilidade; a incapacidade de dar respostas aos cidadãos — eleitores — contribuintes; a inabilidade para lidar com crises; o desperdício de recursos e tantos outros vermes do mesmo gênero.

Ao que, numa linguagem popular, se denominou "apagão aéreo", juntam-se outros apagões, os pretéritos, como o "apagão de energia", e os que ainda virão, conforme projetam para os anos à frente muitos especialistas de várias áreas. Vão assim, de forma inexorável, delineando-se os contornos mais nítidos da fragilização do Estado perante a sociedade, causando perplexidade e, para muitos, até mesmo desesperança quanto à capacidade do poder público de exercer a liderança do progresso econômico e social.

São vários os nutrientes dos vermes que possibilitam sua expansão. Somente para ilustrar esse cardápio, pode-se citar: (*i*) formulação e implementação de políticas públicas inadequadas; (*ii*) a corrupção na administração pública e entre os agentes do mercado fornecedor de bens e serviços; (*iii*) a falta de espírito público de políticos, dirigentes e funcionários públicos; (*iv*) a omissão dos cidadãos; (*v*) o papel da imprensa, e tantos outros.

A ausência de uma política de gestão pública acaba por reforçar todos os "alimentos" anteriormente citados. Da mesma forma que se espera que o governo tenha uma política para a educação, para a saúde ou para a defesa nacional, a sociedade deve cobrar uma política para a gestão pública. Desta dependerá, em boa parte, a criação das condições favoráveis à implementação das ações nas áreas substantivas de governo e ao alcance dos resultados socialmente desejáveis. A política de gestão pública diz respeito às regras institucionais e às práticas de caráter administrativo que vão influenciar, transversalmente, todo o setor público no desempenho de funções essenciais, seja no provimento de segurança do tráfego aéreo, seja no serviço de atendimento de um hospital público, e inclui:[2] planejamento e gestão do

---

[2] Barzelay, 2001.

orçamento e das finanças; a gestão da força de trabalho; organização e métodos de trabalho; como se adquirem os bens e serviços junto ao mercado fornecedor; e o caráter e as práticas de auditoria e avaliação do desempenho das organizações governamentais.

O episódio do controle do tráfego aéreo anteriormente referido foi revelando, dia a dia, o que Behn (1998) denomina "falha administrativa", isto é, a consolidação de falhas em algumas ou mesmo em todas essas práticas antes mencionadas. Juntando-se à "falha administrativa" outras falhas igualmente indicadas pelo mencionado autor (a "falha política", a "falha cívica" e a "falha de governo"), tem-se, então, um quadro com os efeitos tenebrosos que assustam — e é bom que assim seja — a sociedade brasileira.

A gestão pública, como um dos sustentáculos da governança, não pode estar excluída da agenda política, ou dela constar apenas retoricamente, fora da lista de cobranças da sociedade aos que detêm, transitoriamente, o poder político.

O combate aos vermes que estão a se alastrar pelo organismo estatal, há anos, não se pode dar mais por meio de "remédios" esporádicos, de efeitos duvidosos ou efêmeros, tais como reformas administrativas "à moda antiga", ou simples rearranjos de estruturas orgânicas, tendo como prazo de validade a data das próximas eleições.

O purgante a ser ingerido para eliminar os vermes é uma política de gestão pública na qual a garantia de congruência entre seus elementos componentes e a realização de processos é que viabilizará a adoção de práticas administrativas adequadas ao setor público. No caminho contrário ao que vem marcando a experiência brasileira, os novos desafios à ação governamental exigem que a discussão, a formulação e a implementação da política de gestão pública sejam feitas com o horizonte temporal devidamente alargado, refletindo compromissos com o interesse público e com as necessidades de médio e longo prazo do desenvolvimento econômico e social.

É preciso reconhecer, entretanto, que as instituições vigentes estão direcionadas, fundamentalmente, para uma perspectiva de curto prazo, o que se transforma em grande obstáculo à incorporação às decisões atuais do necessário compromisso com as próximas gerações.

A instituição do Conselho de Desenvolvimento Econômico e Social no governo Lula, deixando de lado qualquer avaliação sobre o seu desempenho, foi uma importante sinalização sobre as possibilidades de se explorar novos mecanismos para fortalecer a governança na atualidade brasileira. A criação desses novos espaços institucionais pode favorecer a reflexão de mais longo prazo por meio da qual seja possível extrair inspiração para decisões e ações do governo.

Uma ideia central que se pretende aqui ressaltar é a de que as estratégias para as reformas da gestão pública devem ser visualizadas e tratadas dentro de um quadro mais amplo da governança do país e ter o indispensável suporte político para sua viabilização.[3] Mundo afora, ressalta-se a percepção da sociedade quanto à atuação governamental: desperdício; serviços caros; e incapacidade de dar respostas. Se nas sociedades com maior estabilidade política, econômica e social essa realidade constitui-se em enorme desafio para se moldar o futuro dos serviços públicos, imagine-se a dimensão do problema para os países que enfrentam marcantes transições políticas, econômicas e sociais, como é o caso brasileiro. Esse quadro de mudanças e a necessidade de respostas adequadas por parte do poder público têm sido explorados na literatura sobre governo e gestão pública, mais intensamente desde os anos 1990.

Dror (1999) ressalta que a falta de confiança nos políticos e o baixo grau de conhecimento por parte das elites governamentais potencializam os impactos negativos das "forças" que pressionam o Estado e a governança. Quanto às dificuldades para se alcançar um horizonte temporal mais estendido na formulação das políticas públicas, três aspectos lhe parecem cruciais: primeiro, o desafio de se conciliar processos eleitorais de curto prazo com processos sociais de longo prazo; segundo, a necessidade de se criarem novas instituições voltadas para as preocupações de longo prazo;

---

[3] Kettl, 2000.

e, terceiro, o desenvolvimento da capacidade de planejamento nas organizações governamentais.

Esse terceiro aspecto ressaltado pelo autor reflete uma ideia que não parece vir recebendo a devida atenção nos esforços de reforma de gestão pública no país. Para que não ocorra o que o próprio Dror denomina de "omissão trágica", isto é, o poder público não assumir efetivamente seu papel essencial de garantir um sentido de direção às políticas públicas em consonância com as necessidades e interesses da sociedade, numa ótica de longo prazo, não basta desenvolver capacidades de planejamento no centro do governo mas, igualmente, promover capacidades de pensar e agir estrategicamente nas pontas da administração pública, no nível das organizações.

Dror (1999:176) ressalta, igualmente, a questão ética como elemento essencial para a governança e propõe substituir a *raison d'État* pela *raison d'humanité*:

> A principal e mais importante mudança exigida na governância é torná-la mais moral, acima de tudo para atender constantemente a concepções mais elevadas da "raison d'humanité"! Essa é uma parte integrante da necessária evolução da humanidade. A menos que todos os níveis de governância adotem cada vez mais a "raison d'humanité" como critério de decisão e meta principal, haverá dissonância crescente entre as exigências humanas de prosperar, enquanto os perigos aumentam e as oportunidades são perdidas.

O autor chama a atenção de que a *raison d'humanité* é direcionada mais para as consequências do que para as intenções. Episódios recentes da realidade brasileira têm demonstrado que, infelizmente, a *raison d'État* continua sendo utilizada como justificativa para que a verdade dos fatos não tenha sido preservada no depoimento de autoridades públicas em situações específicas, como ocorreu, em 2001, durante o inédito processo de cassação do mandato de um senador da República, conforme amplamente divulgado na imprensa.

Kettl (2000), em seu instigante trabalho sobre o que denomina "revolução global na gestão pública", indica o paradoxo enfrentado pela ação governamental na atualidade: pressões sobre os governos para ampliar os serviços públicos, em qualidade e quantidade e, ao mesmo tempo, para comprimir gastos. Mais ainda, o autor afirma que, em diferentes contextos, observam-se estratégias similares para se lidar com as "forças" políticas e econômicas que afetam o Estado e a governança. Entre tais estratégias estão o aumento da produtividade, a utilização de mecanismos de mercado na prestação dos serviços públicos, o foco nos "clientes" e a descentralização.

Outro aspecto extremamente interessante explorado pelo autor acima mencionado diz respeito às relações entre os esforços de reforma da gestão pública e os elementos da macroeconomia e da macrogovernança. A agenda política é, segundo ele, pressionada primariamente não pelas ideias voltadas para a reforma da gestão pública, mas por questões tais como o crescimento da economia ou a avaliação que a sociedade tenha sobre o desempenho do governo. Essas questões, frequentemente, colocam-se acima das reformas da gestão pública. Daí impõe-se verificar a influência potencial da burocracia governamental e sua gestão sobre esses aspectos mais amplos, associados com a macroeconomia e a macrogovernança, como requisito para se promover mobilização em torno das políticas de gestão pública.

Kettl (2000:32), assim, ressalta que os movimentos de reforma da gestão pública têm a ver tanto com política quanto com administração: "As estratégias de reforma da gestão pública devem se enquadrar no sistema de governança da nação e devem ter o suporte do sistema político para que as reformas administrativas sejam bem-sucedidas" (tradução livre).

Uma terceira contribuição que se entende útil aos propósitos destas reflexões é proporcionada por Fukuyama (2004) sobre a imperiosa necessidade de se fortalecer o Estado como condição crítica para o enfrentamento dos desafios que se apresentam às nações. Para isso, considera essencial se lidar com as fontes de ambiguidades organizacionais que obstaculizam o desempenho da administração pública. A primeira fonte de ambiguidades indicada são as formas por meio das quais são determinados os objetivos e metas organizacionais: podem ser obscuras, contraditórias, complicados processos interativos. Uma segunda fonte de ambiguidade tem a ver com o monitoramento e as responsabilidades de gestores e profissionais: a falta de adequada especificidade das atividades desenvolvidas e o balanceamento entre a utilização de normas e de mecanismos informais para o controle do comportamento dos "atores" merecem atenção especial. Ainda, uma terceira fonte de ambiguidades está no grau de poder discricionário a ser delegado nas organizações: a busca de maior eficiência na utilização dos recursos postos à disposição das organizações é indutora de maior discricionariedade e isso implica elevação dos riscos no processo de gestão. Condições internas e externas, incluindo a influência de tecnologias, afetam o grau de discricionariedade a ser utilizado.

Depreende-se da argumentação de Fukuyama, assim, a imperiosa necessidade de se investir nas pontas da administração pública para se obter sucesso nos esforços de reforma.

As provocações proporcionadas pelos autores referidos induzem a se concentrar atenção nos novos modelos organizacionais, nos processos e sistemas de produção com eficiência e produtividade, no desenvolvimento da capacidade de inovação permanente, no perfil das lideranças requeridas e noutros ajustamentos necessários a essa formidável dinâmica de adequação institucional e organizacional do setor público aos desafios que se apresentam ao Estado e à governança na atualidade brasileira.

A partir dos anos 1980, intensificaram-se as buscas de novos referenciais para a administração pública, como o movimento denominado Nova Gestão Pública (*New Public Management* – NGP). Rever as relações entre o centro governamental e os diferentes órgãos da administração pública e ampliar a *accountability* por resultados constituem-se em pontos centrais dos movimentos reformadores. Espera-se que as organizações transitem para uma situação que se caracterize pela descentralização sempre que couber, pela devolução da autoridade de decisão para os escalões inferiores, pelo compromisso de cada funcionário com o sucesso da organização como um todo e pela preocupação maior com o impacto da ação junto aos beneficiários. O trânsito para esse "modelo pós-burocrático"[4] tem sido lastreado num repertório que inclui o planejamento estratégico e operacional, a preocupação com os custos e a adoção de novas regras contábeis, a identificação de medidas de desempenho, orçamento para resultados, avaliação e auditoria, controle de gestão, estímulos e sanções financeiras.

Um dos aspectos importantes a se ressaltar, à luz da experiência internacional, é o de que esse processo de mudanças impõe um período mais largo para sua consolidação (8 a 10 anos) diferenciando-o de movimentos de curto prazo, com menor alcance e efeitos, tanto no âmbito da administração pública, quanto junto ao público.

Focalizando especificamente o contexto brasileiro, observa-se que o atual quadro político, econômico e social oferece uma "janela" muito especial para a busca de novos direcionamentos para a gestão pública. Por um lado, releva ter em conta alguns elementos críticos que norteiam a preparação de recursos humanos, num ambiente caracterizado por esforços de reformas visando melhorar, dramaticamente, o desempenho das organizações e programas no setor público. De outro, o foco se dá na relação entre os profissionais — de diferentes áreas de formação — que sustentam a prestação dos serviços públicos e os referidos esforços ou tentativas de transformação qualitativa da gestão pública.

O mercado de trabalho no setor público, bem como a atuação e o papel dos profissionais que sustentam a ação governamental e a prestação dos serviços públicos sofrem as influências associadas com as novas modelagens para a gestão pública que, pressupostamente, promoveriam um desempenho do setor público em consonância com o papel que lhe cabe na sustentação do progresso econômico e social.[5]

A literatura sobre reformas na gestão pública, principalmente a partir do início dos anos 1990, ressalta a trajetória desses movimentos, caracteri-

---

[4] Heckscher e Donnellon, 1994.
[5] Barzelay, 2001; Behn, 1998; Ferlie et al., 2005; Frederickson e Johnston, 1999; Fukuyama, 2004; Kaboolian, 1998; Kettl, 2000; Pollit e Boukaert, 1995.

zando as diferenças entre: (*i*) o que, frequentemente, é denominado "administração pública tradicional"; (*ii*) o que foi batizado, sobretudo no contexto europeu, de Nova Gestão Pública, como mencionado anteriormente e (*iii*) o que alguns autores usam diferentes expressões para caracterizar — *soft* Nova Gestão Pública[6] ou *responsive governance*.[7]

O que se denomina Nova Gestão Pública parece ser, em síntese, uma resposta pretensamente inovadora para se garantir competência adequada para a implementação das invenções, inerentes às novas capacidades de governar.[8]

O que significa exatamente a expressão NGP? Barzelay (2001:xii) responde que isso é matéria de controvérsia:

> A visão original considera a NGP um corpo de credos doutrinários que desacreditava as respostas da "administração pública progressiva" a questões administrativas do tipo "o que fazer" no governo e que apresentava a si própria como uma aceita filosofia administrativa (Hood, 1991). A aceitação da NGP, sob esse argumento, dava-se pela retórica de "tecnocratas" e "consultocratas" (Hood e Jackson, 1991). Uma variante a essa ótica é a de que a NGP é um conjunto de ideias sobre gestão pública de alta mobilidade, que se espalhou rapidamente a partir dos países originários, por exemplo, a Nova Zelândia, para países de todo o globo (Boston, 1996; Kettl, 1997). Entretanto, uma perspectiva contrastante considera a NGP uma válida estrutura de referência para a demanda de decisões sobre como estruturar e gerir os serviços públicos (Aucoin, 1995). Essa estrutura de referência é baseada em ideias teóricas sobre organizações e gestão lastreadas na economia e na ciência política (Boston, 1991; Stiglitz, 1994; Horn, 1995). Finalmente, existe uma visão de que a NGP é um estilo empírico de organização dos serviços públicos (Hood,

---

[6] Ferlie, Lynn e Pollitt, 2005.
[7] United Nations, 2005.
[8] Cf., respectivamente, Metcalfe (1993) e Dror (1999).

1994), exemplificado pela construção de "quase-mercados" nos setores da saúde e da educação (Robinson e Le Grand, 1993), abrangendo, ainda, mudanças nos sistemas governamentais mais amplos de gestão financeira, gestão de pessoal, compras e auditoria (Schick, 1996). (tradução livre)

Considerar a NGP como uma tendência na gestão pública contemporânea, observável em distintos contextos políticos, econômicos e sociais,[9] tal como consagrado nos artigos de Aucoin e Hood citados acima por Barzelay, ou como um campo no qual é crítica a necessidade de se fazer progresso à luz das especificidades do contexto brasileiro, certamente constitui-se num tipo de questão que requer atenção especial na formação e treinamento de quadros para a administração pública, em todas as suas instâncias e setores.

Embora não seja propósito destas reflexões aprofundar a discussão sobre os fundamentos inerentes aos conceitos que marcam o processo evolucionário das reformas na gestão pública nos últimos 30 anos, cabe reconhecer aqui sua marcante importância como influência na atuação dos gestores e dos profissionais no setor público. Para isso, é importante se levar em consideração que, em suas origens, a NGP implicava levar para o setor público conceitos, instrumentos e métodos de gestão típicos das organizações de caráter empresarial, ainda que com variadas nuances ao longo da experiência vivenciada em diferentes países. Tais ideias, entretanto, não são imunes a críticas derivadas quer de suas proposições doutrinárias, quer das diferentes experiências acumuladas.

Para ilustrar as críticas à NGP, constantes da literatura, pode-se citar: (*i*) rejeição aos fundamentos legais; (*ii*) não reconhecimento da diferença entre gestão pública e gestão privada; (*iii*) reforço à ideia de separação entre política e administração; (*iv*) ênfase na globalização, que enfraquece o Estado nacional; (*v*) focalização no "cliente", que conspira contra o interesse

---

[9] Kaboolian, 1998.

coletivo mais amplo; (*vi*) falta de uma teoria unificada; e (*vii*) em muitas situações, prevalece uma visão tática em detrimento de uma visão mais sistêmica. Mais ainda, reconhece-se que as experiências nem sempre têm sido favoráveis, que as condições operacionais dos órgãos governamentais são diferenciadas e que estruturas e processos organizacionais dependem do contexto no qual operam.

Como se mencionou, a literatura reconhece diferentes subtipos da NGP, os quais foram se consolidando a partir de práticas e de aprendizados. O que se denomina *soft* Nova Gestão Pública ou *responsive governance*, que vem ganhando espaço nos anos recentes em relação às ideias iniciais mais "duras" da NGP, enfatiza: (*i*) o conceito de conexão na gestão pública — uso de redes e maior abertura para parcerias com a sociedade civil e o setor privado da economia; (*ii*) orientação voltada para o cidadão/eleitor/contribuinte; (*iii*) aperfeiçoamento da qualidade; e (*iv*) desenvolvimento da capacidade de aprendizado dos indivíduos e das organizações.

Nas versões mais *softs* da NGP o discurso assume uma posição mais inclusiva sobre os profissionais dos serviços públicos em relação à retórica da NGP em suas origens. Ao formularem cenários para o futuro das profissões nos serviços públicos, Ferlie e Geraghty (Ferlie, Lynn Jr. e Pollitt 2005:437) vislumbram a possibilidade de que os profissionais venham a "colonizar a gestão":

> Dentro desse cenário, a presunção de que os gestores colonizarão o mundo dos profissionais nos serviços públicos se inverte: os profissionais nos serviços públicos colonizam o mundo da gestão. Especificamente, um subgrupo de profissionais *seniors* emerge e pretende gerenciar seus anteriores colegas profissionais. (tradução livre)

Segundo os autores, esse hibridismo profissional-gestor é uma importante tendência atual na gestão dos serviços públicos. De fato, é o que se está observando, de forma bastante acentuada no contexto brasileiro, em setores como saúde, educação e, mais recentemente, justiça. Nesse caso, essa estratégia de substituir especialistas em gestão, recrutados fora dos serviços públicos, para dirigir os profissionais deverá ter significativo impacto nos esforços de formação e treinamento de profissionais para os serviços públicos nos anos à frente.

Em síntese, as reformas na linha da NGP têm, como críticos pilares de sua sustentação, o foco em resultados, a orientação para os "clientes", a transparência, o aumento do grau *accountability* pública dos gestores e profissionais nos serviços públicos e a identificação de novas formas de provisão dos serviços públicos.

Na parte que se segue, os conceitos anteriormente alinhados são explorados um pouco mais detalhadamente.

A Nova Gestão Pública: conceitos iniciais sobre a doutrina administrativa e o estilo de organização
Foco em resultados

Observando-se a trajetória dos esforços de reforma administrativa ao longo do século XX, é importante notar o deslocamento do foco primário das decisões orçamentárias sobre alocação dos recursos, transitando dos meios utilizados pelas organizações governamentais para as coisas entregues à sociedade — os "produtos". No âmbito dos atuais movimentos de reforma, um novo trânsito é considerado crucial: o foco deve ser, num primeiro momento, os impactos que se deseja provocar por meio da ação governamental — os resultados. Disto, então, derivam-se os "produtos" que supostamente levarão aos resultados e, por último, identificam-se os meios necessários ao desenvolvimento dos "produtos". Trata-se, pois, de inverter a tradicional "mão de direção" das decisões orçamentárias que, de forma recalcitrante, parte dos meios:

MEIOS ⟶ PRODUTOS ⟶ RESULTADOS

⬅ O novo sentido ⬅

Considerando-se as implicações decorrentes da implementação da denominada "gestão para resultados", destaque especial deve ser dado às interdependências na gestão pública, uma vez que o alcance de resultados, dificilmente, estará associado à ação isolada de uma organização. Entre as questões relevantes que demandam respostas objetivas e práticas em decorrência dessa nova orientação, citam-se: como consolidar a relação entre desempenho individual, a missão e os objetivos da organização? Como construir acordos sobre o desempenho envolvendo a liderança política, os gestores de topo e de linha, e os profissionais na administração pública? Que práticas de gestão reforçam o alcance de resultados? Como ampliar a *accountability* com resultados?

Orientação para "clientes"

A forte ênfase que se vem dando à maior atenção aos "clientes" das organizações governamentais parece refletir preocupação em transformar a relação entre a administração pública e o seu público no contexto brasileiro, relação essa que tem sido marcada, nesses 200 anos de administração pública no país, por um limitado exercício democrático: "A um super Estado corresponde, então, uma subcidadania".[10]

Mas, o conceito de "cliente" — como metáfora-força — transplantado do contexto empresarial para o setor público, a par de exigir verdadeira mudança cultural nas organizações governamentais, requer reflexão mais aprofundada sobre suas implicações, em face das especificidades da ação do poder público. Ao contrário do que ocorre no mundo dos negócios, o termo "cliente" está longe de ser suficiente para expressar a natureza das relações entre os membros da sociedade e a organização governamental. Os "clientes" do setor público são, igualmente, cidadãos, eleitores e contribuintes.

Na medida em que a ênfase nos "clientes" pode situar tais relações no plano mais individual, enfraquece a dimensão coletiva das ações, mais em consonância com o papel do poder público. O conceito oferece, igualmente, a opor-

---

[10] Campos, 1990:36.

tunidade de se analisarem os papéis e as novas relações que se estabelecem, à sua luz, entre os três "atores" que viabilizam a prestação dos serviços públicos: os políticos, os gestores e os profissionais na administração pública.

Transparência

A questão da transparência na gestão pública deve ser, inicialmente, referenciada à própria evolução das relações Estado/sociedade. Para isso, novamente, se faz aqui menção ao trabalho de Campos (1990:35):

> À medida que a democracia vai amadurecendo, o cidadão, individualmente, passa do papel de consumidor de serviços públicos e objeto de decisões públicas a um papel ativo de sujeito. A mudança do papel passivo para o de ativo guardião de seus direitos individuais constitui um dramático avanço pessoal, mas, para alcançar resultados, há outro pré-requisito: o sentimento de comunidade. Em outras palavras, é a emergência e o desenvolvimento de instituições na sociedade que favoreçam a recuperação da cidadania e, portanto, a verdadeira vida democrática. A cidadania organizada pode influenciar não apenas o processo de identificação de necessidades e canalização de demandas, como, também, cobrar melhor desempenho do serviço público.

A argumentação da autora clarifica o verdadeiro significado do conceito de transparência na gestão pública. Não se trata somente de adotar uma linguagem clara e objetiva sobre decisões e ações, ou facilitar o acesso dos cidadãos às informações sobre essas decisões e ações, seja por meio de modernos mecanismos de comunicação (sítios na internet), seja por formas mais rudimentares (cartilhas sobre o orçamento municipal). A alienação ou omissão dos cidadãos/eleitores/contribuintes pode anular quaisquer esforços nessa direção.

A transparência tem a ver com o que se passa dentro das organizações governamentais, tanto como tem a ver com as relações entre essas organizações e os seus públicos. Aumentar o grau de orientação aos agentes públicos e privados e favorecer a compreensão das ações governamentais são "virtudes" que os sistemas de gestão pública devem desenvolver e tais "virtudes" dependem muito fortemente do grau de transparência interna e externa nas organizações.

Nessa direção, entende-se que a transparência na gestão pública tem múltiplos focos e formas de expressão. Compreende, certamente, a construção de sistemas de informação e a utilização de mecanismos de concertamento e diálogo social. Mas, a adoção de um modelo de gestão orçamentária voltada para "produtos" e para resultados, caracterizado por alto envolvimento, por exemplo, também muito contribuirá para aumentar o grau de transparência, interna e externa, da gestão nas organizações governamentais.

Accountability *pública*

Elevar fortemente o grau de *accountability* de gestores e profissionais tem sido enfatizado como um dos elementos-chave na busca de novos caminhos para a gestão pública. A discussão em torno desse termo passa, inicialmente, conforme assinala Campos (1990:31), pela compreensão do seu significado que, segundo a autora, deve anteceder qualquer esforço de tentar simplesmente traduzi-lo: "as relações entre a administração pública e seu público: a própria noção de público".

A compreensão das relações entre a *accountability* e a moderna democracia e, assim, sua importância para os esforços de reforma da gestão pública fica facilitada pela proposta de uma definição do termo, conforme indicada por Bovens (2005:184), com base nas contribuições de vários autores: "Uma relação social na qual o ator sente-se na obrigação de explicar e justificar sua conduta para um 'fórum' significativo" (tradução livre).

O aprofundamento da compreensão sobre o significado do termo para a legitimidade da governança pública requer que sejam clarificados os fatores que determinam uma relação social como prática de *accountability*, as diferentes audiências destinatárias da *accountability* e os atores que deverão ser imputados. É o que o autor denomina, respectivamente, *accountees* e *accountors*.

A crescente ampliação do número de atores que participam ou que influenciam a provisão dos serviços públicos na sociedade vem provocando o trânsito de uma *accountability* vertical para uma *accountability* horizontal, conforme igualmente ressaltado por Bovens (2005). No contexto brasileiro, as experiências com o denominado "orçamento participativo" em numerosos municípios, desde o início dos anos 1980, podem bem ilustrar esse fenômeno.

Novas formas de provisão dos serviços públicos

A identificação e a implementação de novas formas de provisão dos serviços pelas organizações governamentais têm na ideia de conexão sua fonte maior de inspiração: organização como conceito mais externo às entidades do setor público.

Para além da tradicional prática de prestação direta dos serviços públicos, a ideia de conexão implica transformação no teor da ação governamental, abrangendo novos processos e instituições. A utilização ampliada de redes, de parcerias e do *benchmarking* é a expressão mais operacional do conceito.

A formação de redes substitui a ação isolada das organizações em busca do cumprimento de suas missões, subentendendo predisposição para repartir sucessos e insucessos. Requer a transição de um controle baseado nas relações hierárquicas (comando e controle) para a negociação entre partes (interatividade). Adoção de redes, como formato para prestação dos serviços públicos, implica, portanto: diversidade, fragmentação, interdependência, mutualidade, construção de consenso, coprodução, interatividade. Se, de um lado, a formação de redes parece favorecer fortemente o alcance de resultados pretendidos pelas organizações governamentais, à luz das interdependências na gestão pública, por outro, suscita algumas questões críticas em face da complexidade de que se reveste: quais são suas implicações para o controle na administração pública? Qual é o papel dos gestores públicos em face das características das redes?

As parcerias aparecem como forma de conexão emblemática, considerando os conceitos, métodos e práticas que sustentam a Nova Gestão Pública. Talvez a Loja do Cidadão, ou qualquer das outras denominações que tomam, em diferentes estados no país, as iniciativas de se juntar, num mesmo *loco*, distintos serviços prestados ao cidadão pelo poder público, ainda seja o exemplo mais conhecido de parceria intragovernamental.

Entre outros tipos de parcerias estabelecidos entre níveis governamentais, dentro de um determinado nível governamental, e entre o governo e a sociedade civil, as parcerias público-privadas (ppps) têm recebido especial atenção no contexto brasileiro, sobretudo em função das discussões que levaram à sanção da Lei nº 11.079, de 30 de dezembro de 2004, pelo governo federal. Tomando-se em conta a experiência internacional sobre o assunto, e as especificidades do contexto brasileiro, as ppps, como conexão entre o setor público e a iniciativa privada, impõem atenção especial, não só em relação aos seus objetivos específicos, mas, também, em relação aos fatores que as justificam e aos elementos nelas envolvidos: racionalidade, participação coletiva, legitimidade, transparência, responsabilidade por serviços públicos prestados por empresas privadas. Assim, os desdobramentos das ppps são múltiplos, abrangendo aspectos econômicos, políticos, constitucionais, organizacionais, administrativos e contábeis.[11]

Finalmente, o conceito de conexão aplicado às novas formas de prestação dos serviços públicos tem na utilização do *benchmarking* uma tradução da importância crescente que vem sendo atribuída à técnica de comparação — esse é o conceito — como mecanismo para promover a melhoria do desempenho das organizações do setor público, bem como do aperfeiçoamento de seus processos de gestão. Para tal, o esforço de identificação de oportunidades de aplicação da técnica — o que deve ser objeto de compa-

---

[11] Rezende e Cunha, 2005.

ração; com o que comparar; os custos envolvidos; quem realiza a comparação; o que fazer com os resultados; e como obter suporte político — deve estar alinhado aos objetivos estratégicos organizacionais.

Considerações finais

O enfrentamento dos desafios que se apresentam ao Estado, à governança e à gestão pública está a exigir respostas inovadoras por parte do setor público em função das responsabilidades que tem na busca do progresso econômico e social. Esses desafios têm sido a fonte de inspiração de novas ideias, conceitos, métodos e práticas para o exercício da liderança executiva na ação governamental, para a organização das áreas substantivas do governo e para a sua gestão operacional, extraídos dos campos da ciência política, das políticas públicas, da economia, da gestão e da teoria das organizações.[12]

A transformação das organizações governamentais requer bem mais do que a simples incorporação dos conceitos e práticas que têm contribuído para o sucesso das empresas privadas ao lidarem com as mudanças no mundo contemporâneo. Passa tanto pelo empreendimento de reformas estruturais, quanto pela realização de mudanças incrementais, mais ao nível das diferentes organizações que integram o setor público. No primeiro caso, as reformas têm largo alcance e transcendem o próprio serviço público, não obstante o afetem significativamente. No segundo caso, as mudanças referem-se à vitalidade das instituições e organizações governamentais, essenciais para se alcançar a capacidade de inovação exigida pelas decisões tomadas no nível político mais amplo da ação governamental.

A partir da dimensão doutrinária nas origens desses movimentos reformadores, como a NGP, o problema está no processo de adaptação cultural a ser feita. A grande tarefa é a de se construir uma nova realidade para a gestão pública no país, sem que se fique perigosamente aprisionado a es-

---

[12] Barzelay, 2001.

sas propostas originais. Além disso, conforme afirma o *World Public Sector Report*,[13] existe ainda muito pouca evidência de que a NGP fortaleça a qualidade e integridade dos serviços públicos.

Os esforços de reforma do modelo de gestão nas organizações do Poder Judiciário, a par de buscar referências nessas novas ideias, estarão centrados, naturalmente, nas especificidades do setor. Não custa repetir, sempre que couber, que um ponto de vital importância para iluminar quaisquer iniciativas de reforma de gestão no Judiciário é sua efetiva independência. Mais além, que valores se quer proteger? Que valores se quer mudar?

Um ambiente de estabilidade e segurança judiciária constitui-se em requisito crítico aos esforços voltados para o desenvolvimento econômico e social no país, seja no que concerne às ações empreendidas pela iniciativa privada, seja em relação à capacidade de governar. A governança, como um conceito amplo, abriga múltiplos componentes como a proteção dos direitos dos cidadãos, a base legal apropriada à busca do progresso econômico e social, as condições indispensáveis à atuação do setor empresarial, a alocação eficiente e eficaz dos recursos públicos, bem como a observância de padrões de responsabilidade, ética e transparência em todas as esferas da gestão pública.

O alcance dos objetivos mais amplos da governança e do crescimento econômico, como acima referido, enfrenta, no contexto brasileiro, uma grande ameaça: a fragilidade das instituições do setor público, em todos os poderes e níveis de governo. A maior vitalidade das instituições governamentais impõe-se, assim, como requisito à construção das novas relações entre o governo e a sociedade civil, à capacidade do governo em atender às demandas sociais.

O repensar de estruturas e processos de gestão para o Judiciário, em linha com o movimento mais amplo de reformas no setor público, implica identificar e adaptar novos conceitos, ideias e práticas à natureza e peculiaridades do papel da justiça nas relações sociais.

---

[13] United Nations, 2005.

A busca de um novo repertório para a gestão pública judiciária no país, a partir de proposições institucionais nas diferentes esferas da justiça, e das experiências de reformas desenvolvidas desde o início dos anos 2000 privilegia características associadas a essas trilhas, anteriormente focalizadas, cabendo ressaltar: (*i*) o aumento da produtividade — mais serviços com menos custos; (*ii*) orientação para os beneficiários dos serviços jurisdicionais — melhor conectar as organizações do Judiciário com o seu público, sendo este a referência original dos serviços a serem prestados; (*iii*) a descentralização — os serviços jurisdicionais prestados sejam respostas adequadas e efetivas em relação às demandas, por meio da desconcentração de decisões e operacionalização das ações; e, ainda, (*iv*) o compromisso com resultados — a preocupação maior no processo decisório, na implementação e na avaliação das ações empreendidas, referenciadas ao impacto (efeitos) dessas ações junto aos indivíduos e à sociedade.

Referências

BARZELAY, Michael. *The new public management*. Improving research and policy dialogue. Los Angeles: University of California Press, 2001.

BEHN, Robert D. What right do public managers have to lead? *Public Administration Review*, v. 58, n. 3, p. 209-223, 1998.

BOVENS, Mark. Public accountability. In: FERLIE, Ewan; LYN JR., Lawrence E.; POLLITT, Christopher (Eds.). *The Oxford handbook of public management*. New York: Oxford University Press, 2005.

CAMPOS, Anna Maria S. *Accountability*: quando poderemos traduzi-la para o português? *Revista de Administração Pública*, Rio de Janeiro, v. 24, n. 2, p. 30-50, 1990.

DROR, Yehezkel. *A capacidade para governar*. Informe ao Clube de Roma. São Paulo: Fundap, 1999.

FERLIE, Ewan; LYNN JR., Lawrence E.; POLLITT, Christopher (Eds.). *The Oxford handbook of public management*. New York: Oxford University Press, 2005.

FREDERICKSON, H. George; JOHNSTON, Jocelyn M. (Eds.). *Public management reform and innovation*. Research, theory and application. Tuscaloosa: The University of Alabama, 1999.

FUKUYAMA, Francis. *Construção de Estados.* Governo e organização no século XXI. Rio de Janeiro: Rocco, 2004.

HECKSCHER, Charles; DONNELLON, Anne (Eds.). *The post bureaucratic organization*: new perspectives on organization change. London: Sage, 1994.

HOOD, Christopher. *The art of the State.* Culture, rhetoric, and public management. Oxford: Clarendon, 1998.

KABOOLIAN, L. The new public management: challenging the boundaries of the management *vs.* administration debate. *Public Administration Review*, v. 58, n. 3, p. 189-193, 1998.

KETTL, Donald, F. The transformation of governance: globalization, devolution, and the role of government. *Public Administration Review*, v. 60, n. 6, p. 488-497, 2000.

METCALFE, J. L. Desarrollo de la gestión pública: el reto del cambio. In: SEMINARIO INTERNACIONAL INAP. *Modernización administrativa y formación*, 29 al 31 de octubre de 1991. Madrid: Ministerio para las Reformas Publicas, 1993.

POLLITT, Christopher; BOUCKAERT, Geert (Eds.). *Quality improvement in European public services.* London: Sage, 1995.

REZENDE, Fernando; CUNHA, Armando. *Equilíbrio fiscal e qualidade do gasto público*: fundamentos da reforma orçamentária. Rio de Janeiro: FGV, 2005.

UNITED NATIONS. Unlocking the human potential for public sector performance. *World public sector report 2005*. New York: United Nations, 2005.

Estratégia e fragmentação do poder

MAURITI MARANHÃO

Introdução

O Brasil, malgrado suas riquezas naturais, e talvez por causa delas, tradicionalmente era percebido e sentido, por fora e por dentro, como o "país do futuro". A baixa autoestima[1] era padrão do cidadão comum. Nos últimos anos, especialmente depois da estabilização da moeda, com frequência surgem notícias positivas e animadoras da inserção do Brasil no contexto dos países tidos como "desenvolvidos,"[2] embora ainda sejam mudanças tímidas e esparsas.

Como boa parte dos países "emergentes", especialmente daqueles que compõem o Bric (Brasil, Rússia, Índia e China), o Brasil defronta-se com graves questões internas, de natureza estrutural. As soluções a essas questões são prementes, muito embora nem sempre sejam assim tratadas: as indispensáveis reformas estruturais (educação, infraestrutura, política, saneamento básico, segurança, saúde etc.) têm sido sucessivamente adiadas. De alguma forma, suspeita-se, essas indispensáveis reformas são fortemen-

---

[1] O dramaturgo Nelson Rodrigues cunhou a expressão "complexo de vira-latas" para explicar a baixa autoestima do povo brasileiro.
[2] Neste ano, o Brasil conquistou avaliação de 0,800 no indicador Índice de Desenvolvimento Humano (IDH), da ONU, o limite inferior da faixa dos "países desenvolvidos".

te correlacionadas ao Poder Judiciário, no qual a morosidade, os limites de universalização, o congestionamento crescente e outros tornaram-se justificadamente objeto de insatisfação da sociedade e muito presentes na mídia (a "justiça" não funciona, rico não vai para a cadeia, a polícia prende e a "justiça" solta etc.).

Esforços têm sido realizados na busca da modernização do aparelho judiciário. Por exemplo, no estado do Rio de Janeiro, o Tribunal de Justiça vem implementando, desde 2001, um processo estrutural de modernização de sua gestão, que vem mostrando resultados animadores. Entre esses, alcançou, em 2008, quase 40 unidades (jurisdicionais e administrativas) providas com sistemas de gestão certificados pela Norma Internacional NBR ISO 9001-2008. Embora ainda sejam avanços relativamente modestos, sem dúvida denotam uma auspiciosa tendência de aprimoramento sustentado.

Como parte desse bem-sucedido esforço, a Escola de Direito do Rio de Janeiro, da Fundação Getulio Vargas, tem ministrado, em vários estados brasileiros, cursos de mestrado e MBA focados em gestão judiciária, difundindo a magistrados e a demais servidores práticas modernas de gestão. A expectativa é que a disseminação de novos conhecimentos alargue os horizontes de integrantes-chave do Poder Judiciário e que esses se sintam estimulados a realizar as transformações necessárias à melhoria da gestão judiciária.

É notório que ainda subsistem fatores estruturais que emperram o funcionamento do Judiciário, entre os quais se citam a própria legislação (p. ex., as muitas instâncias de recursos) e a forma de gestão praticada nos juízos e nas unidades administrativas de apoio. A gestão, tanto na sua formulação estratégica (ou ausência dela) quanto na execução diária de atividades operacionais (gestão operacional), parece compor terreno fértil à semeadura de um sem-número de inovações, sistêmicas ou pontuais. Se implementadas, essas inovações, especialmente aquelas sistêmicas, poderiam trazer expressivos ganhos de desempenho, independentemente da solução dos entraves à modernidade, impostos pela norma jurídica vigente que, em algum momento, será inexoravelmente aperfeiçoada.

Como pontos nodais para a implementação de melhorias sistêmicas na gestão do Judiciário (na realidade, comuns a qualquer outro sistema, seja ele de natureza pública ou privada), vislumbra-se a necessidade de solucionar pelo menos três questões fundamentais, intimamente interligadas entre si: (*i*) como *iniciar e prover sustentação no tempo a projetos* de melhorias (o "querer"); (*ii*) como assegurar a necessária *governabilidade* para implementar esses projetos (o "poder"); (*iii*) como desenvolver a indispensável *governança* para alcançar os resultados planejados (o "saber" de quem desfruta o poder).

Este artigo faz uma breve análise dessas questões. Focaliza especialmente uma barreira que parece se mostrar considerável aos intentos modernizadores à gestão no Judiciário: *a fragmentação do poder na gestão judiciária*. Adicionalmente, formula considerações sobre a importância da *liderança* para uma gestão judiciária bem-sucedida e conclui, sem estabelecer soluções prontas mas apenas provocando o leitor a refletir, sobre a necessidade de tratar, com a prioridade e a coragem recomendadas, o espinhoso tema "fragmentação do poder na gestão judiciária".

Em face da complexidade dos temas envolvidos, enfatiza-se que este texto em nenhum momento aborda a inquestionável competência jurisdicional (livre convencimento do juiz natural), exclusiva dos magistrados, uma das cláusulas pétreas da Justiça. Discute-se, apenas, a dificuldade de implementar a gestão em órgãos e unidades judiciárias decorrentes da simbiose entre as três competências envolvidas — jurisdicional (dos magistrados), gestão judiciária/administrativa e processo administrativo — e como a liderança pode contribuir para amortecer as pressões deformadoras.

Sustentabilidade, governança e desenvolvimento

O termo "sustentabilidade"[3] aplicado à economia da natureza tornou-se mais difundido em decorrência das iniciativas de preservação do meio ambiente,

---

[3] Gro Harlem Brundtland, ex-primeira ministra da Noruega e reconhecida ativista ambiental, assim definiu sustentabilidade: "Suprir as necessidades da geração presente sem afetar a habilidade das gerações futuras de suprir as suas".

impulsionadas em face da preocupante deterioração global do meio ambiente. No Brasil, o grande marco dessas questões foi a Rio Eco-92, a Conferência das Nações Unidas para o Meio Ambiente e o Desenvolvimento (Cnumad), realizada entre 3 e 14 de junho de 1992 na cidade do Rio de Janeiro.

Quando se alarga o foco de interesse de preservação do meio ambiente para "desenvolvimento sustentado", o termo sustentabilidade adquire relação direta com outro, também com acepção específica: "institucionalização". Especialmente quando se abordam questões pertinentes ao desenvolvimento de organizações, sociedades ou países, a institucionalização (dispensado acrescentar que seja na medida adequada)[4] é reconhecida como um dos principais fatores críticos de sucesso para o desenvolvimento dos agrupamentos humanos: organizações, comunidades, sociedades e Estados. Sob diferentes roupagens, a necessidade de institucionalização como base para o desenvolvimento tem sido citada direta ou indiretamente por inúmeros estudiosos do assunto, destacando-se entre eles os economistas. Sob abordagem mais abrangente, o termo "institucionalização" pode também estar associado a: marco regulatório (estável), impessoalidade de gestão, constância de propósitos, visão de longo prazo etc.

Adam Smith pinçou admiravelmente esse sentido mais vinculado à "moralidade cívica" em *A riqueza das nações*: "Pouco mais é requerido para conduzir [uma nação] do mais baixo barbarismo até o mais elevado grau de opulência do que paz, impostos razoáveis e uma administração

---

[4] Sob o aspecto econômico, Eduardo Giannetti da Fonseca sugere como ideia básica de institucionalização "o mínimo legal de ordem no mercado — direitos de propriedade bem definidos, liberdade e garantia de execução de contratos e prevenção de práticas anticompetitivas". Por outro lado, o termo "institucionalização", equivocadamente, tem sido utilizado para caracterizar dirigismo ou centralismo exacerbado, pautado por controles que podem acarretar limitações ao senso crítico individual. Em geral essa acepção vincula-se a estudos psiquiátricos. No âmbito econômico, o risco dos excessos de normalização foi exemplarmente mostrado pelo rotundo fracasso das economias comunistas do Leste europeu; nelas existia o pressuposto de que seria possível planejar e coordenar todas as atividades humanas — que têm caráter social e, portanto, têm incertezas intrínsecas — com mecanismos científicos e, portanto, "racionais", contrariamente aos pensamentos de Adam Smith, de Hayeck e de outros economistas.

tolerável da justiça; tudo o mais sendo trazido pelo curso natural das coisas".

É conhecido o estado permanente de entrechoque entre todas as partes interessadas da sociedade, cada qual com o seu interesse específico, gerando conflitos e dissensões permanentes onde quer que exista mais de um ser humano. Para a maioria dos pensadores atuais, somente um grau de institucionalização adequado (que regula a "moral cívica") permitiria promover, em termos sustentados, o desenvolvimento da "confiança mútua" na organização (ou sociedade); essa confiança mútua mostra-se fundamental para respaldar todas as demais ações de vida comunitária saudável e progressista (institucionalizada ou sustentada); a confiança mútua é, talvez, a maior força de atração, a cola dos agrupamentos sociais. Parece também razoável admitir que sem a adequada institucionalização dificilmente as pessoas comuns se habilitarão a oferecer aos outros o seu potencial de criatividade e desejo de crescimento, o *anima mundi*, citado por Adam Smith na mesma obra: "cada homem, desde que ele não viole as leis da justiça [o marco regulatório ou a institucionalização adequada], fica perfeitamente livre para perseguir seu próprio interesse à sua maneira, e colocar diligência e seu capital em competição com os de qualquer outro homem".

Nesse momento desponta uma questão essencial ao contexto de interesse: como obter o grau de institucionalização adequado em unidades do Judiciário?

Carlos Matus[5] e Caio Marini[6] propuseram que o sucesso em projetos de mudanças organizacionais se assenta em três dimensões, conforme ilustrado na figura 1. São elas:

Querer: trata-se de cristalizar o projeto desejado, assumir o compromisso (sistêmico) para solucionar as causas dos problemas identificados.

---

[5] Carlos Matus, prestigiado autor chileno, falecido em 1998, é autor de vários livros e trabalhos, entre os quais *Planejamento estratégico situacional (PES)*; sua obra encerra interessantes conceitos sobre a gestão pública, a exemplo do "triângulo de governo", objeto desta referência.
[6] Caio Marini é professor da Fundação Dom Cabral.

Poder: trata-se da necessária governabilidade,[7] decorrente da existência de autoridade inquestionável para a tomada de decisões, definida pela relação de forças entre variáveis sob controle e variáveis fora de controle.

Saber: trata-se de promover condições de governança ou gestão para bem conduzir os esforços, cujos pré-requisitos são a liderança, o conhecimento e a experiência.

Figura1 | Sustentabilidade, governança, gestão e desenvolvimento

1. PROJETO DE GESTÃO ("Querer")

Compromisso: implica o tratamento sistêmico (sustentado) dos problemas

GOVERNANÇA, SUSTENTABILIDADE E DESENVOLVIMENTO

2. GOVERNABILIDADE ("PODER")

Relação de forças entre variáveis sob controle e variáveis fora de controle

3. GOVERNANÇA ("SABER")

Liderança;
Conhecimento;
Experiência.

Fontes: Carlos Matus e Caio Marini.

Quanto ao "querer", não se trata de tomar uma decisão descompromissada e, portanto, fadada ao fracasso. Trata-se de tomar uma decisão para o longo prazo, adequadamente pensada, amadurecida o suficiente para pre-

---

[7] Tecnicamente, segundo a NBR ISO 9000:2005, a existência de poder da Administração Superior é premissa para gestão eficaz e eficiente, decorrente da governabilidade sobre as decisões e sintetizada na expressão "dirigir e controlar uma organização"; dirigir é imprimir um rumo e controlar é manter o alinhamento do rumo com os indicadores (de desempenho).

ver, com a possível clareza, o futuro que se quer; em outras palavras, trata-se de "criar o futuro". A esse pensar, em gestão geral costuma-se atribuir o termo "estratégia".

A estratégia, que deveria ser o ponto de partida de qualquer gestão responsável, pode ser vista sob dois pontos de vista:

- **para fins militares**: "arte de coordenar a ação das forças militares, políticas, econômicas e morais implicadas na condução de um conflito ou na preparação da defesa de uma nação ou comunidade de nações"; e
- **por extensão de sentido** (aplicável ao Judiciário): arte de aplicar com *eficácia* e *eficiência* os recursos de que se dispõe ou de explorar as condições favoráveis de que porventura se desfrute, visando ao alcance dos objetivos estabelecidos.

Depreende-se, como conclusão comum a ambos os pontos de vista, que a estratégia tem por objetivo antever ou simular algum futuro e operar os recursos existentes para obter *eficácia* (alcançar os objetivos planejados) e *eficiência* (maximizar a utilização dos recursos aplicados na obtenção dos objetivos).

Retornando aos elementos indispensáveis às mudanças organizacionais da figura 1, o *objeto* do "querer", pelo exercício da gestão estratégica, necessita ser adequadamente desdobrado em ações mais simples e concretas, um *projeto*, de modo a configurar o resultado desejado, tal como plantas de engenharia retratam prédios a serem construídos. Ter-se-ia, portanto, o delineamento tão concreto quanto possível do futuro desejado, o projeto, que deve possuir os objetivos a serem alcançados, as metas, os indicadores e os planos de ação. O projeto, quando bem composto, permite antecipar o resultado da execução do projeto previamente pensado. Evidente que esse "querer" deve ser devidamente respaldado pela existência prévia de "direcionadores estratégicos".[8] Os direcionadores estratégicos, decorrentes de cenários estabelecidos, mostram o rumo geral a ser seguido e facilitam o estabelecimento das prioridades de aplicação de recursos, em termos sustentáveis.

---

[8] Conjunto das declarações estratégicas da organização, usualmente composto pela Missão, pela Visão, pelos Valores e pela Política da Qualidade.

No caso específico do Judiciário (também aqui, na realidade, comum a qualquer outro sistema, seja ele de natureza pública ou privada) o adequado tratamento da estratégia (gestão estratégica) representa o primeiro grande desafio para a implementação de mudanças organizacionais.

Questiona-se como os gestores dos vários níveis organizacionais têm tratado a gestão judiciária? Há direcionadores estratégicos implementados? Há estratégias ou focos estratégicos estabelecidos? Há objetivos estratégicos estabelecidos? Esses objetivos estratégicos têm metas e indicadores? Há planos de ação para os objetivos estratégicos? Há ações estruturadas para o acompanhamento da execução desses planos? Há prestação de contas pelos resultados alcançados? Há ações decorrentes dessa prestação de contas?

Salvo melhor juízo (e por que haveria de ser diferente?), uma gestão responsável deveria prover respostas objetivas e positivas para todas essas questões, em todos os níveis organizacionais, de presidentes a chefes de serviço de unidades integrantes do Poder Judiciário.

Quais são as limitações para que não existam, na medida adequada, respostas para essas questões na gestão judiciária? Suspeita-se de alguns fatores limitantes: a tradição (desde sua criação, o Judiciário não tem privilegiado a estratégia), o desconhecimento de ferramentas gerenciais (os dirigentes não têm formação específica para a gestão), a natureza da atividade (fortemente formal e conservadora) e, para limitar aos mais visíveis, a natureza intrínseca do Poder Judiciário (fragilidade de vínculos hierárquicos de gestão entre Tribunais ou entre estes e suas unidades constituintes) e, por fim, a fragilidade do processo de prestação de contas pelos resultados (*accountability*).

Além desses, e interligados com todos, especificamente sobre a forma como o Poder Judiciário é constituído, surge um novo complicador para a implementação de estratégias: a "fragmentação do poder", entendido como a dificuldade de conciliar os limites e as interfaces das competências jurisdicionais, de gestão e do processo administrativo, assunto que será abordado adiante.

Com o fim de manter o fio condutor do raciocínio seguido até aqui, as duas outras dimensões mostradas na figura 1 — governabilidade e governança — são analisadas um pouco adiante, embora se possa antecipar que o sucesso de mudanças organizacionais, além do "querer" (o projeto), necessariamente tem de ter respostas adequadas para o "poder" e o "saber".

Unicidade de comando

> *Na Guerra, um general ruim é melhor que dois bons.*
> Napoleão Bonaparte, notável estrategista,
> citado por Laurentino Gomes em *1808* (Rio de Janeiro: Planeta, 2007)

Quando as organizações são hierarquizadas, o exercício do poder torna-se mais simples e objetivo. Tal é o caso de alguns agrupamentos, em geral hierarquizados, a exemplo das organizações da iniciativa privada, daquelas do Poder Executivo e também de organizações nas quais se encontra presente a "ética heroica" (organizações religiosas, Forças Armadas, e organizações esportivas). A autoridade é inquestionavelmente estabelecida mediante a legitimação do poder, uma vez que a autoridade é inerente ao cargo desempenhado. Nelas, a cadeia de comando, ressalvadas as distorções, é definida e, em decorrência, a estratégia tem melhor chance de ser estabelecida e implementada (desde que os elementos "poder" e "saber" sejam adequadamente exercidos).

Com base nessa análise, faz-se uma primeira provocação ao leitor: a gestão do presidente de um tribunal ou de um magistrado à frente do seu órgão ou unidade judiciária pode ser assemelhada ao papel de um general no comando de sua unidade?

Se a resposta for afirmativa, que ferramentas um presidente de tribunal teria para formular e implementar a sua gestão estratégica e, mais especificamente, implementar os necessários projetos de mudanças organizacionais?

A consideração de "poder" conduz intuitivamente à premissa de *unicidade de comando*. Discutir-se-á a consistência dessa assertiva segundo quatro perspectivas: (*i*) filosófica; (*ii*) cognitiva; (*iii*) seleção natural; (*iv*) racionalidade da gestão contemporânea.

Perspectiva filosófica — Hobbes, ao considerar a evolução da passagem do "estado de natureza" para o de "comunidade política", argumentou que "onde não há poder comum [poder central reconhecido], não há lei, não há injustiça". Segundo esse pensamento, Hobbes (1999), contrariamente a Aristóteles (2005) ("todos os homens sempre agem tendo em vista algo que lhes parece ser um bem") e a Rousseau ("o homem nasce bom, a sociedade o corrompe" ou o mito do "bom selvagem"), não acreditava que o homem fosse intrinsecamente bom; observou que os homens, em face de imperfeição e egoísmo, se dão conta da necessidade de constituir um poder soberano, diante do qual abdicam do impulso de se autogovernarem:

> a única maneira de construir tal poder comum, capaz de defender os homens da invasão de estrangeiros e das agressões mútuas [...] é outorgar [no sentido representativo, não repressor da vontade] o seu poder e força a um homem, ou a uma assembleia de homens, que possa submeter todas as suas vontades a uma única vontade.

No caso de uma unidade qualquer, interpreta-se "única vontade" como o conteúdo da estratégia estabelecida, desde que previamente consensuada.

Sob o pensamento de Hobbes, a autoridade tem de ser de alguma forma imposta, tendo em vista a natureza errática do ser humano, sob permanente influência do Leviatã, o monstro desagregador do bem comum imaginado por Aristóteles.

Perspectiva cognitiva — é uma questão de total relevância a tendência de pessoas investidas de poder formal descumprirem normas estabelecidas, seja por traços culturais (patrimonialismo?), presunção de poder arbitrário (a regra se aplica apenas aos "mortais"), baixo grau de institucionalização ou a combinação de todas essas causas. O fato é que o mau exemplo de autoridades formais mostra-se deletério à sustentação da indispensável disciplina organizacional.

Segundo o pensamento de Elliot Aronson,[9] o homem é um animal social que vive em um estado de tensão entre valores associados à individualidade (no limite, a liberdade irrestrita) e à conformidade (institucionalização). Nesse contexto, a autoridade decorre do poder de adesão às normas estabelecidas, que se dá por um processo evolutivo e complementar de três fases:

Submissão → Identificação → Internalização

Submissão — envolve as forças decorrentes de *recompensas* ou de *ameaça de sanção externa* aos infratores.
Identificação — envolve a decisão de acatar a norma decorrente de *cálculo racional*.
Internalização — envolve a decisão de acatar a norma como uma *decisão ética*.

Eduardo Giannetti, em *Vícios privados, benefícios públicos?*, faz uma complementação ao pensamento de Aronson: "Mas um denominador comum (...) é a crença na necessidade de um poder soberano; uma autoridade pública reconhecida e capaz de garantir coercitivamente o respeito às normas de conduta que tornam a vida comunitária estável."

Trata-se, fundamentalmente, de assegurar, decorrente do processo sugerido por Aronson, a maior adesão possível das pessoas às normas aceitas como tal (marco regulatório); assim se construiria a confiança mútua e, em consequência, o reconhecimento da autoridade estabelecida.

Similarmente à análise anterior — na perspectiva filosófica —, no caso de uma unidade qualquer, interpreta-se "vida comunitária saudável" como aquela decorrente de institucionalização adequada, moldando e sendo moldada pela cultura vigente.

---

[9] Elliot Aronson, pesquisador e professor de psicologia de várias universidades americanas (California, Harvard, Texas e outras); seus textos em psicologia social e dissonância cognitiva são internacionalmente reconhecidos e singularmente premiados.

Perspectiva da seleção natural — baseada na teoria de Charles Darwin e de seus muitos seguidores, argumenta-se que essa "evolução natural" é fortemente influenciada, ou mesmo determinada, como decorrência de alguma "estratégia evolutivamente estável" (E-E-E), da qual se observam alguns traços característicos e visíveis:

- a natureza é pródiga, mas não faz concessões;
- os agrupamentos animais giram em torno do seu líder, o "macho alfa"; este é reconhecido naturalmente como aquele que tem as melhores condições de manter o grupo vivo (todo agrupamento social busca um líder);
- sobrevivem os mais adaptados ao ambiente ("cultura" ou alinhamento de "valores" entre os indivíduos e a coletividade);
- o exercício do poder do "chefe" requer a existência de algum tipo de propriedade pela qual ele possa manifestar e aumentar a sua autoridade; a luta por posição, sexo e riqueza, própria à condição humana, seria o argumento-chave para o *anima múndi*;[10]
- a moral tem características animais,[11] não sendo, portanto, um atributo exclusivo do homem; desse modo, os traços genéticos adquirem nova relevância no contexto social (não só a morfologia e a fisiologia, mas também o comportamento é influenciado [quanto?] pela genética);
- suspeita-se, portanto, que os agrupamentos humanos necessitem de liderança, *como forma de potencializar a sua E-E-E* (desejo de manter o grupo "vivo").

Estabelecendo paralelos entre o pensamento de Hobbes e alguns experimentos mais recentes, contextualizados na teoria da seleção natural, suspei-

---

[10] Robert Wright, na obra *O animal moral* (1996), cita a observação de Charles Darwin sobre o comportamento de ausência de competitividade entre os índios fueguinos: "até um pedaço de pano é rasgado em pedaços e distribuído: nenhum indivíduo se torna mais rico que outro". Conclui que "tal **igualdade perfeita** retardaria por muito tempo sua civilização".
[11] Robert Wright, na mesma obra, teoriza que alguns comportamentos sociais e morais não são exclusivos dos seres humanos e cita Darwin como precursor dessa ideia: "[através da evolução] se esclarecerá a origem do homem e sua história. (...) em futuro distante, [o estudo da psicologia] assentará sobre novas bases", confirmadas na obra *The descent of man, and selection in relation to sex*, de 1871.

ta-se que existam riscos consideráveis quando há baixa institucionalização em determinado agrupamento humano (por exemplo, em regimes de governo fechados). Segundo proposto e experimentado por alguns especialistas, qualquer ser humano pode transformar-se em um monstro. O relato de Hannah Arendt (1999), ao dissecar a personalidade de Adolf Eichmann,[12] é lapidar. Também Philip Zumbardo, líder da pesquisa realizada em 1971, denominada "Experimento da Prisão de Stanford" (*Veja*, 2008), descreve os três elementos (o respaldo de uma organização, a ação em grupo, e a desumanização do outro) que formam o fio condutor capaz de desviar a conduta de um ser "normal", na qual, pretensamente, existe compaixão, para comportamentos considerados monstruosos (figura 2):

Figura 2 | Os elementos desencadeadores da maldade humana

1. Respaldo de uma organização

Elementos desencadeadores da maldade humana

2. Ação em grupo   3. Desumanização do outro

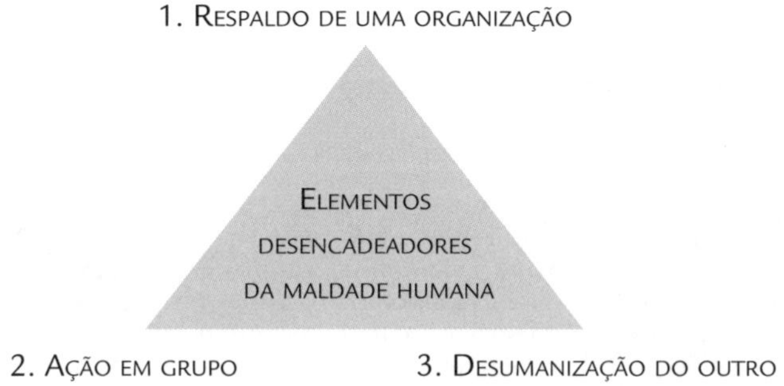

Cabem algumas reflexões, aplicáveis aos diferentes contextos (mesmo naquelas que têm destinação social ou humanística, tais como associações religiosas, de caridade etc.), especialmente quando se denota baixo grau de institucionalização:

- E se a pessoa que assumir o poder revelar-se como um desses monstros específicos?
- Seria razoável esperar que os chefes apenas fossem guiados pelos seus bons propósitos, que podem não existir?

---

[12] Importante personalidade política da Alemanha nazista, Karl Adolf Eichmann foi o responsável pela logística de extermínio de milhões de pessoas durante o Holocausto, sendo por isso conhecido como o executor-chefe do Terceiro Reich.

Perspectiva da racionalidade da gestão — Henri Fayol, um dos mais importantes formuladores das bases da administração científica,[13] enumerou os denominados 14 Princípios Gerais da Administração,[14] cujo quarto trata da unidade ou unicidade de comando (Princípio 4 — Unidade de comando: "um funcionário deve receber ordens de apenas um chefe, evitando contraordens").

Seria exagero comparar esse princípio com os escritos bíblicos: "Não servirás a dois senhores?"

Desde Fayol, esse princípio é aceito por praticamente todos os pensadores da gestão, como premissa de eficácia e eficiência.

Compondo as conclusões das quatro perspectivas analisadas, depreende-se que a unicidade de comando é vital para a governabilidade e, em decorrência, para o sucesso de implementação de estratégias com eficácia (alcançar os resultados planejados) e com eficiência (otimização dos recursos aplicados para a obtenção da eficácia).

---

[13] Juntamente com Jules Henri Fayol (1841-1925), tanto Frederick Winslow Taylor (1856-1915) como Henry Ford (1863-1947) são considerados os grandes nomes da chamada "administração científica", em face das suas formulações estruturadas sobre a gestão de organizações. Especialmente Taylor e Ford aplicaram praticamente as formulações da administração científica, registrando os primeiros resultados concretos da pertinência da teoria.

[14] Os 14 Princípios Gerais da Administração, formulados por Fayol: 1. *Divisão do trabalho* (especialização dos funcionários desde o topo da hierarquia até os operários da fábrica, assim, favorecendo a eficiência da produção aumentando a produtividade.); 2. *Autoridade* (direito dos superiores darem ordens que teoricamente serão obedecidas); 3. *Disciplina* (necessidade de estabelecer regras de conduta e de trabalho válidas para todos os funcionários); 4. *Unidade de comando* (um funcionário deve receber ordens de apenas um chefe, evitando contraordens); 5. *Unidade de direção* (controle único é possibilitado com a aplicação de um plano para grupo de atividades com os mesmos objetivos); 6. *Subordinação do interesse individual ao interesse geral*; 7. *Remuneração* (deve ser suficiente para garantir a satisfação dos funcionários e da própria organização); 8. *Centralização/descentralização* (as atividades vitais da organização e sua autoridade devem ser centralizadas); 9. *Linha de comando/hierarquia* (defesa incondicional da estrutura hierárquica, respeitando à risca uma linha de autoridade fixa); 10. *Ordem* (deve ser mantida em toda organização, preservando um lugar para cada coisa e cada coisa em seu lugar); 11. *Equidade* (a justiça deve prevalecer em toda organização, justificando a lealdade e a devoção de cada funcionário à empresa; direitos iguais); 12. *Estabilidade dos funcionários* (uma rotatividade alta tem consequências negativas sobre o desempenho da empresa e o moral dos funcionários); 13. *Iniciativa* (deve ser entendida como a capacidade de estabelecer um plano e cumpri-lo); 14. *Espírito de equipe* (o trabalho deve ser conjunto, facilitado pela comunicação dentro da equipe; os integrantes de um mesmo grupo precisam ter consciência de classe, para que defendam os seus propósitos).

E no Judiciário, como interpretar ou pôr em prática a unicidade de comando na gestão?

Suspeita-se que uma das dificuldades tenha assento nas diferenças práticas entre pensamento *único/plural x ação unívoca (gestão) ou interpretativa (direito)*. Em muitas situações concretas, especialmente no estabelecimento de normas de gestão (administrativas), não raro magistrados, acostumados às lides do direito, tendem a priorizar o entendimento interpretativo, quando a realidade mostra que a ação unívoca, linear, seria mais adequada. Por outro lado, observa-se que magistrados que tiveram uma experiência profissional anterior à magistratura tendem a apresentar menor dificuldade no estabelecimento das soluções diretamente vinculadas à gestão administrativa; sob leitura preliminar, essa experiência profissional anterior parece ter o poder de confirmar a pertinência da unicidade de comando como elemento vital para a gestão.

Espaços de atuação na atividade judiciária

No contexto do Poder Judiciário, algumas especificidades, pertinentes à interação dos espaços de atuação (jurisdicional, gestão judiciária e processo administrativo), ou competências, podem acarretar dificuldades em estabelecer a aparentemente desejada unicidade de comando. Essas interações são ilustradas na figura 3 e sintetizadas nos próximos parágrafos:

Figura 3 | Espaços de atuação na atividade judiciária

Com o fim de contextualizar as análises posteriores, apresentam-se, sem comentários adicionais, considerações objetivas sobre os processos técnicos no Poder Judiciário, formulado pelo desembargador Jessé Torres Pereira Junior, da 2ª Câmara Cível do Tribunal de Justiça do Estado do Rio de Janeiro:

Quadro 1 | Processos técnicos no Poder Judiciário

Elementos	Tipologia		
	Processo judicial	Processo administrativo	Processo de gestão
Instauração	Por iniciativa das partes	Por iniciativa da administração	Fluxo permanente
Protagonistas principais	Juiz e partes (autor/réu)	Administração e servidores	Gestores e unidades da administração
Configuração das relações processuais	Triangular	Linear	Circular
Suporte físico	Autos do processo	Autos do processo	Qualquer instrumento / veículo de informação
Impulso	Pelo juiz, mediante provocação das partes (oficial e indelegável)	Pela autoridade administrativa competente, segundo o interesse da administração e com possível delegação	Por todos os servidores, nos limites de suas competências ou atribuições, para cumprimento das expectativas de desempenho das atividades
Objeto	Conflito de interesses decorrente de alegada lesão a direitos das partes	Atendimento de uma necessidade de serviço com prevalência do interesse público	Manutenção das atividades e serviços (eficiência)
Parâmetros	Princípios, normas e regras específicos para o caso concreto	Princípios, normas e regras aplicáveis à administração pública	Métodos e indicadores de gestão
Finalidade	Composição de conflito entre litigantes	Solução de questão funcional ou organizacional	Atendimento adequado ao público-cliente (eficácia)
Valor agregado	Paz social	Eficiência/eficácia (racionalidade)	Eficiência/eficácia (racionalidade)
Tempo de tramitação	Razoável para cada caso	Eficiência/eficácia (tempo ótimo)	Eficiência/eficácia (tempo ótimo)
Condições para aperfeiçoamento	Qualificação do condutor do devido processo legal	Racionalização, normalização e comprometimento dos envolvidos	Modernização da gestão

Da figura 3 e do quadro 1, considerando especificamente os espaços de atuação pertinentes a "processos judiciais" e a "processos administrativos", a legislação vigente contempla os respectivos limites, respectivamente estabelecidos no art. 131 do Código de Processo Civil (livre convencimento dos magistrados) e na Lei nº 9.784, de 29 de janeiro de 1999 (que regula o processo administrativo no âmbito da administração pública federal).

Já o espaço da gestão não é tão claramente estabelecido, especialmente em face da miríade de situações enfrentadas a cada momento. Tais situações se por um lado são pautadas por normas vigentes, por outro são influenciadas pelas três dimensões que conformam as mudanças organizacionais (figura 1).

Observa-se que a maior fonte de dificuldades para o bem gerir no Poder Judiciário reside nas questões decorrentes da compreensão e da aceitação dos limites do espaço da gestão. Mais especificamente, a dificuldade decorre de contaminação dos limites pertinentes aos três espaços ("processos judiciais", "gestão" e "processos administrativos"), gerando relações simbióticas de papéis específicos de cada espaço.

A primeira reflexão que se pode fazer sobre essas relações simbióticas poderia ser contextualizada pela seguinte assertiva: um magistrado, quando no exercício da gestão, é parte do problema e, portanto, exerce o papel de gestor, de líder, e não aquele específico da magistratura, no qual existe um conflito entre duas partes, cabendo ao magistrado decidir sobre os direitos de cada qual, no pressuposto de observar a condição de juiz natural.

Nesse caso, a tradição se confronta com algumas realidades complexas, constatadas no dia a dia da gestão de unidades do Judiciário. É pouco provável que, no exercício do seu papel de administrador em qualquer âmbito, um gestor se desvincule das suas prerrogativas de magistrado, muito embora naquele momento da gestão ele não atue como juiz e sim como gestor. Desse pequeno detalhe pode decorrer toda a dificuldade em concretizar a unicidade de comando nas organizações (em termos de gestão, seria esperado existir, por óbvio, algum canal hierárquico ou de prestação de contas a uma autoridade).

As questões administrativas são pertinentes aos processos de trabalho de apoio à jurisdição (estratégia, pessoal, orçamento, finanças, compras, licitações, tecnologia da informação etc.) e não pertencem ao espaço jurisdicional.

Como tratá-las com eficácia e com eficiência se não houver uma hierarquia administrativa, já que, como visto, requerem unicidade de comando?

Sobre a dimensão "querer" da figura 1, apenas resta reforçar a importância de se ter, com a clareza requerida, a definição do projeto de mudanças, com todos os seus requisitos definidores. Em resumo, a documentação do "futuro a ser criado", expresso pelas "plantas": objeto ou escopo, objetivos a serem alcançados, metas, indicadores, definição de responsabilidades, planos de ação, cronogramas etc.

Sobre a dimensão "poder" da figura 1, especifica-se agora a sua essência: a "governabilidade", anteriormente estabelecida como a relação de forças entre variáveis sob controle e variáveis fora de controle. Governabilidade implica a correspondente autoridade para a tomada de decisões e para assegurar-lhes o cumprimento; trata-se de gerar no ambiente a percepção de reconhecimento, bom ou mau, pelas consequências decorrentes da necessária prestação de contas. Ora, se não houver a necessária governabilidade, a implementação de qualquer projeto, por melhor que este o seja, dificilmente terá probabilidade de êxito.

A consideração do elemento "poder" naturalmente decorre da noção de autoridade, intrínseca e indispensável ao poder, sem a qual dificilmente haverá condições para obter resultados. Especificamente no Poder Judiciário, como essa necessária autoridade se manifestaria?

No âmbito jurisdicional, a autoridade, no caso, a competência para formar convicção sobre casos concretos e prolatar as respectivas decisões é inquestionável; tanto a lei quanto os costumes não deixam dúvidas no caso brasileiro: o magistrado é soberano.

Já no âmbito organizacional, cujo contexto abrange três tipos de competência (processo judicial, gestão e processo administrativo), que será oportunamente abordado neste artigo, constata-se obstáculo complexo e complicado ao exercício do poder que, à primeira vista, poderia parecer trivial: como assegurar a autoridade compatível para a tomada de decisões organizacionais?

Diante de assunto tão complexo, mais que proposição de soluções, provoca-se o leitor para algumas reflexões:

- Seria possível ou adequado estabelecer a unicidade de comando em órgãos ou unidades judiciárias?
- De outro lado, sem unicidade de comando, como seria possível implementar estratégias no Judiciário, observado que essa ferramenta é indispensável (em termos evolutivos, uma E-E-E) à eficácia e à eficiência da gestão em qualquer tipo de unidade organizacional?
- A implementação de estratégias em qualquer agrupamento requer algum grau de adesão de todos, especialmente daqueles que desempenham postos-chave. Especificamente no Judiciário, sem unicidade de comando, seria possível implementar estratégias essenciais com a eficácia e a eficiência necessárias?
- Como estabelecer unicidade de comando em órgão e unidades do Judiciário? Como fazê-lo na abrangência macro (poder ou tribunal)? Como fazê-lo na abrangência micro (vara, turma, juizado, câmara ou unidade administrativa)?

A física sugere uma interessante solução sobre a estabilidade de estruturas mecânicas: as treliças. Nelas sempre existe o equilíbrio de forças. Por essa razão, todo engenheiro envolvido na construção de estruturas opta por compor treliças, tendo em vista ser a solução mais simples para estruturas rígidas e, portanto, estabilizadas (permanecem em equilíbrio).

Numa tentativa de visualizar o contexto de poder em órgão e unidades judiciárias, propõe-se considerar a lógica da composição "em treliça" como forma ideal de interações de comando na gestão, ilustrado na figura 4:

Figura 4 | Visão ideal das interações de comando

LIDERANÇA

GESTÃO IDEAL
(as estratégias podem
ser implementadas)

Fisicamente, o sistema triangular
(treliças) é rígido e estável

COMPETÊNCIA JUDICIÁRIA   COMPETÊNCIA ADMINISTRATIVA

Nela, desde que haja harmonia no exercício dos espaços de atuação, cria-se um ambiente para que haja o equilíbrio das forças atuantes, assim permitindo a possibilidade da prática da "gestão ideal". Mas esse parece ser o campo de um ambiente "perfeito", composto de seres perfeitos, longe da natureza imperfeita dos seres humanos.

Os filósofos, *in extremis*, assumem posições conflitantes sobre o comportamento médio dos homens: de um lado, há os que defendem que a natureza do homem permanece constante e apresenta traços pouco edificantes (Hobbes, Maquiavel, Voltaire e outros); do outro, há aqueles que defendem ser o homem intrinsecamente dotado de virtudes, o que os torna naturalmente bons (Aristóteles, Rousseau, Skinner e outros).

Todavia, "a existência simultânea da escassez e da escolha é própria da condição humana",[15] o que provoca a exacerbação de desejo e ambição, daí decorrendo conflitos permanentes em todos os agrupamentos.

Suspeita-se que a condição humana determina ambiente nem sempre róseo, como se observa em todos os cantos da Terra: um mundo *real*, no qual os homens se comportam mais alinhadamente ao pensamento de Sun Tzu, Maquiavel, Adam Smith, Voltaire, Darwin, Clausewitz e outros. Os interesses individuais, que tendem a se sobrepor aos interesses coletivos, somente são equilibrados quando há normas sensatas e adesão maciça a elas, de modo a permitir nível de convívio aceitável.

Dentro dessa realidade nada auspiciosa, a figura 5 ilustra a proposição da situação real, agora aplicada ao ambiente judiciário, no qual, além das dimensões de equilíbrio (liderança, competência judiciária e competência administrativa), inevitavelmente surgem os interesses individuais como força de composição. O sistema se torna quadrangular e, portanto, não rígido. Deforma-se proporcionalmente à intensidade da força dos interesses individuais.

---

[15] De acordo com os conceitos de Adam Smith, ver Giannetti (2007).

Figura 5 | Visão real das interações de comando

Dessa análise, suspeita-se que, na impossibilidade de mudar os homens, torna-se necessário fortalecer o único instrumento amortecedor dessas tensões: a liderança. Se farta e bem exercitada, é a liderança quem poderia influenciar decisivamente as fragilidades impostas pela fragmentação do poder para a gestão competente.

Sugere-se, como um dos caminhos possíveis para neutralizar a fragmentação do poder para a gestão no Judiciário, valorizar a *liderança*. Mais que possível, talvez a liderança seja o mais eficaz instrumento no arsenal de ferramentas disponíveis, razão pela qual são feitas algumas considerações básicas sobre a sua mais adequada utilização para melhorar a chance de sucesso na gestão judiciária.

Entre as muitas definições de liderança, apresenta-se a seguinte: "processo de influenciar atividades de indivíduos ou grupos para a consecução de um objetivo, numa dada situação".[16]

A liderança, por óbvio, assenta-se no poder que os líderes possam ter sobre os liderados. Acrescenta-se que esse poder advém do consentimento, da percepção dos liderados, e não de imposições do líder. Daí depreender-se a necessidade de se compreender como esse poder se estabelece e como ele se sustenta.

Aceita-se que o poder dos líderes se assenta em algumas "bases de poder", que funcionam como canais energizados pelos quais a influência dos líderes se faz perceber pelos liderados. Desde os escritos de Maquiavel (1977), são reconhecidas duas "bases de poder":

---

[16] Hersey e Blanchard, 1986.

Poder de posição — poder inerente ao cargo ou função ocupada, de direito ou de fato, outorgada a uma pessoa por outra que tem poder formal na organização; em geral, esse tipo de poder é temporal (dura enquanto ocupar a posição) e tem base no temor;

Poder pessoal — poder advindo do reconhecimento, pelos liderados, das qualidades intrínsecas do líder, independentemente de sua posição hierárquica na estrutura; em geral esse tipo de poder é atemporal e tem base no amor.

Mais recentemente, a partir de formulações devidas a French e Ravel, aceita-se que as bases de poder sejam mais escalonadas, compondo sete outras:

- poder de **competência** (conhecimento, habilidade e experiência);
- poder de **informação** (posse ou acesso a informações);
- poder de **referência** (personalidade);
- poder de **legitimidade** (posição);
- poder de **recompensa** (incentivos salários e prêmios);
- poder de **conexão** (influência, favores, net);
- poder de **coerção** (temor).

O surpreendente (e algo desalentador) dessa escala é que elas funcionam de acordo com a maturidade do agrupamento. Segundo Hersey e Blanchard, a maturidade compreende duas dimensões, assim sintetizadas por Maranhão (2006):

Maturidade de tarefa: as pessoas possuem o *conhecimento técnico* do que deve ser feito e têm experiência para fazê-lo certo desde a primeira vez; trata-se de uma questão meramente técnica;

Maturidade psicológica: as pessoas *querem* fazer certo desde a primeira vez, porque estão conscientes, motivadas e seguras de que, assim fazendo, também é bom para elas (e não somente para a organização); elas têm vínculos sólidos com a organização e, por isso, *compromisso* com o trabalho; trata-se de uma questão ética.

Desse modo, é essencial que o líder perceba o grau de maturidade dos seus liderados, sob pena de, utilizando a base de poder inadequada, o resultado possa ser contrário ao esperado: ao invés de o líder promover a agregação da equipe, haverá risco de sua implosão, sintetizada no pensamento de Sun Tzu, em A arte da guerra (1983): "Quando os soldados são muito fortes e seus oficiais são muito fracos, o resultado é a insubordinação. Quando os oficiais são muito fortes e os soldados muito fracos, o resultado é o colapso".

No topo da escala de bases de poder suprarrelacionada, encontram-se, em ordem de prioridade decrescente, os estilos[17] mais adequados aos agrupamentos de maior maturidade. Nesse extremo, para aumentar a chance de sucesso, o líder eficaz deverá utilizar um estilo mais adequado à base do "poder de competência". Isso se explica pelo fato de os liderados que têm, como suposto, o mais alto grau de maturidade serem mais suscetíveis às características de *conhecimento*, *habilidade* e *experiência*, características da base *poder de competência*.

Similarmente, na base dessa escala, encontram-se em ordem de prioridade crescente de baixo para cima os estilos mais adequados aos agrupamentos de menor maturidade. Na base da escala, para aumentar a chance de sucesso, o líder eficaz deverá utilizar estilo mais adequado à base do *poder de coerção*, por estranho ou incômodo que isso possa parecer. Isso se explica pelo fato de os liderados que têm, como suposto, o mais baixo grau de maturidade serem suscetíveis apenas ao temor que o líder possa inspirar, característico da base do *poder de coerção*.

O aspecto perverso desse conceito é que as pessoas de baixa maturidade não conseguem dar respostas (por não perceberem ou não sintonizarem) às bases de poder mais sofisticadas (competência, informação, referência etc.). Por injusto que possa parecer à primeira vista, tentar utilizar bases de poder do topo da escala a agrupamentos de baixa maturidade muito provavelmente levará ao insucesso. Em resumo, nesse caso (baixo grau de maturidade), o líder necessitará ser mais coercitivo ou diretivo, tal como

---

[17] A Liderança Situacional (LS) estabelece quatro estilos gerenciais: delegar (mais adequado às pessoas de maior maturidade), compartilhar, persuadir e determinar (mais adequado às pessoas de menor maturidade).

bem mostrado na ferramenta gerencial Liderança Situacional.[18] A chave para a solução dessa incômoda conduta é o líder diligenciar para aumentar a maturidade do agrupamento e, por consequência, gerar condições para utilizar as bases de poder que requerem maior elaboração mental do liderado (competência, informação e referência).

De outro lado, a tentativa de aplicar bases de poder da base da escala (coerção, conexão etc.) a agrupamentos mais amadurecidos provavelmente também implicará o surgimento de problemas ao exercício da liderança. Agrupamentos mais amadurecidos exigem estilo de liderança mais alinhado aos seus padrões mentais mais desenvolvidos.

Essa concepção, de certo modo, recomenda que o pensamento de Hobbes seja mais alinhado aos agrupamentos de baixa maturidade (e, por consequência, à utilização das bases de poder da base da escala), enquanto o pensamento aristotélico se adequaria melhor aos agrupamentos de maturidade mais alta (e, por consequência, à utilização das bases de poder do topo da escala).

É relativamente comum, caso não tenha essa informação, um gestor que assume um cargo de chefia tender a adotar, instintivamente, estilos de poder mais alinhados ao pensamento aristotélico, sem avaliar o grau de maturidade dos liderados. A experiência, em incontáveis casos concretos, simplesmente reforça a consideração de que tais decisões conduzem a enormes frustrações, somente percebidas quando a condução da equipe já atingiu contextos de difícil reversão (a equipe já está desagregada).

A gestão inexoravelmente traz desgastes; o líder tem de fazer escolhas o tempo todo e não pode agradar a todos indefinidamente. Como sugerido

---

[18] Contrapondo-se à "administração científica", que tinha forte viés mecanicista, vários estudiosos (Elton Mayo, Tannenbaum, Schmidt, Blake, Mouton, Likert e Maslow), desde os anos 1920-1930, desenvolveram estudos focados nas relações humanas no trabalho. A Liderança Situacional (LS), teoria proposta por Paul Hersey e Kenneth Blanchard (1986), consolidou os estudos desenvolvidos, desde 1945, na Ohio State University. A LS estabelece que a liderança, entendida como a capacidade de influenciar pessoas, depende da interação de três elementos: do **líder**, do **liderado** e da **situação**. Considera quatro estilos de liderança, de acordo com o grau de maturidade dos liderados: determinar (baixa maturidade), persuadir (maturidade média, **M⁻**), compartilhar (maturidade média, **M⁺**) e delegar (alta maturidade).

por Maquiavel, o comando (a gestão) tem pouco espaço para o "chefe bonzinho".[19] Daí a necessidade do exercício de rotatividade do poder. É pouco provável que um líder permaneça eficaz e eficiente durante muito tempo em um mesmo agrupamento. Mudanças na equipe de direção (rotatividade de cargos) tornam-se bem-vindas e inevitáveis. A questão central é estabelecer o tempo ótimo para o exercício da liderança em um mesmo agrupamento: nem tão curto que impeça a consolidação de mudanças organizacionais e nem tão longo que promova desgastes intoleráveis.

Antes das reflexões finais, como arremate da importância do papel da liderança sobre a transformação dos ambientes de trabalho, sugere-se, na figura 6, as dinâmicas da influência de quem detém o poder sobre os ambientes de trabalho e, por decorrência, sobre os resultados. Observa-se que (bons) *líderes* tendem a contribuir positivamente para a melhoria do ambiente; se este já for saudável, provavelmente será melhorado. Alternativamente, *maus chefes* (que não podem ser assemelhados a líderes) tendem a piorar os ambientes, mesmo quando estes são bons.

No lado esquerdo, pertinente a ambientes *anteriormente saudáveis*, observa-se a atuação tanto do (bom) líder quanto do mau chefe e no lado esquerdo a dinâmica em ambientes *anteriormente deteriorados*.

A conclusão óbvia é que, havendo liderança (positiva), qualquer ambiente pode transformar-se em terreno propício a mudanças organizacionais, da mesma forma que mesmo os ambientes anteriormente favoráveis podem ser transformados em terrenos estéreis e hostis a transformações organizacionais saudáveis.

---

[19] De Maquiavel, em *O príncipe*, cita-se a afirmação, tão conhecida quanto cruel: "E os homens hesitam menos em ofender aos que se fazem amar, do que àqueles que se tornam temidos, por ser o amor conservado por laço de obrigação, o qual é rompido por serem os homens pérfidos sempre que lhes aprouver, enquanto o medo que se infunde é alimentado pelo temor do castigo, que é sentimento que jamais se deixa. Deve, pois, o príncipe fazer-se temido de modo que, se não for amado, ao menos evite o ódio, pois fácil é ser ao mesmo tempo temido e não odiado, o que acontecerá desde que se abstenha de se apossar dos bens e mulheres de seus cidadãos e súditos, e, ainda que obrigado a verter o sangue de alguém, só poderá fazê-lo havendo justificativa e causa manifesta. Deve, principalmente, abster-se de aproveitar os bens alheios, pois os homens olvidam mais rapidamente a morte do pai do que a perda do seu patrimônio".

Figura 6 | Campos de atuação dos líderes (e dos maus chefes)

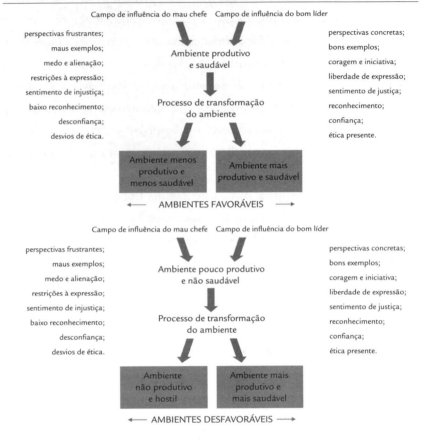

Finalizando, deixa-se ao leitor as derradeiras provocações:

Institucionalização e cultura como elementos de coesão social: qual deles é o antecedente causal?

Em que medida o Conselho Nacional de Justiça poderá constituir-se no agente motor das necessárias mudanças para solucionar as dificuldades da gestão do Judiciário?

Em que medida seria prioritário prover a magistrados o conhecimento e as práticas da liderança, de modo a potencializar sucesso na gestão de órgãos ou unidades judiciárias?

Caberia alguma preparação prévia sobre gestão, compulsória ou não, aos candidatos a cargos de direção de órgão e unidades judiciárias?

Referências

ARENDT, Hannah. *Eichmann em Jerusalém*. São Paulo: Companhia das Letras, 1999.

ARISTÓTELES. *Política*. São Paulo: Martin Claret, 2005.

ARONSON, Elliot. *The social animal*. 7. ed. New York: W. H. Freeman, 1992.

DARWIN, Charles. *A origem das espécies*. São Paulo: Martin Claret, 2006.

DAWKINS, Richard. *O gene egoísta*. Belo Horizonte: Itatiaia, 2001.

FAYOL, Henri. *Administração industrial e geral*. 9. ed. São Paulo: Atlas, 1981.

GIANNETTI, Eduardo. *Vícios privados, benefícios públicos?* São Paulo: Companhia das Letras, 2007.

HERSEY, Paul; BLANCHARD, Kenneth H. *Psicologia para administradores*. São Paulo: Pedagógica e Universal, 1986.

HOBBES, Thomas. *Leviatã*. São Paulo: Martins Claret, 1999.

MAQUIAVEL, Nicolau. *O príncipe*. São Paulo: Hemus, 1977.

MARANHÃO, Mauriti. *ISO série 9000* – manual de implementação. 8. ed. Rio de Janeiro: Qualitymark, 2006.

MATUS, Carlos. *O método PES*. São Paulo: Fundap, 1996.

PEREIRA JUNIOR, Jessé Torres et al. *A reforma do Poder Judiciário no estado do Rio de Janeiro*. Rio de Janeiro: FGV, 2005.

SMITH, Adam. *A riqueza das nações*. São Paulo: Martins Fontes, 2003.

TAYLOR, Frederick Winslow. *Princípios de administração científica*. 8. ed. São Paulo: Atlas, 1990.

TZU, Sun. *A arte da guerra*. Rio de Janeiro: Record, 1983.

VOLTAIRE, François-Marie. *Cândido ou O otimismo*. São Paulo: Martin Claret, 2004.

WRIGHT, Robert. *O animal moral*. Rio de Janeiro: Campus, 1996.

Mediação de conflitos: um meio de prevenção e resolução de controvérsias em sintonia com a atualidade

TANIA ALMEIDA

A contemporaneidade nos coloca desafios vários. Se, por um lado, a velocidade das mudanças contribui para que o tempo médio de vida de nossas ideias fique cada vez mais curto; por outro, o avanço tecnológico e os cuidados preventivos com a saúde nos possibilitam vida mais longa. Consequentemente, é preciso confrontar mais mudanças durante o nosso tempo de existência. É preciso ser curioso na vida, revendo sempre conceitos e crenças e o que consideramos que já sabemos fazer.

Algumas ideias, como a Mediação, surgem em consonância com as necessidades da época, mas encontram sujeitos com visões ainda antigas, em processo de mudança paradigmática. Para alguns, será necessário um tempo maior de adaptação ao desconforto que o novo provoca. Para outros, a proposta soa como apaixonante, intrigante.

A Mediação chega em sintonia com seus princípios, colaborando, e não competindo, com os meios de resolução de conflitos existentes. Chega para todos os povos e para todas as condições sociais, mas não, necessariamente, para todos os temas. Chega pretensiosa, ampliando as possibilidades de intervenção cogitadas até o momento nesse campo; dispõe-se a resolver conflitos e, também, a restaurar a relação social entre pessoas, provocando repercussões de alcance social até então não incluídas nos métodos de resolução de conflitos.

Não faz restrições a profissões de origem nem exige formação acadêmica prévia, alargando, em muito, o painel de terceiros imparciais que podem contribuir para a pacificação social. Entrelaça disciplinas e demanda de todos os seus praticantes a ampliação de perspectivas e conhecimentos. Possibilita que um número maior de pessoas atue na facilitação do diálogo para resolver questões e, principalmente, atue preventivamente sobre temas da convivência que interferem nas relações, mas não são objeto de resolução por vias formais.

As ADRs no mundo contemporâneo

A expressão *Alternative Dispute Resolution* (ADR) e suas traduções surgem trazendo esperanças para todos os que perceberam e percebem que os métodos de solução de conflitos, rotineiramente praticados e incorporados pelo mundo ocidental, têm-se mostrado insuficientes. Sob o guarda-chuva das ADRs, encontram-se dezenas de procedimentos que possibilitam a resolução ou o manejo positivo de conflitos, "sem recorrer à força e sem que os resolva um juiz".[1]

Nos países de língua latina, entre os quais o Brasil, utiliza-se a tradução literal — Resolução Alternativa de Disputas (RAD), embora, em território brasileiro, as expressões Métodos Alternativos de Solução de Conflitos (Mascs) e Métodos Extrajudiciais de Resolução de Conflitos ou Controvérsias (Mescs) sejam também vigentes.

A ideia de serem alternativos estava primariamente subjacente ao método-padrão à época — a resolução judicial. Em realidade, o Judiciário já foi uma proposta alternativa à negociação direta e ao uso da força como meios de resolução de desavenças.

---

[1] As ADRs foram assim caracterizadas por Gladys Alvarez e Elena Highton, duas das redatoras da Lei de Mediação da capital federal da Argentina (Álvarez, Highton e Jassan, 1996:33).

É porque o homem não mostrou suficiente habilidade no diálogo direto para administrar suas diferenças, que a força passou a ser um norteador de negociação. É porque a força mostrou suas consequências para a convivência, que o homem criou as leis. É porque as leis não dão conta de resolver as controvérsias, tanto em relação à sua complexidade de composição quanto ao tempo desejado para sua resolução, que o homem retoma a negociação direta, assistida por terceiros, característica dos meios chamados alternativos.

É importante mencionar que diferentes formas de negociação de controvérsias são conhecidas e utilizadas desde sempre. Tribos indígenas, comunidades religiosas e culturas orientais são exemplos de contextos que privilegiam a resolução pacífica das controvérsias, pautada no diálogo, antes mesmo do impulso adquirido pelas ADRs, na segunda metade do século passado.

O movimento social da década de 1960, que propunha mudanças paradigmáticas nas lentes de análise do comportamento humano, incentivou inúmeras novas, ou pouco usuais, possibilidades alternativas de expressão e de condutas, e se mostrou presente, igualmente, no campo da gestão de conflitos. Foram os americanos aqueles que, à época, mais se debruçaram sobre o tema, dando ênfase às ADRs.

Frank Sander (apud Highton e Álvarez, 1996:26) identificou especiais motivações para o movimento das ADRs em território americano:

> (i) o descongestionamento dos tribunais, assim como a redução dos custos e de tempo na resolução de conflitos; (ii) a maior participação da comunidade nos processos de resolução de conflitos; (iii) a facilitação do acesso à justiça; e (iv) a oferta de formas mais efetivas de resolução de disputas.

O termo ADR tem sido objeto constante de reflexão ao se traduzir "*alternative*" por "alternativo", vocábulo originalmente empregado pelos americanos. É necessário, a cada momento e em cada cultura, tentar compreender a intenção da escolha do termo "alternativo".

Para a American Arbitration Association (AAA), a expressão ADR refere-se a "uma variedade de técnicas para resolver disputas sem litígio". Em sua missão, a associação americana empenha-se em criar sistemas alternativos que atendam às necessidades das partes envolvidas em disputas. Ser uma alternativa ao litígio e estar voltado para o atendimento das necessidades das partes é tudo o que se deseja de melhor para um método "alternativo".

Abrigada sob o guarda-chuva das ADRs, a Mediação não se reconhece como alternativa ao Judiciário. O instituto da Mediação pode ser útil mesmo em situações em que a resolução judicial não se aplica (não constituindo, portanto, sua alternativa) ou, ainda, pode atuar de forma complementar, no sentido de prover o que falta ao Judiciário. Devemos pensar na Mediação como alternativa ao litígio, e não ao Judiciário, e considerar as repercussões de sua prática sobre o descongestionamento dos tribunais como consequência, e não como objetivo.

Mesmo com a contribuição dos franceses, traduzindo o "a" de ADRs por "amigável" — *Amicable Dispute Resolution* — referência encontrada na Câmara de Comércio Internacional sediada em Paris —, o significado mais acolhido atualmente é "apropriado" ou "adequado".

Com o surgimento a cada dia de novos métodos, por vezes híbridos, resultantes da combinação dos existentes, torna-se possível adequar a situação-problema ao instrumento que pareça mais eficaz e eficiente. Já é vigente a prática de se desenhar, para cada questão, novos meios de resolução de conflitos, inspirados em procedimentos dos métodos conhecidos.

Os *Dispute Review Boards* (DRBs)[2] são exemplos desta prática e têm por fim resolver controvérsias em tempo real, convocando empreendedores de grandes projetos a atuarem de maneira preventiva em relação à instaura-

---

[2] *Dispute Review Boards*: "painel composto por três membros, selecionados pelo contratante e pelo contratado, antes que uma disputa ocorra, apto a observar a instalação de problemas e oferecer soluções imediatas no próprio local de trabalho. Esse processo de resolução de disputas em tempo real permite que esses peritos — que visitam o campo de trabalho regularmente, acompanhando a progressão do projeto — recomendem acordos rápidos antes que atitudes adversariais possam instalar-se e fortalecer-se". Definição disponível em: <www.mediare.com.br>, na seção sobre o sistema multiportas.

ção de conflitos (ex.: a construção do Eurotúnel), pois quando a resolução do desentendimento é em tempo real, o conflito não chega a eclodir. Esta possibilidade tem sido assinalada como preventiva no campo da gestão de conflitos.

Assim, o painel dos meios alternativos de resolução de controvérsias é ampliado a cada dia. Isto ocorre em relação não só ao surgimento de diferentes métodos de resolução de conflitos em tempo real — *just in time resolution* —, mas também ao crescimento do movimento voltado ao diálogo direto — *one on one dialogue*.

O diálogo como veículo de expressão privilegiado na contemporaneidade

A habilidade para o diálogo direto (*one on one dialogue*) na negociação de diferenças é uma competência necessária ao homem do século XXI, em função da velocidade das mudanças e da complexa convivência com a diversidade, entendendo-a como legítima e desejável.

O movimento que se volta ao diálogo é fortemente alimentado por um grupo de pesquisa do Massahussets Institute of Technology (MIT), que se dedica ao tema. Assim como Harvard modelou para o mundo princípios de negociação através do *Harvard Negociation Project*, o MIT oferece norteadores de diálogo, identificados e trabalhados no *Dialogue Project*.[3] Possibilitar a expressão de todos os integrantes do diálogo, disponibilizar-se para uma escuta inclusiva — aquela que considera o ponto de vista do outro como passível de criar novas possibilidades de entendimento e de ação —, aceitar a positividade da diferença e abrir mão da certeza, admitindo o novo, compõem esses norteadores.

Para William Isaacs (MIT *Dialogue Project*), somente estaríamos em diálogo quando nos surpreendêssemos com a nossa própria fala, ou seja, quan-

---

[3] William Isaacs é um dos fundadores do *Dialogue Project* do MIT, além de consultor da Ford, Motorola e Shell para o tema. Suas ideias podem ser encontradas em Isaacs (1999).

do a nossa narrativa fosse uma novidade para nós mesmos, pois já teríamos modificado posições iniciais ao incorporarmos o novo e o diferente, oferecidos pelo(s) interlocutor(es). Para o autor, sair de uma conversa, pensando da mesma maneira como se pensava antes do seu início, significaria que não se estabeleceu o diálogo.

Atualmente, empresas treinam seus funcionários para considerarem o diálogo interpessoal (*one on one dialogue*) como a primeira opção de negociação e para utilizarem terceiros que atuem como facilitadores do diálogo — mediadores internos e externos à corporação — antes de recorrerem a métodos adversariais.[4]

São categorizados como adversariais os métodos em que é conferida razão a somente um dos envolvidos na desavença — "perde-ganha" — e como não adversariais os que visam ao benefício e à satisfação de todos os envolvidos na resolução, sem categorizar como certa ou errada qualquer das pessoas em desacordo — "ganha-ganha".

A Mediação não somente integra o grupo dos métodos não adversariais, como resgata o diálogo direto nos moldes propostos pelo *Dialogue Project*, provocando tomadas de decisão baseadas na informação — autoria responsável — e no atendimento dos interesses e necessidades de todos os envolvidos.

O instituto da Mediação: princípio fundamental e benefícios proporcionados

Pautada no princípio da autonomia da vontade, a Mediação inclui em seu ritual uma fase preliminar — a pré-mediação —, quando uma entrevista de caráter informativo, em mão dupla, tem lugar.

Na pré-mediação, as pessoas em desacordo são recepcionadas pelo mediador ou pelo técnico que domina conhecimentos sobre o institu-

---

[4] Constantino e Merchant (1996) trabalham esse tema oferecendo ideias para implementar tais sistemas nas corporações.

to e que lhes oferece informações sobre o tema, responde a eventuais perguntas e fornece material de esclarecimento. Nessa mesma oportunidade, as pessoas expõem o tema que as traz à Mediação para que se identifique se a matéria pode ser beneficiada ou não pelo instituto. Essa é também a ocasião em que o mediador avalia sua independência — ausência de conflito de interesses — com relação ao tema e às pessoas envolvidas — assim como avalia a necessidade ou conveniência de atuar em comediação.

A comediação — condução do processo por uma dupla de mediadores — é prática usual e visa a potencializar a qualidade do trabalho a ser desenvolvido em função da atuação complementar de conhecimentos, de estilos de condução e de gênero. Mesmo sendo usual a prática da comediação, não há veto ao trabalho "solo".

Pautadas na autonomia da vontade, que tem um amplo espectro na Mediação, as pessoas em desacordo elegem, ou não, o instituto; decidem, a cada momento, sobre a sua permanência no processo; negociam a operacionalização — entrevistas conjuntas ou privadas, intervalo e duração das reuniões, extensão do sigilo para os mediandos, forma e percentual do pagamento devido a cada um; escolhem as alternativas de solução e as avaliam em relação a custos e benefícios para os envolvidos direta e indiretamente; definem a solução para cada proposição; optam pela maior ou menor formalidade do encaminhamento a ser dado ao acordo, quando o tema não exigir homologação judicial.

A autoria das soluções devolve aos mediandos o controle do processo decisório sobre suas próprias vidas e possibilita que a solução eleita atenda a seus reais interesses, necessidades e valores. Autores cuidam do que criam, o que torna o cumprimento do acordado na Mediação uma consequência natural e uma ação pautada no compromisso entre os envolvidos.

Vivenciar um diálogo em que se é autor viabiliza, também, (re)aprender a negociar diferenças diretamente com o outro e (re)assumir uma postura protagônica na construção e na desconstrução das controvérsias das quais se participa.

Os 40 anos de prática do instituto têm demonstrado que os benefícios da Mediação superam os inicialmente pensados — autoria, celeridade e sigilo. A autoria transcende, em muito, a escolha do instrumento e a eleição das soluções. A celeridade não abrevia unicamente o tempo de resolução e o custo financeiro; abrevia, em especial, o tempo e a intensidade do desgaste emocional. O sigilo não favorece somente as relações interpessoais e corporativas futuras; a privacidade possibilita aos mediandos rever e flexibilizar suas posições sem a cobrança social que a publicidade favorece.

A dinâmica da Mediação

A Mediação de Conflitos é, em termos de propósitos, o instrumento mais próximo da negociação direta colaborativa. Por objetivar reproduzi-la na presença de um terceiro, ganha como sinônimo o termo "negociação assistida". Assistida por um terceiro — o mediador —, que coordena o diálogo entre os mediandos de forma a mantê-los como autores não somente da(s) solução(ões) proposta(s), mas também de todos os aspectos regidos pela autonomia da vontade.

Inicialmente inspirada no processo negocial preconizado pela Escola de Negociação de Harvard, construiu seu rito em torno dos quatro princípios dos ensinamentos do *Harvard Negociation Project*:[5]

> (*i*) Discriminação entre as questões a serem negociadas e a relação existente entre os envolvidos no desacordo — mediadores reconhecem que no dissenso não se negociam apenas a matéria, a substância, mas, também, a maneira como estamos sendo e temos sido tratados por esse outro. Pautados nessa premissa, mediadores constroem, com a anuência dos mediandos, uma pauta objetiva (relativa

---

[5] William Ury e Roger Fisher perpetuam esses princípios no segundo capítulo — "Método" — do livro *Getting to yes*. Essa obra, que teve sua primeira publicação em 1981, tornou-se um clássico do mundo das negociações.

à matéria) e uma pauta subjetiva (relativa à relação) de negociação e trabalham ambas as pautas em paralelo. Essa discriminação é feita durante a oitiva das partes. Na pauta objetiva, a matéria ganha evidência; na subjetiva, destacam-se, especialmente, os sentimentos traduzidos em preocupações futuras[6] ou em necessidade de reconhecimento, assim como os valores feridos na convivência.

(*ii*) Negociação de posições e não de interesses — mediadores reconhecem que as posições são escudos rígidos o suficiente para defender interesses e importantes necessidades, ocultos em um primeiro momento. A Mediação integra o pacote das negociações baseadas em interesses — um recente norteador de construção de consenso. A imagem que tem traduzido a preciosa diferença entre posições e interesses é a do *iceberg*, que mostra emersa a menor parte de sua estrutura — posição — e tem submersa sua maior massa de gelo — interesses, necessidades e valores. É preciso submergir nas posições, por meio de perguntas, para alcançar os interesses e valores salvaguardados. Em uma negociação baseada em interesses, como a Mediação, são os interesses e os valores que comporão a pauta de negociação, e não as posições.

(*iii*) Criação de soluções de benefício mútuo — ao auxiliar os mediandos a pensarem, a formatarem e oferecerem soluções que contemplem a todos os envolvidos, mediadores os estimulam, indiretamente, a exercitar a cooperação e a cuidar do restauro da relação social entre eles. Criar soluções de benefício mútuo é um convite difícil de ser aceito. Não é prática em nossa cultura sentarmos à mesa de negociações nos colocando no lugar do outro para identificar suas ne-

---

[6] As críticas feitas a propósito desse primeiro princípio — separar a questão da relação — inspiraram Roger Fisher e Daniel Shapiro a escreverem *Beyond reason:* using emotions as you negotiate — uma obra dedicada a cuidar, especialmente, das relações entre as pessoas em desacordo, traduzindo em preocupações os sentimentos trazidos à mesa de negociação.

cessidades e interesses, visando a incluí-lo na solução a ser proposta. Estamos habituados a buscar e a oferecer soluções que nos atendam, sem considerar, por vezes, o custo para o outro ou as possibilidades objetivas ou subjetivas desse outro para atendê-las. Essa é uma mudança paradigmática proposta por esse instituto, que demanda, por vezes, tempo de assimilação e concretização.

(*iv*) Estabelecimento de critérios objetivos para obter consenso — ao incentivar os mediandos a adotarem tais critérios, os mediadores propiciam a desconstrução de impasses, possibilitando que a eleição de norteadores para operacionalizar uma decisão não se constitua em obstáculo para colocá-la em prática. Se a venda de parte da sociedade comercial é consenso, critérios objetivos podem ajudar a operacionalizá-la; se a convivência com o(s) filho(s) será definida por comum acordo, critérios objetivos podem auxiliar a efetivá-la; se um grupo decide, após longas negociações, comemorar um evento com um jantar, critérios objetivos (uso de cartão, existência de estacionamento, comida contemporânea com pratos vegetarianos, inclusive) podem facilitar a escolha do restaurante.

Em torno dessa dinâmica, o processo de Mediação se instala: ouvindo os mediandos, auxiliando-os a negociar as pautas objetiva e subjetiva, incentivando-os à autoria e à busca de soluções de benefício mútuo, responsáveis diretos pelo comprometimento na execução do acordado.

As bases teóricas do rito da Mediação e de suas técnicas

Além do quadrante de negociação da Escola de Harvard, a Mediação recebe contribuições de outros saberes e se caracteriza pela interdisciplinaridade.

Teorias de comunicação contribuem com numerosos aportes e sustentam algumas das técnicas utilizadas na Mediação. A comunicação humana é uma das vigas mestras de sustentação da dinâmica da Mediação e precisa ser decifrada pelo mediador, a cada momento, de forma a servir de referencial para a identificação do *timing* e da intervenção a ser utilizada. Mais voltadas para o pragmatismo da comunicação humana[7] ou para as narrativas e a análise dos discursos[8] e de sua subjetividade, as contribuições são inúmeras. Em comum, tais contribuições têm a concepção de considerar a linguagem como um cenário onde se constroem os sujeitos, sua forma de expressão e de ação, sempre relacionais, ou seja, referida ao outro.

O olhar sistêmico,[9] outro pilar, contribui para que a Mediação reconheça os componentes multifatoriais dos desacordos — legais, psicológicos, sociológicos, financeiros, entre outros — e os maneje segundo sua prevalência, de forma a atender aos interesses e necessidades dos mediandos. Também como resultado do olhar sistêmico, mediadores entendem que o fato trazido à Mediação integra uma cadeia de acontecimentos passados e futuros e que sua intervenção provocará alterações na lógica de desenvolvimento dessa cadeia, com repercussões sobre um conjunto de pessoas. Mediadores comprometem-se com o curso e com o resultado da Mediação, agindo cuidadosamente na condução de sua dinâmica, avaliando, continuamente, a adequação de sua atuação, pois a consideram parte do sistema de resolução. Eles sabem que sua intervenção poderá contribuir para a construção ou para a desconstrução de impasses futuros.

A contribuição da sociologia foi decisiva para se entender o valor das redes sociais nos processos negociais. Mediadores estão atentos à negociação, em paralelo, que os mediandos precisam fazer com os seus interlocutores — advogados, amigos, parentes, colegas de trabalho ou de crença religiosa, entre outros. Com essas pessoas são estabelecidas alianças e construídas leituras sobre o desacordo e sobre o oponente, assim como soluções e po-

---

[7] Watzlawick, Beavin e Jackson, 1967.
[8] Maingueneau, 1997.
[9] O livro clássico sobre o tema foi escrito por um pioneiro nesse pensamento que revolucionou a ciência em geral, Ver Bertalanffy (1977). Autores mais recentes discorreram brilhantemente sobre o tema, entre eles destacam-se: Capra, (1982) e Vasconcellos (2002).

sições a serem defendidas. Os mediandos não podem, em determinados momentos, progredir em uma negociação, em função do compromisso de fidelidade estabelecido com suas redes de pertinência. Por vezes, é preciso auxiliá-los a negociar com essas redes, dentro ou fora do processo de Mediação, para que a desavença possa resultar em autocomposição. A Mediação estimula o diálogo dos mediandos com suas redes de pertinência e permite que essas ganhem a sala de negociações quando são identificadas como geradoras de impasses à fluidez do processo, ou, ainda, quando se constituem suporte para o cumprimento do acordado.

A Mediação inspira-se no direito ao abraçar o propósito de auxiliar pessoas a resolverem seus conflitos, norteadas pelo parâmetro da solução justa, atentas a não ferirem as margens legais oferecidas por sua cultura — a solicitação de revisão legal do acordado, antes de sua assinatura pelos mediandos, sempre que a matéria assim o exigir, cumpre uma norma ética na Mediação. O instituto atende plenamente ao que o desembargador Kazuo Watanabe (1988) denomina acesso à ordem jurídica justa, quando este se dá de forma adequada, tempestiva e efetiva. Nessa concepção, a Mediação potencializa o acesso à justiça na medida em que é: (*i*) adequada — quando eleita entre outros métodos, por possuir especial propriedade de abordagem e de resolução em relação ao tema do conflito; (*ii*) tempestiva — porque ocorre no tempo dos mediandos, uma vez que ditam o período de duração do processo, em muito influenciado por suas habilidades e capacidade negocial; (*iii*) efetiva — porque a solução é construída pelas próprias pessoas envolvidas no desacordo, tendo como parâmetros a satisfação e o benefício mútuos, a partir do atendimento de suas necessidades.

Da psicologia, a Mediação importa leituras teóricas sobre o funcionamento emocional humano e valoriza, como componente constitutivo dos desentendimentos, as emoções.[10] Das emoções, a Mediação cuida, indire-

---

[10] José O. Fiorelli, professor de psicologia; Marcos Júlio O. Malhadas Junior, advogado; e Daniel L. Moraes, engenheiro civil com especialização em psicologia do trabalho; em 2004, publicaram importante obra dedicada aos efeitos da emoção sobre os comportamentos das pessoas envolvidas em conflitos de qualquer natureza.

tamente, ao se dispor a trabalhar a pauta subjetiva, anteriormente mencionada, e ao se propor a incluir o restauro da relação social dos envolvidos, como objeto de cuidado. As abordagens que incluem o relacionamento humano como foco não podem deixar de considerar a presença invariável da emoção. À semelhança do que pensava Foucault sobre a existência de um jogo de poder nas relações — tomava-o como certo e dedicava-se, exclusivamente, a pensar em como o poder era manejado —, a presença da emoção nos jogos relacionais é inequívoca, restando identificar, somente, como está sendo manejada.

Da filosofia, além de Foucault, preciosas inspirações alimentam o processo de Mediação. Entre elas encontra-se o principal instrumento de trabalho do mediador, as perguntas, que devem ser oferecidas como na maiêutica socrática.[11] Filho de uma parteira, Sócrates desejava, pela maiêutica, que as pessoas "parissem" as próprias ideias, após refletirem, em lugar de repetirem, indiscriminadamente e sem análise crítica, pensamentos e ideias do senso comum. Esse é o principal objetivo das perguntas na Mediação: gerar informação para os mediandos — aqueles que têm poder decisório e serão os autores das soluções — de forma a provocar reflexão. Dessa maneira, pode-se auxiliar os mediandos a flexibilizarem as ideias trazidas na fase inicial do processo, momento em que as reais necessidades e interesses do outro não estão sendo ainda levados em consideração.

As diferentes escolas em Mediação

O movimento inicial de estruturação da dinâmica da Mediação em torno ao quadrante da Escola de Negociação de Harvard logo ganhou adesões teóricas, que contribuíram para uma maior abrangência de propósitos, para o enriquecimento dos aportes técnicos e para o surgimento de diferentes modelos de prática.

---

[11] A dialética socrática ocorre em fases sequenciais, possibilitando que o sujeito pense, inicialmente, que domina um saber; logo perceba, imerso no diálogo, que pouco ou nada sabe; e descubra, ao fim do diálogo, após processo reflexivo, que tem um saber interno.

O formato inicial de prática, fortemente apoiado em princípios de negociação, parece hoje, comparando-o com os modelos subsequentes, mais voltado para os acordos e menos para o restauro das relações sociais. Essa interpretação carece de reflexão, uma vez que participar de um processo de diálogo regido pelos princípios da Mediação já possibilita que as relações entre as pessoas em desacordo estejam sendo cuidadas.

Robert Bush, professor de ADRs da Hofstra University, em Nova York, e Joseph Folger, professor de comunicação da Escola de Comunicação da Temple University, no Texas, são exemplos de estudiosos que agregaram, ao formato inicial, aportes teóricos outros. Os autores escreveram o livro *The promise of mediation* [A promessa da mediação] (2004), cuja proposta ganhou o mundo, fundou escola e reuniu seguidores. Tal proposta distancia-se da construção de acordos como objetivo e privilegia a transformação do conflito — de postura adversarial à colaborativa.

Esse tipo de trabalho tem por objetivo enfrentar o conflito por meio do fortalecimento próprio e do reconhecimento dos outros através da nomeada, e assim conhecida, Mediação Transformativa. O fortalecimento próprio — *empowerment* — está baseado na identificação dos reais interesses e necessidades de cada um dos mediandos; ao passo que o reconhecimento do(s) outro(s) — *recognition* — está voltado para a identificação dos reais interesses, necessidades e valores do(s) outro(s). Para Bush e Folger, esses são os ganhos sociais mais significativos, propiciados pelo diálogo via Mediação. Para os autores, o diálogo entre ser atendido e atender, desde que possível para ambos, é transformador e se traduz em acordo como uma consequência natural para aqueles que genuinamente vivenciaram *empowerment* e *recognition*. A autocomposição traduzida em acordo transforma-se em consequência e não em objeto na Mediação Transformativa.

Sara Cobb, mediadora americana, propõe um formato de trabalho que inclui as duas vertentes anteriores — cuidar da construção do acordo e, em paralelo, da relação social entre os envolvidos. Cobb trabalha com as técnicas de comunicação (voltadas para as narrativas) e de negociação em um cenário sistêmico — visão sistêmica do conflito e da interação entre mediandos, sua rede social e mediador, comentada anteriormente — e adiciona especial atenção à construção social dos envolvidos e às suas redes sociais de pertinência. Seu trabalho é conhecido como Modelo Circular-Narrativo.[12]

São mais recentes a Mediação Estratégica, proposta por Rubén Calcaterra (2002), e a Mediação Narrativa, incentivada por Gerald Monk e John Winslade (2008). Calcaterra, advogado argentino entusiasmado pelo que acredita e escreve, propõe um modelo de trabalho e de ensino em Mediação com viés interdisciplinar e pautado na desconstrução do conflito. Winslade e Monk trabalham, também, com terapia narrativa — pautada na linguagem e, em especial, nas versões dos fatos como construções particulares de cada sujeito — e levam esse referencial para a prática da Mediação.

Muitos mediadores preferem mesclar diversos modelos teóricos em sua atuação. Reúnem as técnicas, os procedimentos e as atitudes utilizados pelos diferentes modelos, colocando-as em uma "caixa de ferramentas" (*tool box*), de forma a utilizarem-nas de acordo com a situação, a ocasião, o estilo do mediador e o perfil dos mediandos. Essa é uma tendência universal, relativa não somente à prática da Mediação, mas também a outras práticas, em que o melhor de cada pensamento é reunido em prol da natureza da intervenção, sem privilegiar um único modelo teórico em particular.

Todos os modelos citados reúnem-se sob o guarda-chuva da Mediação Facilitativa — aquela que tem por primazia facilitar o diálogo entre as pessoas, sem interferir, diretamente, com as ideias do mediador.

A Mediação Avaliativa tem sido empregada quando, por demanda dos participantes no processo de Mediação, o mediador, após exaurir a tentativa de conduzir o processo sem opinar, oferece seu olhar técnico sobre a questão, de forma a contribuir para agilizá-lo. Esse aporte técnico funciona à seme-

---

[12] Marinés Suares, mediadora argentina e admiradora do trabalho de Sara Cobb, descreveu esse modelo em uma publicação dedicada à comunicação e a técnicas em Mediação (Suares, 1996).

lhança do instrumento denominado Avaliação Neutra de Terceiro[13] e pode servir de base para acelerar o fechamento da negociação. Em situações nas quais o tempo de processo e o tempo das pessoas são determinantes, como nas questões corporativas, esse formato tem especial aplicabilidade e valor.

Nos contextos em que a Mediação é conhecida há mais tempo e teve sua prática renovada, recursos como a *Binding Mediation* e os processos Med-Arb e Arb-Med foram desenvolvidos. Na *Binding Mediation*, há um acordo prévio entre as partes para a aceitação do parecer vinculante do mediador, após esgotadas as possibilidades de composição via Mediação. No recurso Med-Arb, fica convencionado, desde o início, entre as pessoas em desacordo que, se a Mediação não resultar em acordo, o mediador se converterá em árbitro e deliberará sobre a questão, após instauração do processo arbitral. No recurso Arb-Med, fica previamente convencionado que o terceiro imparcial, antes de iniciada a Mediação, conduzirá a arbitragem e deliberará sobre a questão, colocando o resultado de sua decisão em envelope lacrado, que somente será aberto e validado se a Mediação não der resultado. Esses modelos híbridos são vistos como ágeis e econômicos, produzem benefícios para além da celeridade e da economia e têm especial aceitação no mundo corporativo e dos contratos.

O mediador e seus princípios éticos, a importância dos advogados e de outros técnicos na Mediação

Para coordenar o processo de Mediação, articulando os distintos saberes mencionados, necessita-se de um terceiro que atue de maneira ativamente imparcial e competente — o mediador. A imparcialidade ativamente trabalhada, a competência, a diligência, o sigilo e a credibilidade integram um

---

[13] O método Avaliação Neutra de Terceiro (*Fact Finding*) consiste em um terceiro imparcial eleito pelas partes investigar uma disputa, examinando questões e fatos para oferecer um parecer não vinculante ou para recomendar um acordo. Pode ainda se articular a outros métodos — negociação, mediação ou resolução judicial — indicando a tendência de resultados ou ampliando o espectro de alternativas possíveis.

painel de princípios éticos, uniformemente praticados pelo universo de mediadores de distintas culturas.

A imparcialidade é adjetivada pela palavra "ativa" para caracterizar um cuidado dinâmico que os mediadores devem ter para se manterem imparciais durante a condução do processo de Mediação. É preciso acreditar na impossibilidade de *ser* imparcial, para que a natural parcialidade, inerente à humanidade, possa ser vista e revista a cada momento de atuação. Imparcialidade é termo aqui empregado com o significado de equidistância objetiva e subjetiva com relação aos mediandos, evitando atitudes que denotem parcialidade, no que diz respeito tanto à participação deles, quanto à própria atuação do mediador.

A competência é princípio ético especialmente referido à habilidade para conduzir o processo de Mediação. Por esse motivo, a capacitação prévia é exigência para essa prática. Mediadores não necessitam possuir especial conhecimento na matéria que é objeto da disputa — mas sim o suficiente para formular perguntas —, uma vez que não atuarão deliberando ou sugerindo. São os mediandos aqueles que deverão ser instruídos a buscar especial conhecimento na matéria. O especial conhecimento do mediador deve dizer respeito à condução da dinâmica da Mediação.

O sigilo é também princípio ético fundamental, assim tratado no texto do Código de Ética dos Mediadores:[14]

> os fatos, situações e propostas, ocorridos durante a Mediação, são sigilosos e privilegiados. Aqueles que participarem do processo devem obrigatoriamente manter o sigilo sobre todo o conteúdo a ele referente, não podendo ser testemunhas do caso, respeitando o princípio da autonomia da vontade das partes, nos termos por elas convencionados, desde que não contrarie a ordem pública.

---

[14] O Brasil possui um Código de Ética e um Regulamento Modelo, norteadores da prática da Mediação, construídos em 1996 pelas instituições fundadoras do Conselho Nacional das Instituições de Mediação e Arbitragem (Conima). Disponível em: <www.conima.org.br>.

Entre outras exigências éticas do código proposto pelo Conima, estão a impossibilidade de o mediador atuar "como profissional contratado por qualquer das partes, para tratar de questão que tenha correlação com a matéria mediada" e o dever de indicar a necessidade de parecer técnico para alimentar com informação o poder decisório dos mediandos. O mediador, independentemente do conhecimento técnico que tenha sobre a matéria que é objeto da mediação, está eticamente impedido de oferecer orientação de qualquer natureza.

O veto para aportar pareceres técnicos — contribuinte da manutenção da equidistância objetiva e subjetiva e da imparcialidade ativa do mediador — bem como a necessidade ética de "assegurar-se de que as partes tenham suficientes informações para avaliar e decidir" exigem que o mediador identifique a necessidade de os mediandos buscarem informações técnicas fora do ambiente da mediação, de forma a bem qualificar seu poder decisório.

As margens legais do que está sendo acordado devem ser cuidadas pelos advogados dos mediandos ou por seus defensores públicos. Ao mediador cabe, exclusivamente, a condução do processo — manutenção de suas características e propósitos — e os cuidados com a margem ética.

Os advogados podem ter extensa atuação na Mediação. Além de oferecerem os parâmetros legais para os temas em negociação, podem, ainda, assessorar seus clientes: (*i*) na escolha do mediador, privilegiando o conhecimento na matéria ou na condução do processo de Mediação; (*ii*) na identificação de seus interesses e necessidades, clarificando a demanda; (*iii*) no preparo para participar da Mediação, informando sobre os princípios éticos, a dinâmica do processo e seus procedimentos; (*iv*) na identificação dos interesses e necessidades da outra parte, auxiliando a criar soluções de benefício mútuo. Advogados podem atuar também como mediadores, a exemplo de outros profissionais.

A incorporação dos métodos alternativos à cultura ocidental é inevitável. Os americanos, por exemplo, começam a processar advogados que não informam seus clientes com respeito ao sistema multiportas, oferecendo-lhes, exclusivamente, a resolução judicial como possibilidade.[15] Espera-se desses profissionais a orientação e o conhecimento relativos às distintas formas de resolução de conflitos. A visão monodisciplinar do conflito é pouco atualizada, e a interdisciplinaridade chega também às escolas de Direito, auxiliando esses profissionais a ampliarem seu espectro de visão e de atuação.

Em função das leis estaduais de Mediação nos EUA, mediadores produziram, em 1994, e revisaram, em 2005, um guia ético de conduta para sua atuação — *The model standards of conduct for mediators*.[16] O texto é resultante dos esforços de três entidades dedicadas ao tema: American Arbitration Association, Association for Conflict Resolution e Section of Dispute Resolution, da American Bar Association. Essa necessidade de uniformizar princípios éticos para que a prática se dê com adequação deve servir de inspiração para nós brasileiros, que a iniciamos há pouco tempo e que temos, também, dimensões continentais e diversidades culturais por administrar.

A capacitação de mediadores

A capacitação teórico-prática específica é praxe, em todo o mundo, devido ao caráter transdisciplinar[17] da Mediação. Aportes de diferentes áreas do saber precisam ser articulados e apreendidos de maneira a sustentarem a atuação do mediador e o emprego de um sem-número de intervenções que visam à desconstrução de impasses e à fluidez do diálogo.

Os americanos estão às voltas, atualmente,[18] com o tema da capacitação. Ao longo dos últimos 40 anos, vêm oferecendo inúmeros cursos, com diferentes conteúdos programáticos e distintas cargas horárias, conferindo a

---

[15] Essa informação foi obtida pela autora na conferência anual da Ameriacan Bar Association — Section of Dispute Resolution ocorrida em abril de 2008, em Seattle, EUA.
[16] Disponível em: <www.abanet.org/dispute/news/ModelStandardsofConductforMedatorsfinal05.pdf>.
[17] Entendemos a Mediação como uma "transdisciplina". O instituto transcende o caráter interdisciplinar que costura distintas áreas de conhecimento entre si. A Mediação atravessa diferentes saberes e se constitui, a partir desse entrelaçamento, também como disciplina — aqui entendida como ramo do conhecimento.
[18] Informação obtida pela autora na conferência anual da Association for Conflict Resolution ocorrida em setembro de 2008, em Austin, EUA.

muitos deles o caráter de capacitação (senso estrito). Têm, então, questionado a legitimidade de se atribuir a qualidade de mediadores a todos aqueles oriundos desses cursos e portadores de tão distintas competências.

No Brasil, algumas atuações preventivas com respeito ao tema da capacitação têm mobilizado instituições e docentes dedicados ao assunto. Em 1998, no I Congresso Internacional de Mediação e Arbitragem, ocorrido em Curitiba, docentes brasileiros integrantes do Conima e docentes estrangeiros convidados para o evento reuniram-se para a construção de um currículo mínimo de capacitação com carga horária respectiva. Na época, pensou-se em um conteúdo programático interdisciplinar a ser apresentado em, no mínimo, 60 horas de aulas teóricas e 50 horas de prática real supervisionada. Essas duas etapas integram, sistematicamente, os cursos de capacitação, na experiência mundial.

Como a insuficiência da carga horária proposta era conhecida por todos, decidiu-se, então, incluir a expressão "mínimo", de forma a garantir que não seria o cumprimento de um total de horas que conferiria a prontidão, mas sim a análise institucional da competência alcançada pelos mediadores em formação. Optou-se por uma carga horária e um conteúdo programático mínimos para poder viabilizar a ocorrência de cursos e a prática da Mediação em um país como o Brasil, de dimensões continentais e diversidade cultural tão grande.

Hoje, a experiência docente ratifica essa insuficiência e estudiosos da área organizam-se para rever o que foi anteriormente construído. O Fórum Nacional de Mediação (Foname), que conta com o desembargador Kazuo Watanabe em seu Comitê Consultivo, reúne profissionais docentes que se ocuparam, durante o ano de 2009, em formatar um currículo para a capacitação em Mediação. Ainda em processo de delineamento, esse currículo prevê uma carga horária total de 160 horas e busca-se consenso em relação ao que privilegiar na distribuição da carga horária: teoria ou prática.

Em grupos maiores, como no Foname, ou em grupos menores, como nas entidades especializadas e nas universidades, caminha-se preventivamente em direção a uma unicidade sem uniformidade, como pede a sabedoria do respeito às diferenças, no que concerne a um currículo básico para a capacitação em Mediação de Conflitos.

A carga horária e o conteúdo programático deixam de ser questão primeira e passam a ser consequência, se os norteadores dos programas acadêmicos puderem se voltar às competências que se desejam alcançar.

Compartilhamos do pensamento de alguns docentes, no sentido de que é possível desenhar programas com complexidade progressiva e contemplar públicos com distintos níveis de curiosidade sobre o tema. Com uma sequência que se inicie pela teoria e tenha na educação continuada uma proposta de permanente aprimoramento, pode-se oferecer desde uma etapa informativa até uma capacitação em Mediação. O conhecimento dos princípios do instituto, o desenvolvimento e o aprimoramento de habilidades técnicas correlatas à dinâmica do instrumento, assim como a excelência prática são importantes norteadores de gradual complexidade para aqueles que projetam cursos de Mediação.

Ensinar Mediação transcende reunir seus aportes teóricos e técnicos em um programa docente. A Mediação é muito mais do que um método de resolução de conflitos. Seu aprendizado implica mudanças paradigmáticas que dizem respeito à convivência pautada na empatia, como princípio ético fundamental.[19] É um aprendizado para a vida, para o estar no mundo, não exclusivamente para desempenhar uma função. Constata-se que os programas de capacitação existentes possuem vertentes mais objetivas ou mais subjetivas e constroem praticantes habilitados a estimular maiores ou menores mudanças sociais.

O tratamento dos conflitos na Mediação

Inerentes à natureza humana e, portanto, integrantes da convivência cotidiana, os conflitos surgem quando os sujeitos negociam diferenças entre si.

---

[19] Luis Alberto Warat (2001) é um teórico do tema que chama a atenção para aspectos humanitários da Mediação e da atuação do mediador.

A visão dos conflitos como oportunidade de mudança é hoje universal. O desafio para a mudança retirou deles a conotação negativa. O que hoje ganha conotação negativa neste campo é o manejo destrutivo dos conflitos.[20]

Alguns teóricos baseiam-se na Teoria dos Jogos[21] para discorrer sobre o manejo competitivo e o manejo colaborativo dos interesses, nas situações de discordância. Segundo essa teoria, os jogos interativos dependem sempre do entrelace das estratégias utilizadas por todos os jogadores, colocando em evidência a interdependência das decisões e das expectativas de cada jogador em relação à conduta dos demais. A articulação das múltiplas estratégias é, então, determinante dos melhores ou dos piores resultados para todos, de resultados mais ou menos balanceados. Essa evidência é que confere riqueza à exploração do tema sob essa vertente e dá origem à expressão "ganha-ganha" acolhida pelos métodos de resolução pautados na satisfação e no benefício mútuos, como é o caso da Mediação. Regido por essa ótica, o mediador atuaria como elemento de comunicação entre os jogadores e suas estratégias, preservando o sigilo sobre as mesmas e convidando, simultaneamente, todos os participantes da Mediação a uma reflexão sobre o benefício mútuo a ser alcançado, e sua sustentabilidade, com as soluções "ganha-ganha".

Das inúmeras teorias que tratam sobre os conflitos, uma oferece especial contribuição para a Mediação: Rubén Calcaterra apregoa que os métodos de autocomposição pautados na genuína autoria das partes precisam ocupar-se, primeiramente, da desconstrução[22] do conflito entre as mesmas. Afirma Calcaterra que há um passo a passo em direção à autocomposição que inclui, progressivamente: (*i*) a desconstrução do conflito, (*ii*) o restauro da relação social e (*iii*) a coautoria das soluções. Em sua visão, somente após

---

[20] Morton (1973) estabelece distinções entre os processos cooperativos e os processos destrutivos de composição.
[21] O tema é explorado em: Highton e Álvarez (1996:83-90), e em Calcaterra (2002:79-84).
[22] A expressão desconstrução é inspirada no conceito do filósofo francês Jacques Derrida. O termo foi originalmente empregado na análise literária e significa desconstruir um texto escrito no sentido de desmontá-lo (tijolo por tijolo) com o objetivo de entender o processo da sua construção. Ver Johnson (2001).

administrarem o conflito existente entre si — pauta subjetiva — e terem sua relação social minimamente restabelecida — restauro da relação social —,[23] as pessoas podem atuar colaborativamente, construindo soluções de benefício mútuo, em coautoria — pauta objetiva.

As diferentes áreas de aplicabilidade do instituto

Em função dos propósitos de autocompor, buscando soluções de benefício mútuo (ganha-ganha) e, também, de restaurar a relação social, possibilitando a manutenção respeitosa da convivência, as áreas de especial aplicabilidade da Mediação são aquelas que envolvem relações continuadas no tempo — familiar, comunitária, comercial e contratual, relações de trabalho, relações de parceria e de convivência e relações internacionais.

A Mediação Familiar e a Mediação Comunitária são as áreas que ganharam mais destaque e divulgação no cenário mundial, em consequência dos resultados positivos obtidos nos dois campos, geradores de inúmeras obras literárias.

Cresce a utilização do instituto nos setores corporativo e ambiental, por envolverem múltiplos atores e distintos interesses e demandarem processos de diálogo inclusivos — os que contemplam todos os envolvidos — dedicados a soluções de benefício mútuo.

Também com relevante crescimento na prática mundial, cabe mencionar a inclusão da Mediação no rol das Práticas Restaurativas — um guarda-chuva que abriga diferentes meios de resolução de conflitos. Essas práticas trabalharam inicialmente com os conflitos resultantes de atuações agressivas envolvendo vítima e ofensor e, mais recentemente, expandem suas abordagens e princípios para os aspectos violentos da convivência do dia a dia.

---

[23] Entendemos como restauro da relação social o resgate de uma comunicação respeitosa entre pessoas que manterão a convivência no tempo. A palavra "restauro" é muito feliz, uma vez que deixa clara a impossibilidade de volta ao original, acompanhada, no entanto, do empenho em atingi-lo.

Por seu caráter pacificador e gestor de soluções voltadas para uma convivência harmônica no futuro, a Mediação entrou nas escolas[24] e gerou inúmeros programas que ensinam às crianças e aos adolescentes a arte do diálogo como opção primeira para respeitar e negociar diferenças.[25]

Legislada ou não, obrigatória ou não, o mundo vem experimentando essa prática em diferentes áreas de convivência e coroa sua eficácia e eficiência com dois prêmios Nobel da Paz conferidos a ex-presidentes, mediadores de conflitos internacionais: Jimmy Carter, em 2002, e Martii Ahtisaari, em 2008.

Carter, ex-presidente dos EUA (1977-81), foi mediador do primeiro acordo de paz entre um país árabe (Egito) e Israel — o acordo de Camp David, de 1978 —, que motivou o Nobel da Paz também para Menagem Begin (primeiro-ministro de Israel) e Anwar Sadat (presidente do Egito). Supera todas as fronteiras o reconhecimento às ações de Carter em direção à paz mundial — distensão da relação com países comunistas e estabelecimento de relações diplomáticas com a China — e às ações promotoras de direitos humanos e da democracia.

Ahtisaari, ex-presidente da Finlândia (1994-2000), ganha o Nobel da Paz por suas importantes atuações na Indonésia, na Namíbia e em Kosovo, assim como por sua dedicação, por mais de três décadas, à resolução de outros conflitos internacionais.

A utilização da Mediação em políticas públicas é crescente — gestões participativas e inclusivas no tratamento de questões coletivas —, assim como em conflitos político-sociais, como foi o caso do conflito das Irlandas, de Kosovo e da África do Sul, que se beneficiaram do instituto da Mediação no processo de pacificação interna.

---

[24] O mundo já conhece hoje a Educação Restaurativa, que propõe às escolas e aos educadores, em geral, a revisão de suas práticas punitivas e a inclusão de práticas restaurativas — as que privilegiam a assunção da responsabilidade pelos próprios atos, o reconhecimento do dano e a reparação.

[25] No Brasil, o Espírito Santo, através da Secretaria Estadual de Educação, organiza-se para incluir a Mediação em todas as escolas estaduais, como parte de um projeto de políticas públicas.

O momento da Mediação no Brasil e os cuidados relativos ao seu futuro

A oportunidade de abordar o tema "Visão prospectiva da Mediação no Brasil", ocorrida recentemente no I Seminário Interdisciplinar de Mediação de Conflitos do Departamento de Direito da Pontifícia Universidade Católica do Rio de Janeiro (PUC-RJ),[26] inspirou-nos a realizar uma pesquisa informal, com mediadores que atuam em distintos estados da Federação.

A dinâmica da pesquisa solicitava a mediadores e, também, a alguns juízes que informassem sobre os temas que constituíam foco de prática da Mediação em seu estado, bem como sobre os cuidados considerados importantes com relação ao futuro da Mediação no Brasil.

Grata surpresa! Somente não obtivemos informações sobre a prática da Mediação em Roraima, Maranhão, Sergipe, Paraíba e Rio Grande do Norte. Nas demais unidades da Federação, a prática da Mediação se revelou presente. Sobre o âmbito de atuação, nova e gratificante surpresa. Pratica-se Mediação nas áreas: da família e sucessões, escolar, comunitária, empresarial, comercial, cível, penal (Juizados Especiais Criminais — JECrim — e adolescentes infratores), contábil, trabalhista, da saúde, do meio ambiente, do terceiro setor, da engenharia. Constatou-se também a prática na segunda instância de jurisdição e muitos trabalhos voluntários em Tribunais de Justiça de vários estados.

Apesar dos resultados positivos, os participantes da pesquisa temem que não se pratiquem no Brasil critérios específicos para uma capacitação qualificada de mediadores e que, por isso, haja repercussões sobre a qualidade de seu exercício futuro e, consequentemente, sobre a credibilidade do instituto. Os informantes receiam, também, um tratamento hegemônico deste conhecimento, reduzindo o seu campo de prática e conferindo poder por um saber restrito a poucos.

A distorção conceitual entre Mediação e Conciliação integrou a listagem dos temores, uma vez que já se evidencia a pouca, ou nenhuma, discrimi-

---

[26] O seminário, ocorrido em 29, 30 e 31 de outubro de 2008, esteve dedicado àqueles que tinham conhecimento prévio no tema e reuniu palestrantes de reconhecida *expertise* no assunto.

nação com o instituto da Conciliação em alguns Tribunais de Justiça do país, que as tomam como sinônimos. Tal confusão elimina a oferta dos dois instrumentos em separado e, por consequência, todos os benefícios da Mediação, anteriormente identificados.

Os integrantes da pesquisa recomendaram um cuidado minucioso com a capacitação, a educação continuada e a especialização para atuar em distintas áreas. Sugeriram, ainda, que se trabalhe na divulgação do instituto de forma a provocar mudanças paradigmáticas na gestão de conflitos e a ampliar sua utilização. Destacaram, também, como pontos de cuidado, o respeito rigoroso à técnica e aos preceitos éticos, assim como à legitimidade da Mediação Judicial e da Mediação Extrajudicial.

Compilando os dados relativos à visão de futuro sobre o tema, observa-se que houve destaque para a inclusão da Mediação nos currículos universitários de diferentes graduações e para a expansão de sua prática nas áreas da família, da convivência comunitária, das escolas e das empresas. Os participantes da pesquisa viram como certa a ampliação do uso do instituto pelo Judiciário brasileiro e pelos Estados, como instrumento de política pública para distintos temas, incluindo a governança social e a prevenção da violência.

Existem, no Brasil, inúmeras entidades especializadas que oferecem a prática social e privada da Mediação, e algumas tantas que também se dedicam à capacitação. O instituto da Mediação já é disciplina eletiva e disciplina curricular em algumas escolas de direito, assim como em pós-graduações; integra núcleos de prática jurídica, alguns, inclusive, estimulados por um programa de incentivo do Ministério da Justiça,[27] iniciado em 2008.

Assim como em outros países da América Latina, o Brasil vem formatando programas subsidiados por organismos internacionais, como o Banco Interamericano de Desenvolvimento (BID) e o Programa das Nações Unidas para o Desenvolvimento (Pnud). O Programa Nacional de Seguran-

---

[27] O Ministério da Justiça lançou o projeto "Pacificar — Formar para a cidadania e a promoção da paz", de fomento à mediação pacífica de conflitos nos núcleos de prática jurídica das faculdades de Direito. As faculdades concorreram a incentivos financeiros do governo federal mediante a apresentação de propostas que foram julgadas por um comitê especial.

ça Pública com Cidadania (Pronasci), a Secretaria Nacional de Segurança Pública (Senasp) e o Ministério da Justiça têm, igualmente, incentivado a prática da Mediação.

A Mediação de Conflitos e sua regulamentação

Outro tema de que se ocupam brasileiros voltados para as ADRs desde 1998 — quando foi tornado público um primeiro texto de projeto de lei dedicado ao assunto — é o da legislação da Mediação. O texto tem uma redação simples e de espectro abrangente, consubstanciado em sete artigos escritos por uma equipe multidisciplinar,[28] capitaneada, na época, pela deputada estadual de São Paulo, Zulaiê Cobra.

O documento, após passar pela Câmara dos Deputados, ganhou no Senado Federal um substitutivo assinado pelo então senador Pedro Simon e foi aprovado pela Câmara, em 11 de junho de 2006. De volta à Câmara, aguarda nova apreciação.

Em paralelo, a sociedade brasileira movimentou-se em torno do tema e produziu, nos primeiros anos deste milênio, uma versão de projeto de lei, assinada pelo Instituto Brasileiro de Direito Processual,[29] cujo teor integra, em parte, a versão substitutiva oferecida pelo senador Pedro Simon ao Senado Federal.

Até mesmo alguns dos que se posicionaram, anteriormente, em favor da lei estão hoje reticentes com relação à sua aprovação. Segundo eles, talvez a lei faça mais sentido quando um número maior de brasileiros conhecer o instituto e dominar a sua prática, de forma a conferir sustentabilidade à demanda futura.

Outros interessados no assunto pensam que a prática da Mediação poderia prescindir de lei, o que é fato. Para outros tantos, em contrapartida,

---

[28] Integravam a equipe advogados, juristas, psicólogos e psicanalistas.
[29] Em 2003, a versão do Projeto de Lei de Mediação do Instituto Brasileiro de Direito Processual e o texto anteriormente produzido pela equipe coordenada por Zulaiê Cobra fundiram-se em uma nova versão denominada consensuada.

há a crença de que nossa cultura muito se beneficiaria de uma lei de Mediação, em função da legitimidade que um texto de lei confere e da divulgação que promove. Há, ainda, aqueles que acreditam que, a exemplo da província de Quebec, no Canadá, a prática da Mediação poderia ser inserida no Código de Processo Civil.

Em relação aos anteriores, o atual texto do projeto de lei,[30] que já foi em muito aprimorado, estabelece distinção mais nítida entre Mediação e Conciliação, inclui os princípios éticos, deixa de fazer restrição à profissão de origem dos mediadores e exige a capacitação específica para a sua prática. Certamente ainda virá a se beneficiar, no futuro, de uma revisão que o torne mais conciso e trate com maior clareza algumas propostas ali contidas. Como exemplos, a bem aceita proposta da Mediação Prévia facultativa e a polêmica proposta da Mediação Incidental obrigatória que convivem no texto do projeto de lei e motivam discussões em torno do assunto.

A obrigatoriedade de aderir à Mediação é proposição polêmica em virtude da preocupação de ferir a autonomia da vontade. Em realidade, quando está incluída no texto legislativo, estabelece a obrigatoriedade de ir, mas não de fazer, uma vez que ninguém, regido pelo livre-arbítrio, é obrigado a negociar.

Alguns teóricos consideram interessante a obrigatoriedade, somente, da pré-mediação, com a intenção de provocar conhecimento e consequente difusão. Em algumas publicações, esse resultado (conhecimento e difusão) foi apontado como consequente à obrigatoriedade da Mediação, quando está determinada nos textos legislativos — exemplo da capital federal de Buenos Aires e de alguns estados americanos. Por se tratar de fase exclusivamente informativa, a obrigatoriedade da pré-mediação oportunizaria, incontestavelmente e sem provocar tanto desconforto, o contato com a informação sobre noções gerais do instituto por todo o território nacional.

Selando o acolhimento da Mediação em nossa cultura, está a Constituição brasileira, que, em seu preâmbulo, retrata uma sociedade fundada na

---

[30] Disponível em: <www.camara.gov.br/sileg/Prop_Detalhe.asp?id=330610>.

"harmonia social e comprometida, na ordem interna e internacional, com a solução pacífica das controvérsias".

A Mediação concretiza inúmeros princípios constitucionais — do acesso à Justiça, da liberdade, da igualdade substancial, da integridade psicofísica, da solidariedade, da dignidade da pessoa, da cidadania e da pacificação social, entre outros — e já integra a legislação infraconstitucional vigente.[31]

O sistema multiportas brasileiro

No Brasil vem-se atuando, informalmente, com um sistema multiportas de resolução de conflitos. Fazem parte do painel multiportas a Negociação, a Conciliação, a Mediação, a Arbitragem e a Resolução Judicial. Nosso projeto de lei sugere, ainda, mais uma porta — a Avaliação Neutra de Terceiro.

Como em nossa cultura Mediação e Conciliação são oferecidas lado a lado, é de suma importância que se faça especial distinção entre ambos os institutos, para que se possam usufruir os benefícios e resultados que oferecem. Habitualmente, a prática da Conciliação no Brasil é intuitiva e não precedida de capacitação específica. Inexistem propostas teóricas e técnicas embasando seu exercício, que está voltado primordialmente para a construção de acordos. Os conciliadores, estudantes de direito, psicólogos e assistentes sociais, em sua maioria, trabalham voluntariamente nos Tribunais de Justiça e utilizam seu perfil pessoal pacificador para conduzir as pessoas a uma composição amigável. O restauro da relação social não é objeto da Conciliação.

Mediação é um termo utilizado pelas pessoas em geral, o que reafirma a proposta da adequada diferenciação. Certamente qualquer um já se percebeu mediando várias situações no dia a dia, seja no exercício de suas funções — como pais, advogados, terapeutas, líderes religiosos ou sociais —,

---

[31] O Estatuto Nacional da Microempresa e da Empresa de Pequeno Porte — art. 75 da LC nº 123/2006 — estimula a utilização da Mediação: "As microempresas e empresas de pequeno porte deverão ser estimuladas a utilizar os institutos de conciliação, mediação e arbitragem para solução dos seus conflitos".

seja como cidadão comum. A antropologia, por exemplo, considera Luiz Gonzaga um mediador da cultura nordestina brasileira[32] e a literatura midiática[33] considera os filmes americanos da década de 1950 mediadores socioculturais por terem divulgado para o mundo hábitos e recursos americanos da época, como o aspirador de pó, a torradeira elétrica, a geladeira de dois andares etc.

Confundir Mediação com Conciliação retirará de nós a possibilidade de bem usufruir os diferentes alcances sociais e as distintas utilidades dos dois recursos.

Por incluir o restauro da relação social, partilhamos da ideia de que a Mediação tem especial aplicabilidade para as relações que irão continuar no tempo. Consideramos, em contrapartida, que a Conciliação poderá ocupar-se de todos os outros temas que permitam transação e que envolvam pessoas que não continuarão a manter um relacionamento social — algumas relações de consumo e de prestação de serviços, acidentes de trânsito, entre outras.

Uma pesquisa realizada no Brasil, em 2007/2008, pela Universidade de Saint Thomas (Minneapolis), coordenada pela venezuelana Mariana Hernandez Crespo, professora de direito daquela universidade, compilou o pensamento de um grupo de brasileiros sobre a existência formal de um sistema multiportas de resolução de conflitos para o Brasil.[34]

Mariana Crespo reuniu cerca de 35 brasileiros em sete grupos de, em média, cinco participantes — magistrados, advogados, docentes universitários, empresários, estudantes de direito, representantes de organizações não governamentais (ONGs) e de comunidades de baixo poder aquisitivo (favelas) — e formulou três perguntas: (*i*) como os brasileiros percebiam o seu sistema de resolução de conflitos?; (*ii*) consideravam provável a im-

---

[32] Velho e Kuschnir, 2001.
[33] Martín-Barbero, 2001.
[34] A pesquisa foi publicada pela Law School da Cardozo University, de Nova York: Mariana Hernandez Crespo, "A systemic perspective of ADR in Latin America: enhancing the shadow of the law through citizen participation", *Cardozo Journal of Dispute Resolution*, 10, p. 91-129, Fall 2008.

plantação de um sistema multiportas de resolução de conflitos no cenário brasileiro?; e (*iii*) caso o sistema multiportas viesse a ser implantado, que elementos considerariam importantes para esse processo?

Os participantes da pesquisa, integrantes de quatro estados da federação (Rio de Janeiro, São Paulo, Ceará e Minas Gerais), assinalaram sua insatisfação com o sistema judicial — morosidade, burocracia, necessidade de aprimoramento técnico dos operadores do direito — e identificaram a Resolução Judicial como o método de administração de controvérsias mais utilizado em nossa cultura. Reconheceram, no entanto, inúmeros movimentos de mudança no sistema judicial, como os Juizados Especiais e a Justiça Itinerante, e manifestaram desejo de consolidação da reforma do Judiciário, iniciada em 1994.

Com relação aos Métodos Alternativos de Resolução de Controvérsias, demonstraram simpatia. A Mediação foi destacada pelos participantes como um método inclusivo que reforça o exercício da cidadania, atua com transparência e pode ser eleito pelas próprias pessoas para administrar suas controvérsias.

Foram vistas com bons olhos a possibilidade de as pessoas serem informadas por um técnico do Judiciário sobre as diferentes portas de resolução de conflitos — etapa preliminar à escolha —, assim como a de elegerem o método depois de terem sido informadas acerca do leque de opções. Houve explícita manifestação favorável à prática desses métodos dentro e fora do Judiciário, por terceiros integrantes do corpo efetivo dos Tribunais de Justiça e por terceiros atuantes em entidades especializadas ou em comunidades.

Para a implantação do sistema multiportas no Brasil, foi identificada a necessidade de ampla divulgação dos diferentes meios de resolução de conflitos — é nítido o nosso desconhecimento a respeito —, com a inclusão da Mediação nas grades curriculares de diferentes cursos de graduação. O maior temor manifestado pelos entrevistados com relação à implantação desse sistema está relacionado com a prática não qualificada, que colocaria em risco o instituto da Mediação — resultados e credibilidade.

Índices de avaliação de resultados

Quais critérios deveríamos utilizar para avaliar a eficácia e a eficiência da Mediação? Critérios quantitativos ou qualitativos?

No campo da resolução de conflitos, a tendência é ater-se a resultados imediatos que traduzam numericamente as composições obtidas, a satisfação relativa ao consensuado, a redução de custos financeiros e o índice de cumprimento dos acordos. Estatísticas americanas apontam índices entre 80% e 90% de composições obtidas pela Mediação.

Alguns dados numéricos advindos da experiência argentina podem nos entusiasmar.[35] Esses dados têm como base de leitura dois elementos: o período de prática da Mediação compreendido entre 1997 e 2006, na vigência da Lei de Mediação da capital federal, que é pré-judicial e obrigatória, e o fato de 90% dessas mediações terem sido feitas em âmbito privado.

A pesquisa de Sergio Abrevaya constata que, mesmo com o crescimento econômico ocorrido no período da coleta de dados, natural gerador do aumento de ingresso de causas no Judiciário, houve, na verdade, decréscimo de 34% nesse ingresso. Ainda segundo o estudo, foi de 50% a redução na falta de cumprimento dos acordos obtidos em Mediação no período. Ambos os dados ratificam expectativas mundiais: o primeiro dado, a de redução no aporte de novos casos ao Judiciário quando a Mediação faz parte das opções de resolução de conflitos; o segundo, a expectativa de que a genuína autoria das partes na Mediação contribui, enormemente, para o cumprimento dos acordos.

São evidentes, também, as repercussões sociais e econômicas decorrentes da celeridade, da satisfação das partes e da execução espontânea do acordado. No entanto, somente a médio e a longo prazos saberemos, se investigarmos, a respeito das repercussões da Mediação sobre a manutenção e a qualidade da relação social de pessoas que tiveram desacordos tratados pelo instituto e sobre a prevenção de novas desavenças.

---

[35] Abrevaya, 2008.

Apesar de as estatísticas numéricas oferecerem importantes indicadores, estes são insuficientes para avaliar o alcance dos resultados sociais e políticos da Mediação. Não é mais possível prescindir de análises qualitativas ao se avaliar processos que atuam sobre as relações humanas. Para os nossos vizinhos argentinos, por exemplo, a Mediação "modificou a cultura contenciosa dos advogados, humanizou o conceito de justiça e colocou o futuro como norteador para a resolução de conflitos".[36] Esses são dados sociais e políticos de reconhecida relevância para o campo da resolução de conflitos, que ficam registrados pela nossa percepção mais do que por nossas pesquisas qualitativas.

Sabemos que a cultura de pacificação consequente à Mediação também oferece impacto sobre os conflitos que não se judicializam — caso de algumas questões comunitárias e de outras do âmbito escolar —, mas que se beneficiam hoje da prática da Medição como atuação nitidamente preventiva.

Considerações finais

A Mediação remete à ética das virtudes, proposta por Aristóteles, ao solicitar das pessoas que, pautadas pela boa-fé e pela consideração com o outro, construam, a cada momento da convivência — não somente em situações de impasse —, soluções fundadas no respeito ao outro e no benefício mútuo. É um convite pautado no respeito ao outro a partir da avaliação interna e pessoal de cada sujeito e não a partir de leis externas estabelecidas pela sociedade.

O mundo moderno e sua lógica cartesiana nos ofereceram uma profusão de conhecimentos e propostas de ação pautados nos binômios *causa/efeito* e *problema/resolução*; esses conhecimentos e ações não se ocuparam, necessária e determinadamente, da sustentabilidade com respeito ao que se propunha para combater as causas ou para resolver os problemas.

---

[36] Abrevaya, 2008:91.

O pensamento sistêmico, a física quântica, a visão ecológica da existência humana — atores do pensamento pós-moderno — chamaram a atenção do homem para a interdependência e para o fato de que o combate às causas dos problemas e a resolução deles deveriam ser pensados em termos de resultado a longo prazo — tendo o futuro distante como horizonte. Surge, assim, para o homem o necessário encantamento pela sustentabilidade.

Esse é o cenário temporal que gera a Mediação como meio de prevenção e de resolução de controvérsias. Esse é o instituto que se dispõe a resolver problemas de maneira que as causas e os efeitos do passado não se repitam ou sejam manejados de maneira a não comprometer a sustentabilidade da convivência pacífica.

Nascida na pós-modernidade, a Mediação faz jus à sua época e se apresenta transdisciplinar e abrangente no campo da resolução de controvérsias. Propõe que a autocomposição venha acompanhada do restauro da relação social, permite a ampliação da pauta de negociação, a partir da oitiva das partes, para incluir também questões novas ou aquelas de natureza subjetiva, e cuida de temas que não possuem tutela jurídica.

É transformativa e restaurativa em si, independentemente da escola teórica que norteie o trabalho ou da metodologia utilizada. Tem um dinamismo próprio aos novos tempos.

A entrada da Mediação na vida dos sujeitos em formação — escolas e universidades — certamente modificará o cenário da resolução de conflitos no futuro e contribuirá para a formação de pessoas mais afeitas ao diálogo e à convivência com as perplexidades e pluralidades inerentes à natureza humana.

Referências

ABREVAYA, Sergio F. *Mediación prejudicial*. Buenos Aires: Librería Editorial Histórica, 2008.

ÁLVAREZ, Gladys S.; HIGHTON, Elena I.; JASSAN, Elias. *Mediación y justicia*. Buenos Aires: Depalma, 1996.

BERTALANFFY, Ludwig von. *Teria geral dos sistemas*. Petrópolis: Vozes, 1977.

BUSH, Robert A. Baruch; FOLGER, Joseph P. *The promisse of mediation:* the transformative approach to conflict. San Francisco: Jossay Bass, 2004.

CALCATERRA, Rubén A. *Mediación estratégica*. Barcelona: Gedisa, 2002.

CAPRA, Fridjof. *O ponto de mutação*. São Paulo: Cultrix, 1982.

CASTELLS, Manuel. *A sociedade em rede*. São Paulo: Paz e Terra, 1999.

CONSTANTINO, Cathy A.; MERCHANT, Christina S. *Designing conflict management systems:* a guide to creating productive and healthy organizations. San Francisco: Jossay Bass, 1996.

FIORELLI, José O.; MALHADAS JUNIOR, Marcos Júlio O., MORAES, Daniel, L. *Psicologia na Mediação:* inovando a gestão de conflitos interpessoais e organizacionais. São Paulo: LTr, 2004.

HIGHTON, Elena I.; ÁLVAREZ, Gladys S. *Mediación para resolver conflictos*. Buenos Aires: Ad-Hoc, 1996.

ISAACS, William. *Dialogue and the art of thinking together*: a pioneering approach to communicating in business and in life. New York: Currency, 1999.

JOHNSON, Christopher. *Derrida:* a cena da escritura. São Paulo: Unesp, 2001.

MAINGUENEAU, Dominique. *Novas tendências em análise do discurso*. Campinas: Editora da Unicamp, 1997.

MARTÍN-BARBERO, Jesús. *Dos meios às mediações:* comunicação, cultura e hegemonia. Rio de Janeiro: UFRJ, 2001.

MORTON, Deutsch. *The resolution of conflict*: constructive and destructive process. London: Yale University Press, 1973.

SLUZKI, Carlos E. *A rede social na prática sistêmica:* alternativas terapêuticas. São Paulo: Casa do Psicólogo, 1997.

SUARES, Marines. *Mediación, conducción de disputas, comunicación y técnicas*. Buenos Aires: Paidós, 1996.

URY,William; FISHER, Roger. *Getting to yes*. New York: Houghton Mifflin Company, 1981.

VASCONCELLOS, Maria José E. *Pensamento sistêmico:* o novo paradigma da ciência. São Paulo: Papirus, 2002.

VELHO, Gilberto; KUSCHNIR, Karina. *Mediação, cultura e política*. Rio de Janeiro: Aeroplano, 2001.

WARAT, Luis Alberto. *O ofício do mediador*. Florianópolis: Habitus, 2001. v. I.

WATANABE, Kazuo. *Acesso à justiça e sociedade moderna*. In: GRINOVER, Ada Pellegrini et al. (Orgs.). São Paulo: Revista dos Tribunais, 1988.

WATZLAWICK, Paul; BEAVIN, Janet H.; JACKSON, Don D. *Pragmática da comunicação humana*: um estudo dos padrões, patologias e paradoxos da interação. São Paulo: Cultrix, 1967.

WINSLADE, John; MONK, Gerald. *Practicing narrative mediation:* loosening the grip of conflict. San Francisco: Jossay Bass, 2008.

A efetividade dos Juizados Especiais Cíveis: uma análise empírica[*]

LESLIE SHÉRIDA FERRAZ

Introdução

Considerados a mais radical inovação do processo civil dos últimos anos,[1] os Juizados Especiais foram criados para facilitar o acesso à justiça, por meio da instituição de Cortes simples, ágeis, acessíveis e adequadas ao tratamento de causas de menor valor ou complexidade.

As estatísticas do Conselho Nacional de Justiça demonstram que os Juizados Especiais Cíveis têm uma procura muito significativa: em termos genéricos, respondem por cerca de um terço da movimentação dos tribunais estaduais,[2] com tendência de crescimento. Em algumas unidades da federação, o número de feitos dos juizados supera ou é muito próximo ao acervo do próprio Juízo ordinário.[3]

---

[*] Este trabalho foi elaborado a partir da minha tese de doutorado, intitulada *Juizados Especiais Cíveis e acesso à justiça qualificado: uma análise empírica*. Meus agradecimentos ao Cebepej (Centro Brasileiro de Estudos e Pesquisas Judiciais), ao dr. Kazuo Watanabe e à dra. Maria Tereza Sadek pela orientação, e aos pesquisadores da FGV Direito Rio pelas preciosas sugestões para aprimoramento deste texto.

[1] Whelan, 1990:1.

[2] Coincidentemente, essa é a mesma proporção das *small claims* nas Civil Courts americanas (34%). *National Center for State Courts*. Disponível em: <www.ncsconline.org.br/D_research/csp/2006_files?civil.pdf>. Acesso em: 20 dez. 2008.

[3] Disponível em: <www.cnj.gov.br/index.php?option=com_content&task=blogcategory&id=97&Itemid=245>. Acesso em: 20 nov. 2008.

Uma vez constatado o grande volume de demandas nos Juizados de Pequenas Causas, é preciso avaliar a *forma de solução dos conflitos* submetidos a esta arena diferenciada, já que, como observa,[4] é possível que o bloqueio do acesso à justiça possa estar menos na entrada dos conflitos, e mais na *saída* das decisões.

Nesse contexto, o objetivo deste trabalho é apresentar um mapeamento estatístico das formas de solução de conflitos nos Juizados Especiais Cíveis.

A abordagem empírica busca alinhar este estudo às tendências modernas da processualística, que reclamam pela *pesquisa experimental*, em detrimento da análise tipicamente formalista, dogmática e indiferente aos reais problemas dos tribunais.[5]

Metodologia

A metodologia consiste em pesquisa empírica (quantitativa e qualitativa) e levantamento bibliográfico.

Os dados estatísticos foram extraídos do banco de dados da Pesquisa Nacional sobre os Juizados Especiais Cíveis realizada pelo Cebepej (Centro Brasileiro de Estudos e Pesquisas Judiciais), em parceria com a Secretaria de Reforma do Judiciário do Ministério da Justiça, em que atuei como coordenadora executiva.[6]

Para a montagem da amostra que permitisse extrapolar os resultados a toda população (5.802 processos) e para a realização dos trabalhos de campo, obedeceu-se aos seguintes procedimentos:

- Dada a reconhecida heterogeneidade econômica, social, cultural e de acesso à justiça existente no país, foram construídas amostras que permitissem representar essa diversidade. Para tanto, selecionou-se nove capitais com diferentes características socioeconômicas, de todas as regiões brasileiras:

---

[4] Falcão, 1996:273.
[5] Cappelletti e Garth (2002:12-13); no mesmo sentido, Friedman (1989:17).
[6] Veja o relatório *Juizados Especiais Cíveis: estudo* em <www.cebepej.org.br/DJEC.pdf>. Acesso em: 2 jan. 2009.

Belém (PA); Belo Horizonte (MG); Fortaleza (CE); Goiânia (GO); Macapá (AP); Porto Alegre (RS); Rio de Janeiro (RJ); Salvador (BA) e São Paulo (SP).
- Levantou-se os dados referentes a toda a movimentação processual nos juizados em cada uma das capitais, atentando às suas diversidades socioeconômicas e eventual existência de varas especializadas. Com base nessas informações, foram selecionados os juizados a serem pesquisados.
- No interior de cada juizado selecionado foi feita uma amostra representativa dos processos distribuídos no ano pesquisado.
- Elaborou-se uma ficha para recolher as informações nos autos processuais.
- Criou-se um banco de dados com todas as informações obtidas, tornando possível elaborar o diagnóstico dos Juizados Especiais Cíveis brasileiros e a comparação entre as diversas unidades da federação.

Os dados qualitativos (observação do funcionamento dos juizados e entrevistas abertas com operadores do sistema) foram colhidos durante a realização dos trabalhos de campo nas nove capitais selecionadas.

Finalidades dos Juizados Especiais Cíveis

Considerando a *efetividade* como a coincidência entre as finalidades pretendidas e os resultados alcançados, analiso os escopos institucionais dos juizados para, em seguida, avaliar o seu funcionamento.

Os Juizados Especiais foram concebidos para *facilitar o acesso à justiça*, a partir da constatação de que causas de pequena expressão econômica não estavam sendo levadas à apreciação do Poder Judiciário — quer pela descrença generalizada nesse órgão; quer pela desproporção entre o valor reclamado e os custos processuais; quer pela desinformação e/ou alienação da população brasileira.[7] Pretendia-se, assim, criar um sistema apto a solucionar os conflitos cotidianos de forma pronta, eficaz e sem muitos gastos.

---

[7] Dinamarco, Grinover e Watanabe, 1988:117.

Ao lado da promoção do acesso à justiça, o legislador pretendia atingir outros escopos com a criação dos juizados, como o resgate da credibilidade no Judiciário, a participação popular na administração da justiça e a mudança de mentalidade dos operadores de direito.[8]

Por fim, e mais importante, para que a prestação jurisdicional fosse adequada aos tipos de demanda solucionadas nos Tribunais de Pequenas Causas, instituiu-se uma nova modalidade de prática judiciária calcada essencialmente na lógica da *composição amigável* em detrimento da *decisão judicial*.

Atendendo à necessidade de lidar com a especialidade, os juizados foram uma resposta do Judiciário para tratar, de forma *adequada*, das demandas menos complexas, que reclamam por uma solução simples, rápida e sem muitos custos — sob pena de não valer a pena lutar por sua recuperação.

Assim, como anota André Luiz Faisting (1999:43-59), com a instalação dos Juizados Especiais Cíveis no Brasil ocorreu um processo de *dupla institucionalização* do Poder Judiciário, coexistindo a justiça formal, calcada na decisão, e a justiça informal, embasada na *conciliação*.

A conciliação é técnica extremamente vantajosa: no tocante aos aspectos procedimentais, por dispensar a produção probatória e discussões de ordem técnica[9] — reduzindo, por via oblíqua, a excessiva burocratização da justiça —[10] promove a deformalização[11] do processo e possibilita a desejada obtenção de resultados rápidos e baratos.[12]

Por ser tarefa atribuída ao conciliador — em observância às modernas tendências de inserção de profissionais paralegais no sistema de justiça —,[13]

---

[8] Watanabe, 1985:1-3, 7.
[9] Para Owen Fiss (2004:136), a dispensa da instrução é um dos "apelos" do acordo.
[10] Watanabe, 1985:7.
[11] Sobre a deformalização, veja interessante artigo de Earl Johnson Jr. (1981:195 e segs.) que, num exercício futurista sobre os possíveis desenhos institucionais do Poder Judiciário, prevê, entre os quatro modelos possíveis, o da máxima deformalização do sistema de justiça.
[12] Grinover, 1990:179.
[13] Cappelletti e Garth, 2002:145.

possibilita um racionamento do trabalho do juiz, desonerando sua pauta, em obediência aos princípios da celeridade e da economia processual e, ainda, da garantia constitucional da duração razoável do processo.

Sob a ótica dos usuários, a possibilidade de negociar uma solução mais satisfatória ao litígio (com a substituição do binômio "perde-ganha" pela solução "ganha-ganha") faz da conciliação uma importante ferramenta na busca da pacificação social.[14]

Em virtude de sua informalidade, a conciliação possibilita a atuação direta das partes, dispensando o defensor. Assim, o objeto da discussão é ampliado, de modo a atingir as verdadeiras causas do conflito.[15]

Pesquisas realizadas nos Estados Unidos apontam que (i) os sujeitos que resolvem seus conflitos de forma amigável têm um grau de satisfação maior do que aqueles que têm seu litígio solucionado por uma sentença judicial e (ii) a probabilidade de se ter o recebimento efetivo do bem é maior no primeiro caso,[16] pois o devedor participa da elaboração dos termos do pagamento.[17] Ainda, como observa Deborah Rodhe (2004:21), a participação dos envolvidos na solução do conflito também traz ganhos à *qualidade* da resposta encontrada.

Apresentação dos resultados

A excelência da prestação jurisdicional depende diretamente da *pertinência* da tutela que lhe é deferida.[18] Assim, como mencionado, é indispensável que o Judiciário aprenda a lidar com a diversidade,[19] prevendo mecanismos apropriados para a solução dos diversos tipos de demanda.[20]

---

[14] Sales, 2003:65.
[15] Watanabe, 1985:7.
[16] Goerdt (1992:24-25). Em sentido contrário, Owen Fiss (2004:139) anota que o acordo não conta com o mesmo tipo de comprometimento para observância do que uma decisão judicial resultante de instrução e julgamento.
[17] Cappelletti, 1994:83.
[18] Passos, 1988:84.
[19] Faria, 1992:145.
[20] Watanabe, 1985:132.

Nesse contexto, as respostas dadas pelos Juizados Especiais aos conflitos que lhes são apresentados são um indicativo importante de seu funcionamento adequado. A tabela 1 traz informações acerca da forma como todos os casos da amostra foram finalizados: (*i*) acordos; (*ii*) sentenças de mérito (procedentes ou improcedentes); (*iii*) desistência do autor e (*iv*) extinção do processo sem julgamento de mérito por questões processuais (incompetência e carência de ação).

Tabela 1 | Forma de solução de conflitos nos Juizados Especiais Cíveis*

Estado	Acordo Nº	%	Sentença de mérito Nº	%	Desistência do autor Nº	%	Incompetência Nº	%	Carência de ação Nº	%
AP	248	40,4	81	13,2	196	31,9	15	2,4	50	8,1
BA	310	38,8	222	27,8	229	28,7	09	1,1	06	0,8
CE	440	71,7	79	12,9	75	12,2	08	1,3	05	0,8
GO	161	26,3	240	39,2	164	26,8	25	4,1	11	1,8
MG	253	40,9	176	28,4	154	24,9	24	3,9	07	1,1
PA	179	33,6	144	27,0	178	33,4	17	3,2	08	1,5
RJ	250	37,7	255	38,4	116	17,5	28	4,2	12	1,8
RS	140	28,9	204	42,1	85	17,5	36	7,4	12	2,5
SP	213	33,0	246	38,1	163	25,2	05	0,8	11	1,7
BR	2.194	39,3	1.647**	29,5	1.360	24,4	167	3,0	122	2,2

* Foram avaliados 5.585 casos.
** Há um *missing* de 13 casos (0,7%). Na maioria absoluta dos casos, o autor vence a demanda em 1º grau — 50% das sentenças (836 casos) são totalmente procedentes; 28,8% (481 casos) das sentenças são parcialmente procedentes, e apenas 20,5% (343 casos) são improcedentes. Veja o detalhamento dos estados em Cebepej (2006:35).

Na média nacional, a principal forma de solução de conflitos nos juizados é o acordo (39,3%) — embora em Goiás, Rio de Janeiro, Rio Grande do Sul e São Paulo a solução adjudicada supere a composição amigável. Como a arbitragem não foi devidamente instituída, os litígios que não são solucionados por acerto são resolvidos por sentença (29,5% dos casos, chegando a 34,7% se somados os casos de extinção sem julgamento de mérito). O restante das demandas (24,4%) tange a casos de desinteresse do autor.

A figura 1 reproduz as informações apresentadas na tabela 1, enfatizando, em todas as modalidades de solução de conflitos, as importantes variações entre os estados, que serão discutidas a seguir.

Figura 1 | Forma de solução de conflitos nos Juizados Especiais Cíveis

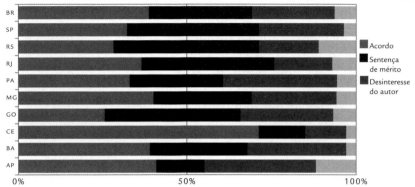

Fontes: Elaboração própria a partir de dados do Cebepej (2006).

Discussão dos resultados

1. Acordos (39,3% dos casos)

Como demonstrado, em razão das suas finalidades (facilitar o acesso à justiça pela instituição de uma Corte simples, rápida, informal e barata) e da natureza das demandas julgadas nesta arena (causas de pequeno valor ou complexidade), *a conciliação é o método mais adequado para solucionar os conflitos levados às pequenas Cortes.*

Tabela 2 | Acordos firmados em qualquer fase procedimental (JECs)

Estado	Acordo firmados na AC Nº	%	Acordo firmados na AIJ Nº	%	Acordo totais* (inclusive extrajudiciais) Nº	%
AP	232	45,9	20	27,8	248**	40,4
BA	271	34,9	43	16,5	310**	38,8
CE	411	69,0	15	19,7	440	71,7
GO	119	28,1	19	14,7	161	26,3
MG	178	32,7	59	27,4	253	40,9
PA	124	24,3	55	25,7	179	33,6
RJ	164	26,2	78	21,6	250	37,7
RS	95	21,3	41	20,6	140	28,9
SP	117	22,0	45	16,9	213	33,0
BR (total)	1.711	34,5	375	20,9	2.194	39,3
BR (sem CE)	1.300	28,6	360	20,1	1.754	32,9

* O universo dos casos avaliados altera-se de acordo com a variável investigada. Deste modo, o percentual de acordos na sessão conciliatória refere-se a todos os casos submetidos a esta prática (4.962 casos); da mesma forma, os índices de acerto obtidos na instrução foram computados em relação aos casos em que a audiência foi realizada (1.792 casos). Por fim, para avaliar o número total de acordos, tomei por base o número de sentenças homologatórias de acordo, de modo a computar, inclusive, os acertos firmados extrajudicialmente (num universo de 5.585 casos).
** Missing de quatro casos.

Fonte: Banco de dados Cebepej (2006).

A tabela 2 apresenta, além dos acordos totais, os índices de acertos obtidos na audiência de conciliação (AC) e na audiência de instrução e julgamento (AIJ) em todos os estados pesquisados, além da média nacional.

De forma geral, o índice de acordos firmados na audiência de conciliação é de 34,5% na média nacional, caindo para 28,6% quando o Ceará (que apresenta uma discrepância muito grande em relação aos demais estados) é excluído do cálculo.

As variações entre as unidades da federação são bastante significativas, revelando a heterogeneidade dos juizados. Nesse sentido, a amostra pode ser dividida em três grupos: Goiás, Rio de Janeiro, São Paulo e Rio Grande do Sul, com 20% a 30% de acordos; Bahia e Minas Gerais, com 30% a 35% e, por fim, Ceará e Amapá, com índices expressivamente superiores à média nacional (69% e 45,9%, respectivamente).

Como podem ser explicadas as intensas disparidades entre as unidades da federação?

As políticas adotadas localmente têm grande impacto no funcionamento dos Juizados Especiais Cíveis.

A *performance* diferenciada de Fortaleza — equivalente ao dobro da média nacional — justifica-se pelo investimento, da Coordenadoria dos Tribunais de Pequenas Causas, nos Juizados Itinerantes de Trânsito.

Trata-se de *vans* que funcionam 24 horas, todos os dias, com uma equipe de conciliadores e servidores judiciais que se deslocam para o local dos acidentes de automóvel logo depois de sua ocorrência, sempre em busca da promoção do acerto. Pela natureza do conflito (exclusivamente patrimonial) e pelo momento em que é solucionado (logo depois do acidente), os acordos atingem patamares bastante satisfatórios.

No Amapá, onde o percentual de acordos firmados também é superior à média nacional (45,9%), há uma política de investimento na conciliação, com diversos projetos instituídos para esse fim: *Sábado é dia de conciliar* — que possibilita às partes resolver suas contendas sem perder dia de trabalho; *Arraial da conciliação*, em que se organiza uma festa junina nas dependências dos juizados, com comidas e danças típicas, para apaziguar os ânimos dos litigantes e, por fim, o *Spa da conciliação*, que busca propiciar um ambiente acolhedor, por meio da distribuição de sachês aromáticos, chás relaxantes, palestras proferidas por psicólogos acerca dos benefícios do acerto e até massagens.

Ademais — a partir da aferição de que a maioria das ações propostas pelas microempresas tange à execução ou cobrança[21] e que há altos índices de acordo nesse tipo de demanda, em razão de seu caráter eminentemente patrimonial —, a juíza coordenadora instituiu, no Juizado da Microempresa, um procedimento ainda mais simplificado, em que os acordos são feitos por escrito, através de propostas intermediadas pelo cartório. O percentual de acordos obtidos também é bastante alto e, de quebra, a pauta dos conciliadores e do magistrado é desonerada.

Ainda no que tange ao reflexo das políticas locais na atuação dos juizados, os estados com melhores índices de acerto — Amapá, Bahia, Ceará e Minas Gerais — têm programas de capacitação e aperfeiçoamento de seus conciliadores. Por sua vez, os estados com pior desempenho (São Paulo, Rio Grande do Sul e Pará) não contavam, na época da coleta dos dados, com nenhum tipo de treinamento dos seus conciliadores.

Em entrevistas abertas realizadas com juízes paulistas, eles se queixaram da má qualidade dos acordos firmados — o que os tornava impassíveis de serem cumpridos ou executados —, da falta de preparo técnico e de vivência dos conciliadores e da sua alta rotatividade, o que os impedia de formar um corpo permanente e coeso de mediadores. Contudo, quando questionados se não poderiam tentar reverter esse quadro, todos responderam que o excessivo volume de trabalho não permitia que se ocupassem de tarefas alheias à atividade judicante.[22]

Com o cômputo de acordos firmados perante o juiz e em negociação privada entre as partes, a média nacional de acordos sobe de 34,5% (28,6% sem computar o Ceará), para 39,3% (32,9% com a exclusão daquele estado).

---

[21] Pesquisa estatística realizada em Montana, da mesma forma, constatou que as demandas propostas por empresas são mais simples e facilmente comprováveis, pois tangem, em sua maioria, a cobrança ou execução de contratos (Alexander, 1983:227-249).
[22] Entrevistas abertas realizadas com juízes dos Juizados Especiais da comarca de São Paulo.

Nesse quadro, o *ranking* entre os estados varia: Minas Gerais (40,9%) iguala-se a Macapá (40,5%) na vice-liderança, e os índices de São Paulo chegam a subir 11 pontos percentuais — não tanto por força do empenho do juiz na composição das partes, mas graças ao expressivo número de acordos firmados extrajudicialmente. Por seu turno, os percentuais de Goiás sofrem uma queda de 2% nos índices de acerto promovidos.

No tocante aos acordos firmados na audiência de instrução e julgamento, percebe-se que, com exceção do Pará, os percentuais são inferiores aos atingidos na audiência conciliatória. Isso significa que os magistrados promovem menos acertos que os conciliadores.

Este fato pode ser justificado pela prevalência, entre os magistrados brasileiros, da "cultura da sentença", em detrimento da "cultura da pacificação". Para o defensor desta tese, Kazuo Watanabe (2005:684-690), esse fenômeno decorre: (*i*) da formação acadêmica de nossos operadores, voltada essencialmente para a solução contenciosa e adjudicada dos conflitos;[23] (*ii*) da mentalidade litigiosa que impera na práxis forense, agravada pelo excessivo volume de trabalho dos juízes; (*iii*) do preconceito dos juízes, com a falsa percepção de que a conciliação é "menos nobre" que a decisão judicial; (*iv*) do receio de que sua avaliação seja negativa se não produzirem sentenças, já que os acordos obtidos não seriam computados em suas estatísticas.

Outra justificativa para os baixos percentuais de acordos e para a diversidade entre os estados toca ao tipo de demanda processada nos juizados. Já tive a oportunidade de demonstrar empiricamente que as demandas de consumo apresentam, por sua natureza, menor probabilidade de uma solução compositiva. E é justamente este tipo de demanda que predomina na maioria dos juizados brasileiros, com exceção de Amapá e Pará, justamente os estados que apresentam maiores índices de acordos.[24]

---

[23] Atenta à necessidade de formar operadores do direito com sensibilidade para meios de solução de conflitos diversos da adjudicação, a FGV Direito Rio inseriu, em sua grade curricular dos cursos da graduação, mestrado e MBAs, disciplinas que tratam da conciliação, mediação, arbitragem e negociação.
[24] Veja Cebepej (2006) e, ainda, Ferraz (2008:110 e segs.).

É que as ações de consumo, não raro, ocultam interesses de impacto coletivo, como as que envolvem contestação da assinatura básica de telefonia ou o reajuste de poupança (Plano Verão). Por isso, seu processamento na estrutura simplificada dos juizados é completamente inadequado. Nesse contexto, afere-se que outro ponto crucial para a obtenção de bons índices de acordos é a **seletividade** das demandas submetidas a esta arena especializada.

2. Sentenças de mérito (29,5% dos casos)

As decisões judiciais respondem por aproximadamente um terço de toda a amostra, com índices superiores à média nacional em Goiás (39,2%), Rio de Janeiro (38,4%), Rio Grande do Sul (42,1%) e São Paulo (38,1%), que solucionam as demandas majoritariamente pela sentença em detrimento da composição amigável.

A grande participação das decisões judiciais nas pequenas causas parece ser um indicativo de que, nesse aspecto, os juizados estão afastando-se de seus escopos institucionais, já que a "cultura do acordo" está sendo substituída pela "solução adjudicada".

Nas entrevistas realizadas durante os trabalhos de campo, diversos juízes declararam achar muito mais trabalhoso promover um acordo do que proferir uma decisão. Certamente, esse comportamento é fruto da formação litigiosa dos operadores do direito, inábeis para promover a composição das partes.[25] Mais uma vez, surge a necessidade de sensibilizar e capacitar os juízes nas técnicas conciliatórias, além de avaliá-los não apenas pela produtividade de sentenças, mas por sua capacidade de obter acordos.

As desvantagens da substituição do *acordo* pela *sentença* são evidentes: os juizados especiais tornam-se cortes *burocráticas* — pois a sentença de mérito pressupõe a produção probatória, realização de audiência, contestação, oitiva de testemunhas etc. — e *lentas*, já que, enquanto uma demanda soluciona-

---

[25] Ver, neste livro, no item 1 (p. 219), o percentual de acordos firmados nos JECs.

da por acordo firmado na audiência conciliatória dura, em média, 83 dias, a proferição de uma sentença de mérito leva, na média nacional, 193 dias.

Como se não bastasse, diversamente do acordo, a sentença é atacável por recurso, o que pode aumentar o tempo médio de encerramento da demanda para 392 dias.

Outro inconveniente da decisão judicial é que suas chances de cumprimento espontâneo são inferiores às do acordo, já que o devedor *não* participa da formulação dos termos do pagamento. Deste modo, as chances de a decisão ser executada são muito maiores, o que compromete a duração do processo. Para se ter uma ideia, nos casos em que a sentença é atacada por recurso e depois executada, o autor precisa aguardar 693 dias, ou seja, praticamente dois anos para receber o bem a que faz *jus*.[26]

3. Desistência do autor (24,2% dos casos)

Como se não bastasse a vastidão de questões não submetidas ao Poder Judiciário, que acabam por renúncia ou por desconhecimento do direito, fração considerável das demandas ajuizadas nas pequenas Cortes também termina sem uma solução efetiva, ou, ao menos, conhecida.

Os casos encerrados por desistência do reclamante totalizam, na média nacional, 24,4% do acervo, com picos de 33,4% no Pará; 31,9% em Amapá e 28,7% na Bahia. De outra sorte, o menor índice está no Ceará, onde, ainda assim, o percentual não é desprezível: 12,2% dos casos.

Na realização de pesquisa empírica no juízo comum carioca, Miranda Rosa (2001:188-189) também detectou a existência de um alto índice de casos findos por desistência do autor:

> É bom chamar a atenção para a evasão de feitos *ab initio*; entre o ajuizamento do processo e o despacho inicial do juiz, já aí, existe uma diferença no número de feitos — isso mostra, desde logo, um fato

---

[26] Ferraz, 2008:169 e segs.

recorrente no restante dos atos processuais. São os feitos abandonados pelos autores. Sabe-se que (...), [entre outros fatores], acordos liminares influem nisso.

No mesmo sentido, Marc Galanter,[27] apoiando-se em pesquisas empíricas realizadas nos Estados Unidos, observa que, dentro da pequena fração de conflitos submetida ao Poder Judiciário, há muitos casos em que o processo não é finalizado nos moldes dos procedimentos legalmente previstos.
Como avaliar esse fenômeno?
Para Galanter, esse fato não deve ser encarado como uma "deficiência escandalosa" do sistema, já que não é correto avaliar a capacidade dos tribunais em solucionar disputas apenas pelos casos em que a prestação jurisdicional é finda nos moldes da previsão legal (sentença ou acordo homologado judicialmente).

Para ele, a principal contribuição das Cortes é prover uma base de normas e procedimentos para as negociações que ocorrem no âmbito privado e governamental. Essa contribuição inclui, mas não exaure, a comunicação aos eventuais litigantes acerca do que pode ocorrer se um deles buscar o Judiciário.

Assim, segundo o autor, a missão do Judiciário não é apenas processar devidamente as demandas, mas emitir mensagens aos possíveis futuros litigantes, para que, sopesando as vantagens e desvantagens do sistema, possam solucionar o litígio extrajudicialmente, se acharem mais vantajoso.

Nesse sentido, as Cortes e suas consequências (demora, incerteza, imprevisibilidade) conferem às partes um "poder de barganha", ainda que tácito. Tudo isso, para ele, ocorre na chamada *"in the shadow of Law"* [sombra da lei].[28]

Por essa razão, Galanter não vê com maus olhos os altos índices de desistência do autor, supondo que ocultam uma solução extrajudicial do conflito motivada pela "mensagem" produzida pelas Cortes. De acordo com sua tese, nesses casos, o Judiciário também teria cumprido o seu papel.

---

[27] O modelo teórico exposto a seguir foi extraído do artigo de Marc Galanter (1981:147-181).
[28] Galanter, 1981:147 e segs.

No que tange aos juizados brasileiros, acredito que, em muitos casos, a desistência do autor possa, de fato, referir-se a casos de acordo extrajudicial.[29] Contudo, os dados qualitativos colhidos durante os trabalhos de campo demonstram que, entre nós, esse fenômeno pode ser explicado por outras razões.

A primeira delas é a ausência injustificada da parte em audiência, por desconhecimento da regra legal de que esse comportamento implica extinção do processo.[30] Não foram poucos os casos em que, compulsando os autos da amostra, verifiquei que a parte não pôde comparecer na audiência e o feito foi extinto sem julgamento de mérito, apesar dos seus pedidos de reconsideração.

Outro fato observado durante a realização da pesquisa é que há casos em que a parte, mesmo ganhando a causa, não retorna ao cartório para levantar o seu dinheiro. Não é possível afirmar, contudo, se esse comportamento decorre do desconhecimento procedimental, ou, ao revés, da descrença no Judiciário, conforme acredita a escrivã-chefe do cartório do Juizado do Consumidor de Belo Horizonte:

> Eu fico impressionada com o número de casos em que há depósito judicial e a parte não vem retirar o alvará. Esses casos são tão recorrentes que estamos estudando um jeito de fazer um levantamento e telefonar para as partes para que elas possam levantar a quantia depositada em seu nome. Eu acho que a parte é tão descrente com o Judiciário, ela sempre acha que não vai dar em nada... quando dá certo, ela nem volta para pegar o seu dinheiro.

---

[29] Também não é possível ignorar a tese de Galanter (1981), para quem muitas pessoas se utilizam da adjudicação como uma estratégia, e não como uma real busca pela prestação jurisdicional, embora isso seja menos provável nas pequenas causas, em razão do perfil de seu usuário.

[30] O artigo 51, inciso I, da Lei nº 9.099/95, determina que o processo é extinto sem julgamento de mérito se o autor não comparece a qualquer audiência.

Outra possível explicação para os altos índices de desistência do autor nos Juizados pode ser o perecimento do direito em virtude da demora no desfecho do litígio.

Em demandas que envolvem reposição de bem de consumo com defeito de fábrica (sobretudo aparelhos de telefone celular), não raro, no momento da finalização do litígio, o reclamante já adquiriu outro bem.

Em diversos casos analisados, principalmente no estado de São Paulo, o julgamento do agravo[31] contra decisão concessiva de antecipação de tutela demorava tanto tempo que perdia o objeto[32] — por perecimento do direito ou por julgamento da sentença anteriormente ao agravo. Este fato é tão recorrente que foi sumulado no Encontro do Colégio Recursal da capital paulista em 2006: "Súmula 01. 'Prolatada a sentença, não se conhece do agravo de instrumento interposto contra a decisão que apreciou o pedido de tutela antecipada'".

Ademais, ao manipular os processos da amostra, encontrei diversos casos em que a parte motivou sua desistência na impossibilidade de arcar com as despesas decorrentes do acompanhamento da demanda. Sobretudo nos juizados baianos — que contam com o maior volume de execuções em andamento —,[33] havia diversos casos em que a parte desistia da ação por não ter como pagar a passagem de ônibus até o juizado e/ou perder o dia de trabalho. Em um deles, um senhor de 78 anos, na petição de desistência escrita de próprio punho, registrou: "Desisto de lutar pelo meu aparelho de tevê, porque o processo já está demorando mais de três anos e eu não posso mais esperar. Não tenho como pagar a condução até aqui. Não existe justiça para mim".

Em suma, no tocante aos casos de extinção do processo sem julgamento do mérito por desinteresse do autor, que tangem a um quarto da amostra,

---

[31] O Encontro do 1º Colégio Recursal de São Paulo, realizado em 4 de maio de 2006, sumulou que "é admissível, no caso de lesão grave e difícil reparação, o recurso de agravo de instrumento no Juizado Especial Cível" (Súmula 02).
[32] Um exemplo clássico tange aos processos envolvendo planos de saúde: em virtude da falta de confirmação em tempo hábil da liminar, o paciente acabava arcando com os custos do tratamento negado pelo convênio, cabendo-lhe intentar nova ação (indenizatória).
[33] Ferraz, 2008:140 e segs.

embora não seja possível tecer considerações conclusivas, a avaliação qualitativa dos Juizados mostra que esses casos podem ser justificados por uma multiplicidade de fatores.

Primeiramente, é possível imaginar que há uma fração de acordos firmados extrajudicialmente — o que confirmaria a tese proposta por Galanter de que o judiciário, além das soluções adjudicadas/conciliatórias, também produz mensagens aos litigantes, que podem incentivá-los a obter um acerto extrajudicial.

A avaliação individualizada dos casos, contudo, revela que, nos Juizados Especiais Cíveis, há uma parcela importante de casos em que a desistência do autor pode ser justificada pela falta de credibilidade nas instituições de Justiça, desconhecimento procedimental e, sobretudo, pela demora na finalização dos processos.

Conclusões

Os Juizados Especiais Cíveis foram criados para ampliar o acesso à justiça, estabelecendo uma arena diferenciada, simplificada e ágil para resolver conflitos cotidianos de pequena expressão econômica, *calcada na solução conciliatória*.

Deste modo, é desejável que os juizados obtenham altos índices de acerto entre os litigantes e, em consequência, baixos percentuais de conflitos decididos pelo juiz.

Os dados demonstram, contudo, que o número de acordos está abaixo do esperado (cerca de um terço das demandas, na média nacional) e que, em diversos estados, a solução judicial prevalece, demonstrando que as finalidades das pequenas causas não estão sendo atingidas.

Com efeito, a predominância da solução adjudicada em detrimento do acordo afasta o juizado de sua finalidade principal, qual seja, instituir uma arena diferenciada para solucionar conflitos de forma simples e ágil, vertendo-o, ao revés, numa instância burocrática e lenta, não muito diversa do juízo comum.

Como visto, os baixos índices de acerto podem ser atribuídos a diversos fatores, como: (*i*) falta de políticas de investimento nos juizados; (*ii*) carência de juízes vocacionados e treinados na técnica conciliatória; e, ainda, (*iii*) ausência de seletividade.

Falta de política de investimento nos juizados: ficou demonstrado que os estados com melhor desempenho investem nos juizados especiais, promovendo políticas de seleção e treinamento de conciliadores e programas de incentivo à conciliação.

Na verdade, essa é uma boa notícia: as pequenas causas são extremamente suscetíveis às políticas adotadas localmente — o que provavelmente decorre de sua flexibilidade e do papel ativo atribuído ao juiz. Assim, o envolvimento do tribunal e/ou do magistrado na formulação de políticas destinadas a ampliar a conciliação pode trazer resultados bastante expressivos na melhora destes índices, como demonstrado nos *cases* do Amapá e Ceará.

Carência de juízes vocacionados e treinados na técnica conciliatória: o aumento do número de acordos reclama pela redução no número de decisões judiciais. Para isso, como visto, é imprescindível a seleção de juízes vocacionados, que atuem com exclusividade nos juizados, sensibilizados sobre a importância da conciliação e capacitados para promovê-la.

Ausência de seletividade: como os Juizados Especiais Cíveis foram concebidos para solucionar uma categoria determinada e específica de litígios, a *seletividade* é fundamental para seu bom desempenho. Não se pode admitir a recepção de demandas estranhas aos seus fins e/ou inadequadas à sua estrutura simplificada, sob pena de, como alerta Kazuo Watanabe (2004:799-800), "comprometer a própria razão de ser desses juizados".

Por fim, ao lado da dicotomia *decisão judicial-acordo*, um dado bastante impressionante é o expressivo percentual de casos de desistência do autor, que atinge um quarto de toda a amostra, chegando a um terço em alguns estados.

Como visto, há uma multiplicidade de justificativas para esse fenômeno: de um lado, a desistência do autor pode decorrer da composição extrajudicial ou mesmo do cumprimento da obrigação pelo devedor, o que deve ser visto com bons olhos. Nesses casos, os juizados teriam atingido suas finalidades institucionais.

Contudo, a desistência do autor pode ser consequência da falta de conhecimento sobre as regras procedimentais, do descrédito no Poder Judiciário e, sobretudo, da demora na conclusão do processo — falhas do sistema que precisam ser combatidas na tentativa de reduzir seus altos índices.

Referências

ALEXANDER, Archibald S. Small Claims Courts in Montana: a statistical study. *Montana Law Review*, Montana, v. 44, p. 227-249, 1983.

CAPPELLETTI, Mauro (Ed.). *Access to justice and the welfare state*. Alphen aan den Rijn: Sijthoff, 1981.

_____. Os métodos alternativos de solução de conflitos no quadro do movimento universal de acesso à justiça. *Revista de Processo*, ano 19, n. 74, p. 82-97, abr./jun. 1994.

_____; GARTH, Bryant. *Acesso à justiça*. Tradução de Ellen Gracie Northfleet. Porto Alegre: Sergio Antonio Fabris, 2002.

CEBEPEJ (Centro Brasileiro de Estudos e Pesquisas Judiciais). *Juizados Especiais Cíveis*: estudo. Brasília: Ministério da Justiça, 2006. Disponível em: <www.cebepej.org.br/pdf/DJEC.pdf>.

DINAMARCO, Cândido Rangel; GRINOVER, Ada Pellegrini; WATANABE, Kazuo (Orgs.). *Participação e processo*. São Paulo: Revista dos Tribunais, 1988.

FAISTING, André Luiz. O dilema da dupla institucionalização do Poder Judiciário: o caso do Juizado Especial de Pequenas Causas. In: SADEK, Maria Tereza (Org.). *O sistema de justiça*. São Paulo: Idesp, 1999. p. 43-59. (Série Justiça).

FALCÃO, Joaquim. Acesso à justiça: diagnóstico e tratamento. In: ASSOCIAÇÃO DOS MAGISTRADOS BRASILEIROS (Org.). *Justiça, promessa e realidade*: o acesso à justiça em países ibero-americanos. Rio de Janeiro: Nova Fronteira, 1996.

FARIA, José Eduardo. As transformações do Judiciário em face de suas responsabilidades sociais. *Revista da Procuradoria Geral do Estado de São Paulo*, Centro de Estudos da Procuradoria Geral do Estado, São Paulo, n. 38, p. 139-154, dez. 1992.

FERRAZ, Leslie Shérida. *Juizados Especiais Cíveis e acesso à justiça qualificado:* uma análise empírica. 2008. Tese (Doutorado em Direito Processual) — Faculdade de Direito, Universidade de São Paulo, São Paulo, 2008.

FISS, Owen. Contra o acordo. In: SALLES, Carlos Alberto de (Coord.). *Um novo processo civil*: estudos norte-americanos sobre jurisdição, constituição e sociedade. Tradução de Carlos Alberto de Salles, Daniel Porto Godinho da Silva e Melina de Medeiros Rós. São Paulo: Revista dos Tribunais, 2004. p. 121-145.

FRIEDMAN, Lawrence M. Litigation and society. *Annual Review of Sociology*, v. 15, p. 17-29, 1989.

GALANTER, Marc. Justice in many rooms. In: CAPPELLETTI, Mauro (Ed.). *Access to justice and the welfare state*. Alphen aan den Rijn: Sijthoff, 1981.

GARTH, Bryant; CAPPELLETTI, Mauro. *Acesso à justiça*. Tradução de Ellen Gracie Northfleet. Porto Alegre: Sergio Antonio Fabris, 2002.

GOERDT, John A. *Small Claims Courts and Traffic Courts*: case management procedures, case characteristics, and outcomes in 12 urban jurisdictions. Williamsburg: National Center for State Courts, 1992.

GRINOVER, Ada Pellegrini. Deformalização do processo e deformalização das controvérsias. In: _____. *Novas tendências do direito processual, de acordo com a Constituição de 1988*. Rio de Janeiro: Forense Universitária, 1990.

HANEY, Craig. Data and decisions: judicial reform and the use of Social Science. In: DUBOIS, Philips L. (Ed.). *The analysis of Judicial reform*. Lexington: Lexington Books, 1982.

JOHNSON JR., Earl. The justice system of the future: four scenarios for the twenty-first century. In: CAPPELLETTI, Mauro (Ed.). *Access to justice and the welfare state*. Alphen aan den Rijn: Sijthoff, 1981. p. 184-215.

MIRANDA ROSA, Felippe Augusto. Quanto tempo demora um processo? *Revista da Emerj*, Rio de Janeiro, v. 4, n. 14, p. 162-190, 2001.

PASSOS, J. J. Calmon de. Democracia, participação e processo. In: DINAMARCO, Cândido Rangel; GRINOVER, Ada Pellegrini; WATANABE, Kazuo (Orgs.). *Participação e processo*. São Paulo: Revista dos Tribunais, 1988.

RHODE, Deborah M. *Access to justice*. New York: Oxford University Press, 2004.

RUHNKA, John C.; WELLER, Steven. *Small Claim Courts*: a national examination. Williamsburg: National Center for State Courts, 1978.

SADEK, Maria Tereza (Org.). *O sistema de justiça*. São Paulo: Idesp, 1999. (Série Justiça).

SALES, Lília Maria de Morais Sales. *Justiça e mediação de conflitos*. Belo Horizonte: Del Rey, 2003.

WATANABE, Kazuo (Coord.). *Juizado Especial de Pequenas Causas*. São Paulo: Revista dos Tribunais, p. 1-7. 1985.

_____. Acesso à justiça e sociedade moderna. In: DINAMARCO, Cândido Rangel; GRINOVER, Ada Pellegrini; WATANABE, Kazuo (Orgs.). *Participação e processo*. São Paulo: Revista dos Tribunais, 1988. p. 128-135.

_____. *Código Brasileiro de Defesa do Consumidor comentado pelos autores do anteprojeto*. 8. ed. Rio de Janeiro: Forense Universitária, 2004.

_____. Cultura da sentença e cultura da pacificação. In: YARSHELL, Flávio; MORAES, Maurício Zanóide (Orgs.). *Estudos em homenagem à professora Ada Pellegrini Grinover*. São Paulo: DPJ, 2005. p. 684-690.

_____. Introdução. In: CEBEPEJ. *Juizados Especiais Cíveis*: estudo. Brasília: Ministério da Justiça, 2006. p. 11-13.

WHELAN, Christopher J. (Ed.). *Small Claims Courts*: a comparative study. Oxford: Clarendon, 1990.

A regulação como nova categoria do direito administrativo econômico

SÉRGIO GUERRA

Diante dos fatores globalizantes que promovem uma integração mundial econômica e permitem a permuta de bens, serviços e informações, e partindo-se da premissa de que sempre haverá povos e organizações diferentes (redundando em sistemas jurídicos díspares), desponta para a doutrina publicista, notadamente no direito administrativo econômico, o desafio de sistematizar o direito sob uma análise transnacional.

A apreciação das instituições e ideias de outros Estados que vêm se organizando para essa transfusão de ideários e pensamentos poderá ajudar a compreender as especificidades do direito de cada país e, com isso, sistematizar o nosso próprio ambiente jurídico para enfrentar a realidade.

O direito administrativo presente na sociedade atual não se pode caracterizar com a mesma disciplina do século XIX e da primeira metade do século XX. Deve acompanhar as características e os riscos por que passa a sociedade contemporânea, que, por isso, clama por uma releitura de categorias, fórmulas e institutos desse ramo do direito público, cunhados há mais de um século.

No tocante às escolhas administrativas, o direito administrativo pátrio, absorvendo os influxos da globalização e do amplo processo neoliberalizante, vem passando por inúmeras transformações, mutações e alargamentos, todos apontados pela doutrina pátria e alienígena.

Inserido no universo das escolhas administrativas, um dos fatores preponderantes que emerge em decorrência de toda essa transformação está no fato de que o direito administrativo experimenta uma forte influência do direito econômico (despontando o "direito administrativo econômico"), sendo mais um componente de provocação, com grande pujança, do estudo da regulação jurídica e os impactos, custos e benefícios da escolha regulatória protagonizada por entidades estatais independentes.

Há noções próprias do direito econômico (que afetam a sociedade) com as quais o direito administrativo não convivia. As regras legais, para satisfazerem a necessidade de maior maleabilidade da matéria econômica, são, cumulativamente, menos imperativas, instáveis e imprecisas que as escolhas administrativas clássicas.

No Brasil, a Carta Magna de 1988 pautou a ordem econômica sob o princípio da livre iniciativa e na valorização do trabalho humano, reservando, ao Estado, funções de fiscalização, incentivo e planejamento. Somados esses princípios aos valores e outros princípios constitucionais, forma-se um sistema aberto em que o jusnaturalismo iluminista liberal e o intervencionismo social que o sucedeu cedem lugar à intervenção estatal na ordem econômica e social sob uma configuração diferenciada. Tudo isso com vistas à contenção das pressões do capitalismo em busca do bem-estar da sociedade e de cada cidadão, em que desponta a preocupação com a solução justa no caso concreto.

Nesse contexto, e com tarefas reestruturadas, buscou-se, em nosso país, no início da segunda metade da década de 1990, um novo marco teórico para a administração pública que substituísse a perspectiva burocrática weberiana até então aplicada. A abordagem então implementada decorreu do reconhecimento de que as democracias contemporâneas não se configuram em instrumentos para garantir apenas a propriedade e os contratos.

As modernas formas de administração do interesse público — este que se direciona, doutrinariamente, para não mais ser encarado como prevalente e absoluto em qualquer situação diante dos direitos individuais — devem formular e fomentar projetos, mediar interesses e implementar políticas estratégicas para suas respectivas sociedades, tanto no sistema social como no campo científico e tecnológico, ambos umbilicalmente atados ao sistema econômico, para proteger e assegurar os direitos fundamentais dos cidadãos.

O conceito de interesse público, e, como de resto, praticamente quase tudo em matéria constitucional, em que o direito se expressa em sua dimensão mais elevada, aparece como um conceito aberto, indeterminado, sujeito a concretizações pontuais, à luz de determinada situação concreta.

É a partir da análise da realidade e de cada caso, em seu mais amplo espectro e em confrontação com a realidade social, que se poderá defluir para qual direção aponta, para que lado pende o interesse público em determinada circunstância no tempo e no espaço contingente, histórico e social. Desse modo, o Estado se vê diante do desafio de adotar práticas gerenciais modernas e eficientes, que deixem de ter o ato administrativo como a simples concretização da escolha estatal, e passe a buscar categorias, institutos e fórmulas que privilegiem a mediação de interesses conflitantes, ambivalentes, sem perder de vista que sua função é eminentemente pública. Vale dizer, o Poder Executivo tem a palavra final no processo de interpretação, mediação e aplicação das normas primárias com vistas a alcançar uma possível consensualidade extrajudicial; entretanto, deve-se submeter a um processo transparente para chegar a ela.

Sob a absorção dessa onda de atualização das estruturas estatais, outrora construídas sob os influxos do modelo burocrático francês, o governo federal brasileiro implementou uma reforma administrativa ao editar, em 1995, o Plano Diretor da Reforma do Estado. Direcionou, neste contexto, a administração pública para um modelo de gerência estatal eficiente. Ademais, foram promulgadas emendas constitucionais visando à adaptação dos deveres do Estado a esse novo ciclo do modelo democrático surgido em 1988, que, para a concretização, depende de ajustes na máquina administrativa.

Com a instituição de uma filosofia regulatória na matriz constitucional brasileira, implementou-se no país um amplo processo de desestatização, promovendo a retirada da presença do Estado de atividades reservadas constitucionalmente à iniciativa privada — princípio da livre iniciativa — ou de setores onde ela possa atuar com maior eficiência — princípio da economicidade.

Considerando que para regular os diversos subsistemas — telecomunicações, energia elétrica, saúde, transportes e outros, cujo ordenamento jurídico é pautado por conceitos e estruturas próprias — a administração pública se vale de normas que devem observar uma produção institucional sensível, haja vista a necessária compatibilidade com outros subsistemas (ambiental, consumidor, urbanístico etc.), desponta ao direito administrativo pátrio, em confronto com a ampliação de espaços para as escolhas administrativas, o desafio de compreender novas categorias e encontrar fórmulas e caminhos que busquem: (*i*) a harmonização e coerência entre esses subsistemas e (*ii*) mecanismos para privilegiar a segurança jurídica.

É nesse espaço que o Poder Executivo, ao criar e aplicar regras no caso concreto, com indispensável motivação e fundamento técnico, tem o dever de verificar se a norma editada pelo Parlamento fez as alocações corretas dos ônus (custos) e benefícios aos cidadãos. Por isso, exerce mecanismos de escolhas regulatórias sobre atividades econômicas, serviços públicos delegados e áreas sensíveis à sociedade.

A relevância de toda essa reformatação do ambiente por que transita o direito administrativo brasileiro, em grande parte pelas pressões globalizantes antes ressaltadas, não para por aí. Ultrapassada a fase pós-privatização da década de 1990, o cenário em que o Brasil se encontra aponta para a necessidade de significativos investimentos em infraestrutura e equipamentos administrativos para o desenvolvimento de atividades de interesse geral (estradas, ferrovias, hidrelétricas etc.).

Com efeito, o país necessita dar prioridade à infraestrutura para a sustentação de um novo ciclo de desenvolvimento, notadamente com vistas a fomentar o potencial de crescimento da atividade econômica, evitar gargalos em logística, impedir estrangulamentos no setor de energia, reduzir a probabilidade e os impactos de eventuais choques de oferta e viabilizar um crescimento harmônico de vários setores concomitantemente.

Levando-se em consideração que o Estado carece da realização de atividades econômicas para enfrentar os desafios do mercado globalizado e acelerar o desenvolvimento do país, considerando que o Estado não dispõe suficientemente de recursos financeiros para atender integralmente a essas necessidades e considerando que o Brasil adotou, constitucionalmente, o modelo da livre iniciativa, chegou-se a uma fase mais avançada do que o simples modelo de delegação de serviços públicos. Instituiu-se, por meio de norma editada pelo Parlamento federal, um padrão nacional de parcerias público-privadas (PPPs) e editou-se, no início de 2007, um Plano de Aceleração de Crescimento (PAC).

Nesse cenário, em que não mais se enfrentam conflitos sociais comutativos, e, sim, distributivos, há de se repensar a interpretação de alguns postulados e reavaliar categorias e institutos clássicos que norteiam as escolhas executivas do Estado, tudo para privilegiar a compreensão de valores e princípios que regem as relações da administração pública com a sociedade e cada cidadão.

Na fase por que passa a sociedade (sob vários rótulos: alta modernidade, modernidade experimental, pós-modernidade, ordem pós-tradicional, pós-intervencionista, reflexiva, processualizada, neocorporativa, mediática, sociedade global ou sociedade de riscos), sob os auspícios do constitucionalismo como teoria do direito — também apontado como "neoconstitucionalismo" — e com a crise do princípio da legalidade oitocentista pela ausência de equilíbrio com valores (em que se cogita um pós-positivismo), a conciliação e a ponderação na busca da convivência harmônica entre valores, princípios e regras traduzem-se em assuntos relevantes no Estado democrático de direito, atingindo, diretamente, categorias, institutos e fórmulas do direito administrativo.

Além disso, questões técnicas e científicas surgem a cada dia, em vista da alta complexidade que permeia as relações do século XXI. Por conta disso, não são "descobertas" a tempo e contento pelo legislador primário, ainda que de forma aberta, com conceitos indeterminados, para preenchimento por meio da escolha da autoridade administrativa no caso concreto.

O desafio, portanto, passa pela compreensão de que, no estágio atual, em que é ressaltado o multilateralismo social, há um conjunto de valores conflituosos, com numerosas aporias e dependências recíprocas, de modo que a escolha administrativa em um determinado aspecto do conjunto social refletirá, nem sempre de forma positiva, em outros segmentos. Isso faz com que, em determinadas situações complexas, que deveriam ser abertas à participação da sociedade e mediadas antes da decisão pelo Estado, os benefícios advindos de escolhas estatais isoladas, voltados para um subsistema, transformem-se em escolhas irrazoáveis, desproporcionais e ineficientes para outros subsistemas ou para os direitos individuais.

Neste vezo, a doutrina administrativista vem sistematizando os anseios da sociedade por meio da releitura da concepção clássica da noção de interesse público, até então adotado como fundamento para a legitimação dos atos e das medidas no âmbito da administração pública. Por isso, o paradigma de justiça nas decisões administrativas complexas (*hard cases*) passa a ser alcançável somente no caso concreto.

É certo afirmar que o modelo de Estado regulador implantado entre nós foi — e, de certa forma, ainda é — criticado sob a pecha de que teria sido concebido de forma unívoca para sociedades que se encontram em diferentes graus de desenvolvimento. Concorda-se, em parte, com essa visão, pois não basta a simples importação para o direito pátrio de modelos idealizados para outras culturas sem os ajustes necessários, notadamente do ponto de vista jurídico-constitucional.

Não obstante, deve-se reconhecer que as novas funções do Estado, em um ambiente globalizado, independentemente do grau de desenvolvimento do país, exigem novas competências, novas estratégias para o exercício das funções administrativas, novas instituições — estatais ou não — e revisão das escolhas e respectivas categorias e institutos de direito administrativo para a perfeita conformação dessas mudanças e desses acoplamentos.

Pelos aspectos antes apontados, chega-se à seguinte problematização que, se espera, logre o correto enfrentamento no presente artigo: se, na atualidade, de maneira muito mais clara, há necessidade de se perseguir uma verdade objetiva — e não absoluta —, uma democracia substantiva — e não meramente formal —, dando-se maior importância aos indivíduos e à dignidade humana do que outrora, com maior relevo aos direitos e garantias fundamentais, como efetivar os valores e as garantias constitucionais no exercício das escolhas administrativas que regulam atividades econômicas privadas, serviços públicos e áreas sensíveis aos interesses da sociedade, apenas pela produção legislativa do Parlamento?

Como levar em consideração, entre outros valores e princípios, a ponderação de interesses no caso concreto à luz do mandamento da proporcionalidade, nas escolhas administrativas, de modo que a gestão pública persiga o máximo de eficiência com o mínimo de sacrifício para a coletividade e para os cidadãos?

Essas questões conduzem a uma necessária verificação e releitura das categorias de escolhas administrativas e dos fundamentos dos respectivos institutos/fórmulas de direito administrativo. Notadamente, se os mesmos são compatíveis ou não com as novas funções estatais e necessidades cotidianas antes identificadas, dentro de bases deontológicas e axiológicas.

O desafio maior está no fato de que não há uma fórmula, no atual arranjo constitucional brasileiro (diferentemente do que ocorre na França), que identifique com precisão onde se inicia e termina a atividade legislativa primária para dar lugar às escolhas pelo Poder Executivo, de modo a privilegiar a segurança jurídica nas relações público-privadas. Essa divisão de funções é de capital importância diante da necessidade de se corrigir as falhas dos subsistemas regulados pelo Estado, altamente complexos, elevando a segurança jurídica nas relações público-privadas e com vistas à conformação de uma regulação razoável e eficiente, em que são ponderados interesses antagônicos e conflitos distributivos.

Se o incremento dos espaços para as escolhas do administrador público é imprescindível, em vista da alta tecnicidade das relações contemporâneas e dos riscos a que a sociedade está sujeita, resta identificar como compatibilizar essa ampliação do direito de participação administrativa com a necessária contenção do arbítrio em respeito ao "sobreprincípio" da dignidade da pessoa humana. Como, então, enfrentar os riscos decorrentes do aumento desse papel do Poder Executivo e de suas escolhas discricionárias que, hodiernamente, se apresentam mais como um instituto favorável ao administrador público (haja vista que o mérito do ato administrativo ainda sofre limitado controle judicial) em detrimento dos direitos fundamentais dos cidadãos?

Vale dizer, como conciliar o novo papel estatal na escolha administrativa que interfere nas atividades econômicas, nos serviços públicos delegados e nos setores sensíveis à sociedade afetos à livre iniciativa, com a necessária ampliação dessas mesmas escolhas, que devem ser voltadas muito mais à mediação e conciliação de interesses antagônicos do que à decisão por mera conveniência e oportunidade do administrador?

Diante dessas questões, e reconhecendo que a doutrina não tem sido insensível à necessidade de construção de novas categorias e de novos institutos, propõe-se examinar neste artigo aspectos dentro da linha de alguns trabalhos desenvolvidos doutrinariamente acerca das transformações do direito administrativo pátrio. Pretende-se destacar, na trilha dos esforços doutrinários e com a constatação de que está havendo uma mutação do direito administrativo, a evolução das categorias e institutos de direito administrativo econômico.

Regulação administrativa como nova categoria de escolha pelo administrador público

O monismo do "Estado decimonónico"[1] assentava-se sobre uma estrutura jurídica, social e política favorecida por uma nítida concepção de soberania e certa homogeneidade cultural. Contemporaneamente, e bem ao contrá-

---

[1] Zagrebelsky, 1995:17 et seq.

rio, assiste-se à relativização da noção de soberania e a fenômenos como o multiculturalismo, que, em ambos os casos, reclamam normas de estrutura preparadas para a transação e a argumentação em sociedades abertas e plurais.[2]

Segundo Pietro Perlingieri (2002:58), o tecido social pós-moderno é formado por um complexo e intricado emaranhado de interesses contrapostos que, por serem historicamente relativos e por traduzirem, cada qual, valores existenciais idôneos e juridicamente tuteláveis sob a chancela da Constituição, devem-se compatibilizar e ser cotejados caso a caso. Isso ocorre na medida em que surgem os conflitos e à luz de uma realidade maior de sistema, isto é, tendo em vista o que se afigure mais adequado do ponto de vista de uma lógica global e que permita o melhor funcionamento do sistema como um todo.

Nesse contexto em que o debate do Estado pluriclasse[3] concentra sua relevância em saber à luz da teoria dos grupos sociais "quem" fica com determinado quinhão da riqueza e "quem" assume os maiores ônus, ficam ultrapassadas as teorias do liberalismo econômico e do intervencionismo estatal — ambos atrelados ao positivismo, surgindo o modelo de Estado regulador.

O direito, nesse novo modelo econômico, "anda em busca de conceitos susceptíveis de acolher tipos de actos ou de instituições que não parecem acomodar-se às categorias jurídicas tradicionais".[4] As fórmulas abstratas da lei e da discrição judicial já não trazem todas as respostas. O paradigma

---

[2] Ricardo Lobo Torres (2005:42) comenta essa abertura do sistema aos valores: "Tornou-se absolutamente insustentável a ideia de sistema fechado de valores, seja em sua vertente jusnaturalista, seja em sua perspectiva positivista. A expansão da democracia moderna, a complexidade crescente dos fatos sociais e a sua carência ideológica, a volta à filosofia política, tudo leva à *visão pluralista dos valores*, em consonância com a própria ideia de sociedade pluralista e do pluralismo constitucional".
[3] "Estado pluriclasse" é o termo adotado por Massimo Severo Giannini em sua obra intitulada *Trattato di diritto amministrativo* (1988), e que representa um novo modelo de organização política do Estado. Por esse modelo devem-se atender, de forma concomitante, todos os interesses antagônicos decorrentes de uma sociedade pluralista, sucessora do denominado "Estado monoclasse", formado por uma classe social hegemônica.
[4] Laubadère, 1985:121.

jurídico que já passara, na modernidade, da lei para o juiz,[5] transfere-se agora para o caso concreto,[6] para a melhor solução, singular ao problema a ser resolvido.[7]

Essa nova fase se insere na denominada pós-modernidade? Quais são os impactos dessas questões para o direito administrativo pátrio? Estas e outras indagações são de singular importância para a compreensão da escolha regulatória.

Premissas da pós-modernidade e seus impactos no modelo econômico estatal: a importância da escolha regulatória

Em vista das mudanças por que passa a humanidade, em que a lei não consegue tudo prever,[8] sustenta-se na doutrina que estamos vivendo o período de transformação ou superação da modernidade.[9]

O termo "pós-modernidade", popularizado por Jean-François Lyotard,[10] indica novas concepções surgidas a partir da Segunda Guerra Mundial, incrementadas nas décadas de 1980 e 1990 do século XX. Nesta fase, *adote-se*

---

[5] Destacando essa incapacidade dos parâmetros da modernidade para a organização social, Bauman (1999:111) diz: "A modernidade proclamou a artificialidade essencial da ordem social e a incapacidade da sociedade de alcançar uma existência ordeira por si mesma". A obra original, denominada *Modernity and ambivalence*, foi publicada, em sua 3ª edição, no ano de 1995, pela Polity Press, Cambridge, Inglaterra.
[6] Sobre o papel da lei como certa "forma residual", ver Pozzolo (2005:193).
[7] Barroso, 2004:306.
[8] Cf. Seabra Fagundes (1967:103). Veja-se, ainda, em Sundfeld (2000:28): "O legislativo não tem como fazer o gerenciamento normativo da realidade." No mesmo sentido, Baptista (2003:195).
[9] Sobre o não cumprimento das "promessas da modernidade" e os aspectos da ambivalência na pós-modernidade, ver Bauman (1999:244 e segs.). Destaque-se, ainda, na obra do autor, a parte em que aborda a "agenda política pós-moderna", em que afirma categoricamente: "a modernidade ainda está conosco" (p. 287). Ulrich Beck (1997:12 e segs.) denomina esta fase uma "outra modernidade" chamada de modernização reflexiva, decorrente da vitória do capitalismo, que acaba por produzir uma nova forma social. Um componente dessa nova fase é apontado pelo autor como a insegurança de toda uma sociedade, difícil de delimitar, com lutas de classes em todos os níveis, igualmente difíceis de demarcar. Giddens (1997:75-76, 80, 119) a chama de "ordem pós-tradicional", "alta modernidade", e "modernidade experimental", que compõem uma "sociedade global".
[10] Em seu livro *Post-modern condition* (Minneapolis: University of Minnesota Press, 1985), conforme advertência de Giddens (1991:12).

ou não essa terminologia,[11] vive-se sob um modelo de Estado em que o jusnaturalismo liberal e a intervenção social cedem lugar à interferência estatal nas atividades econômicas privadas (em sentido amplo e restrito) e setores sensíveis à sociedade sob configuração de escolha regulatória. Busca-se uma atuação eficiente e com foco no bem-estar social mediante ponderação[12] nos conflitos distributivos, à luz de princípios — não apenas regras — que trabalham com categorias econômicas.[13]

Um dos principais traços dessa fase por que passa a sociedade está no fato de que a atuação estatal em um determinado aspecto do conjunto social tende a produzir reflexos em outro segmento e afetar o direito individual. Nesse período, o problema básico de qualquer Constituição política contemporânea não pode mais ser captado em toda sua extensão por aquela fórmula clássica em que se tinha um problema de delimitação do poder estatal em face do cidadão individualmente considerado. Hoje se demanda um disciplinamento da atividade política e econômica, permitindo a satisfação do interesse coletivo que as anima, compatibilizando-o com interesses de natureza individual e pública com base em um princípio de proporcionalidade.[14]

Ademais, há noções próprias do direito econômico (que afetam a sociedade e, por isso, despontam o direito administrativo econômico) que o direito não

---

[11] Para esclarecimento do leitor, utilizam-se neste artigo os termos "pós-modernidade" e "pós-moderno" para identificar um momento diverso daquele por que passou a humanidade até, notadamente, a segunda metade do século passado.

[12] Segundo Luis Prieto Sanchís (2005:137), das distintas acepções que apresenta o verbo "ponderar" e o substantivo "ponderação" em linguagem comum, talvez a que melhor se ajusta ao uso jurídico é aquela que faz referência à ação de considerar imparcialmente os aspectos contrapostos de uma questão e o equilíbrio entre o peso de duas coisas.

[13] "A ciência do direito administrativo deve buscar uma nova linguagem, que lhe permita ir além do direito positivo, reconstruindo os superiores princípios que regulam as leis do movimento" (Cassese, 2004:13).

[14] Na lição de Zagrebelsky (1995:14): "*La assunción del pluralismo en una Constituición democrática es simplesmente una propuesta de soluciones y coexistencias posibles, es decir, un compromisso de las posibilidades y no un proyecto rígidamente ordenador que pueda asumirse como un a priori de la política con fuerza propia, de arriba hacia abajo*". (Tradução livre: "A assunção do pluralismo em uma Constituição democrática é simplesmente uma proposta de soluções e coexistência possível, ou seja, as possibilidades de compromisso e não um projeto rigidamente ordenador, que pode ser assumido, *a priori* da política, como força própria, de cima para baixo.")

conhecia até então. "Por exemplo de actos que, para satisfazer à necessidade de maior maleabilidade da matéria económica, são, ao mesmo tempo, *menos imperativos, menos estáveis e menos precisos que os actos administrativos habituais.*"[15]

Nesse contexto, destaca-se a importância da nova categoria das escolhas administrativas: a escolha regulatória. Na regulação de atividades econômicas pelo Estado, a estrutura estatal necessária para equilibrar os subsistemas regulados,[16] ajustando as falhas do mercado, ponderando-se diversos interesses ambivalentes, não se enquadra no modelo positivista clássico e moderno, haja vista sua patente singularidade.

Ademais, a regulação setorial descentralizada tem mais condições de enfrentar os desafios da "reflexividade da vida social" que, nas palavras de Giddens (1991:45),[17] consiste no fato de que as práticas sociais são constantemente examinadas e reformadas à luz de informação renovada sobre estas próprias práticas, alterando, dessa forma, seu caráter constitutivamente. Assim, Floriano de Azevedo Marques Neto (2004:202) anota:

A atividade regulatória é espécie do gênero atividade administrativa. Mas trata-se de uma espécie bastante peculiar. Como já pude afirmar em outra oportunidade, *é na moderna atividade regulatória estatal que melhor se manifesta o novo paradigma de direito administrativo*, de caráter menos autoritário e mais consensual, aberto à interlocução com a sociedade e permeado pela participação do administrado.

A compatibilização do modelo de atuação estatal,[18] que conduz o Executivo às escolhas regulatórias, com a pós-modernidade pressupõe que o

---

[15] Laubadère, 1985:121, grifo nosso.
[16] Subsistema regulado, para efeito deste artigo, é aquele apontado por Floriano de Azevedo Marques Neto (2004:301) constituído de parcelas do ordenamento jurídico pautadas por princípios, conceitos e estruturas hierárquicas próprios a determinado setor. Veja-se a construção doutrinária sobre os subsistemas à luz da *teoria dos ordenamentos setoriais* em Aragão (2002a:179 e segs.).
[17] O autor complementa: "Estamos em grande parte num mundo que é inteiramente constituído através de conhecimento reflexivamente aplicado, mas onde, ao mesmo tempo, não podemos nunca estar seguros de que qualquer elemento dado deste conhecimento não será revisitado" (p. 46).
[18] A função regulatória já foi explorada em demasia pela doutrina. Desse modo, dirige-se o leitor, na doutrina local, para a obra: Souto (2002:37 e segs.).

Estado deve ainda conter os excessos perpetrados pelos agentes que detêm o poder econômico privado, de acordo com valores e princípios garantidos pela força normativa da Constituição.

Pós-modernidade e direito administrativo: uma releitura obrigatória

O direito administrativo clássico era considerado um mero conjunto de condições necessárias à conformação da estrutura burocrática do governo às regras criadas pelo Poder Legislativo. Isto é, pensava-se o direito administrativo como disciplina voltada apenas para a organização da máquina administrativa do Estado, com características de unidade, centralização e uniformidade, em posição privilegiada em relação ao cidadão e direcionada à manutenção do funcionamento dos serviços públicos.

A inquestionável superioridade do interesse público sobre o privado[19] foi conjugada pela supremacia da administração, o princípio da legalidade e a função discricionária.[20] Daí adveio o regime administrativo diferenciado, compreendendo as prerrogativas da administração pública: poder de polícia e radical desigualdade, unilateral e singular, tais como espécies diferentes de propriedade, contratos e responsabilidade (diversas, portanto, do direito privado), submetidas às causas desta matéria, inclusive, a um tribunal próprio.[21] Um passo importante para a evolução do direito administrativo[22] ocorreu no início do século passado, com León Duguit, ao doutrinar acerca

---

[19] Acerca do tema que comporta, por si só, novas teses sobre a releitura da supremacia do interesse público sobre o privado, destacamos, para aqueles que desejam uma introdução sobre o assunto, a obra de Meduar (2003:185 e segs.) e, em maior profundidade, os diversos artigos que compõem a coletiva intitulada *Interesses públicos* versus *interesses privados: desconstruindo o princípio da supremacia do interesse público* (2005), organizada por Daniel Sarmento; o artigo de Ávila (1999:99-127); o artigo de Osório (2000:69-107); e o capítulo 2 da obra de Baptista (2003:181 e segs.).
[20] Cassese, 2006:176 e segs.
[21] A justificativa para a criação de um tribunal próprio para julgar os conflitos envolvendo a administração pública é explicada por Rodríguez Rodríguez (2002:93-94).
[22] Acerca do trajeto por que passou a evolução do direito administrativo, considerando obras de Duguit, Otto Mayer, Hariou, Charles Eisenmann e Giannini, remeto o leitor para a obra de Cassese (2006:176 e segs.).

das transformações do direito público.[23] Nessa obra, destacando a passagem, no direito administrativo, da *puissance public* para o *service public*, Duguit advertia que, com o desaparecimento do sistema imperialista, a noção de serviço público substituiu a de soberania e mudou a concepção de lei, do ato administrativo, da justiça administrativa e de responsabilidade estatal.

Na modernidade, a concepção de direito administrativo no Brasil, seguindo os influxos do direito administrativo francês,[24] estava totalmente conforme a uma atuação executiva estatal hierarquizada e suportada por decisões de "cima para baixo",[25] à luz da teoria clássica da separação de poderes. Esse fato era justificado pelo modelo de Estado social, com forte intervenção executiva estatal direta nas atividades econômicas, e, portanto, *"un estatismo considerado exagerado, por asfixiante y por invadir hasta los más íntimos sectores de la vida privada"*.[26]

Contudo, e conforme elucidativa lição de Odete Medauar (2003:120), a realidade político-institucional e social da segunda metade do século XX apresentou-se muito mais complexa em relação à época de Montesquieu. Nesse contexto, muitas instituições que hoje existem em grande parte dos ordenamentos ocidentais são dificilmente enquadráveis em alguns dos três clássicos poderes quanto à vinculação estrutural e hierárquica.

Há, por certo, um enriquecimento do direito administrativo no sécu-lo XXI com o intercâmbio de questões com "suas ramificações",[27] com o direito privado e com o direito administrativo alienígena, este em um ambiente

---

[23] Nesse sentido, consulte-se a obra de Duguit (1999), que reproduz a obra publicada em 1913 por Max Leclerc e H. Bourrelier pela editora Colin.
[24] Sobre esse aspecto, ver o didático texto de Pessoa, (2003:65-66).
[25] Expressão utilizada por Sérgio Buarque de Holanda para se referir aos movimentos "aparentemente reformadores" ocorridos no Brasil, conduzidos pelos grupos dominantes. Na obra clássica Holanda (2006:160) cumpre ressaltar que a modernidade acolheu, até mesmo, governos despóticos. Conforme advertência de Anthony Giddens (1991:17) "o 'despotismo' parecia ser principalmente característico de Estados pré-modernos. Na esteira da ascensão do fascismo, do Holocausto, do stalinismo e de outros episódios da história do século XX, podemos ver que a possibilidade de totalitarismos é contida dentro dos parâmetros da modernidade ao invés de ser por eles excluída".
[26] Rodríguez Rodríguez, 2002:97 (Tradução livre: "um estatismo considerado excessivo, por asfixiar e invadir até as áreas mais íntimas da vida privada").
[27] Acerca dos vários "direitos especiais" que ganharam autonomia diante do direito administrativo, o leitor deve direcionar-se para a obra de Baptista (2003:24-25).

de internacionalização do próprio direito.[28] O direito administrativo atual *"ha pasado a constituirse, de guardián de los poderes del Estado, en el defensor de las libertades individuales"*[29] e, portanto, as escolhas sob seu fundamento devem observar as normas principiológicas e o novo rol de temas que permeia a sociedade de riscos,[30] notadamente a eloquente tecnicidade que impõe uma análise sistêmica do campo jurídico para se alcançar a justiça.[31]

As experiências do cotidiano refletem o papel da tradição — em constante mutação — e, como também ocorre no plano global, devem ser consideradas no contexto do deslocamento e da reapropriação de especialidades sob o impacto da invasão dos sistemas abstratos. A tecnologia, no significado geral da "técnica", desempenha aqui o papel principal, tanto na forma de tecnologia material quanto da especializada *expertise* social.[32]

A associação do direito administrativo à fase pós-moderna indica sua necessária adaptação, pela ruptura com a fase anterior, às mudanças econômicas e sociais, conduzindo a seu perfeito acoplamento ao contexto da realidade. Só assim o direito administrativo pode ser um instrumento para

---

[28] Cassese (2006:184): *"El Derecho administrativo, primero ligado a cada Estado, está hoy ligado a una pluralidad de ordenamientos jurídicos y de Derechos"*. Acerca da internacionalização do direito administrativo (tema de capital importância em vista da globalização), veja-se o trabalho publicado por Agustín Gordillo (2002:71 e segs.). Nessa obra o autor argentino aborda a realidade econômica e jurídica supranacional no começo do século XXI; distintas fontes supranacionais; características gerais e a articulação da justiça nacional com a justiça supranacional. Registre-se, ainda, a advertência de Giddens (1997:74), de que "poucas pessoas, em qualquer lugar do mundo, podem continuar sem consciência do fato de que suas atividades locais são influenciadas, e às vezes até determinadas, por acontecimentos ou organismos distantes". Sobre o direito administrativo na perspectiva comunitária, ver a obra de Quadros (1999). Entre nós, o leitor deve remeter-se para as advertências de Medauar (2003:95).
[29] Madariaga Gutiérrez, 1993:11 (tradução livre: "tornou-se agora, de guardião dos poderes do Estado, em defensor das liberdades individuais").
[30] Nesse campo de questões, e sob o ponto de vista da gradativa subsidiariedade (a responsabilidade pelas suas necessidades começa no indivíduo, passa à comunidade e, só depois, passa para o Estado), é que a sociedade contemporânea recebe de alguns autores (em que foi pioneiro o sociólogo alemão Ulrich Beck, em 1986) a denominação de *sociedade de riscos* edificada após os efeitos simbolicamente representados pela queda do muro de Berlim, em 1989. A sociedade de riscos tem os traços conformados pela "ambivalência, insegurança, a procura de novos princípios e o redesenho do relacionamento entre as atribuições das instituições do Estado e da própria sociedade" (Torres, 2005:177).
[31] A transformação do direito administrativo atrelado às novas tecnologias é objeto do estudo de Hernández-Mendible (2002:186). O tema também é objeto de estudo de Pérez Luño (1997:65 e segs.).
[32] Giddens, 1997:77.

a efetividade dos direitos fundamentais. A supremacia do interesse público e, indiretamente, da administração pública, nessa fase, deve deixar de ser um atributo permanente e prevalente *"e se convierte en un privilegio que debe ser concedido caso por caso por la ley. Después, supremacía e unilateralidad se substituyen por consenso y bilateralidad"*.[33]

Parece ser indisputável que os instrumentos e mecanismos de escolha administrativa do passado se apresentam, em determinadas situações complexas, incapazes de compreender a contemporaneidade da sociedade de riscos. Se, de um lado, a pós-modernidade "rejeita a proposta de que o direito possa resolver todos os problemas sociais" e, no entanto, "se caracteriza pelo incremento da regulação jurídica sobre quase todos os setores da vida social",[34] como se pode pensar em adotar as fórmulas clássicas de direito administrativo diante da impossibilidade de os parlamentos editarem leis que ditem o papel do administrador público em todas as demandas e todos os conflitos distributivos da sociedade?

O que na prática vem ocorrendo é que "várias decisões de relevo são tomadas fora do circuito do Legislativo e até mesmo dos partidos políticos" e, por conseguinte, "a trindade de poderes [...] tornou-se muito simples para explicar os múltiplos poderes do Estado contemporâneo e uma sociedade muito complexa".[35]

A administração do século XIX, embora conceitualmente dotada de atribuições restritas, foi-se ampliando e assumindo novos papéis à medida que aumentavam as funções do Estado.[36] Hoje adquiriu dimensões gigantescas e se tornou fundamental à coletividade. Passou, com o tempo, a influenciar na tomada de decisões de relevo, de modo que dificilmente se sustentaria, na atualidade, a característica de mera executora da lei e alheia às decisões que deve aplicar.[37]

---

[33] Cassese, 2006:185 (tradução livre: "e torna-se um privilégio a ser concedido caso a caso pela lei. Então supremacia e unilateralidade são substituídos por consenso e bilateralidade").
[34] Justen Filho, 2006:15.
[35] Medauar, 2003:122.
[36] Ibid.
[37] Daí a importância da procedimentalização do direito administrativo, conforme elucida-

O verdadeiro problema consiste em especificar a justa relação entre orientação política e imparcialidade no âmbito de uma discricionariedade administrativa inevitável, conotada pela tensão entre política e justiça e pela necessidade de compor, mais do que separar, os dois elementos.[38] Com efeito, as políticas nacionais típicas do Estado contemporâneo se põem em prática mediante a edição de muitas regras gerais, em grande parte com indeterminações técnicas, que acabam por exigir mais do que uma simples integração dessas mesmas normas, como ocorre com a escolha determinativa de conceito – conceito jurídico indeterminado – e a escolha discricionária – discricionariedade.[39]

Alguns elementos são necessários para formular uma base do enquadramento da escolha administrativa detida pelo Poder Executivo nas atuais funções que o mesmo tem o dever constitucional de implementar.[40]

Novas funções estatais:
objetivos de um modelo propício às escolhas regulatórias

Com as premissas da pós-modernidade e que acabaram por impor fortes mudanças na condução da ordem econômica em diversos países, notadamente na Europa durante a década de 1980, o modelo de Estado regulador foi confirmado no Brasil com a promulgação da Constituição Federal de 1988.[41] Nesse novo sistema neoliberal,[42] o modelo liberal e o intervencionismo social

---

tiva manifestação doutrinária de Gonzáles Pérez (2002:7 e segs.).
[38] Medauar, 2003:137.
[39] Sabino Cassese (2006:189) aponta ainda a difícil combinação do "novo" direito administrativo com o "velho" direito constitucional: "Como podem combinar-se o princípio constitucional da responsabilidade ministerial com a independência das autoridades independentes?".
[40] A teor do que dispõe o art. 174 da Constituição Federal.
[41] Daniel Sarmento (2004:49) anota que a nossa Constituição, que consagrou um modelo de Estado do bem-estar social, fortemente intervencionista, foi pega no contrapé pela onda neoliberal que varreu o mundo na fase final do século XX.
[42] Aragão (2007:47): "A noção 'pós-moderna' da intervenção do Estado na economia é por alguns qualificada como neoliberal. Cometem o equívoco de confundir a análise objetiva de determinado momento histórico com aquilo que ideologicamente se desejaria para ele. Naturalmente que a história pode ser vista à luz de diversas ideologias, mas a análise histórica em si não se confunde com esta ou aquela ideologia. No caso do pós-modernismo

cedem lugar à intervenção estatal na ordem econômica social, impondo-se que novas carências "sejam identificadas e expostas, especialmente para que o Estado neutralize os excessos e se valha de seu poder como instrumento de controle da atuação privada".[43]

Diante desse contexto, em que há necessidade de atrair investimentos, sobretudo estrangeiros, a administração pública direta decidiu abrir mão da função de regular diretamente os subsistemas privatizados de telecomunicações, energia elétrica, transportes etc., conferindo essa escolha a entidades reguladoras independentes. A regulação existe quando a classe política se libera de uma parte de seus poderes a favor de entidades não eleitas pelo povo, que são capazes de bloquear as decisões das eleitas. Para que essa condição ocorra, não basta a separação entre regulador e operador. É também necessária a separação entre regulador e governo, cujo fim é evitar a politização das decisões. Ele permite distinguir toda forma de intervenção ou controle desenvolvida sob a direção do governo da regulação em sentido estrito.[44]

O modelo regulatório decorre do fenômeno de "mutação constitucional",[45] desencadeado pelas alterações estruturais por que passou a sociedade e que teve como consequência, no plano das instituições políticas, o surgimento do imperativo de mudança nas formas de exercício das funções estatais clássicas. O fenômeno da regulação, tal como concebido nos dias atuais, nada mais representa do que uma espécie de corretivo indispensável a dois processos que se entrelaçam. De um lado, trata-se de um corretivo às mazelas e às deforma-

---

a impropriedade da identificação simplista é ainda mais evidente, já que pensadores dos mais variados matizes ideológicos sustentam estarmos vivendo a pós-modernidade (Boaventura de Souza Santos, Diogo de Figueiredo Moreira Neto, J. J. Gomes Canotilho, Antônio Carlos Wolkmer e muitos outros)."

[43] Justen Filho, 2006:18.
[44] Cassese (2006:151). Nas palavras de Egon Bockmann Moreira (2004:172), o fenômeno da concentração sem centralização faz com que o poder estatal seja fragmentado numa rede de autoridades independentes detentoras de competências autônomas, com o poder central apenas estabelecendo a política geral de todos os setores e as metas a serem atingidas.
[45] Na expressão de Gomes (2002:90).

ções do regime capitalista[46] e, de outro, um corretivo ao modo de funcionamento do aparelho do Estado[47] engendrado por esse mesmo capitalismo.

Nesse vezo, quais devem ser os objetivos dessa função regulatória descentralizada, que produz um "eclipse do governo dentro do direito administrativo",[48] adotada em diversos países, inclusive o Brasil?

O objetivo da regulação não é tanto controlar as empresas, mas proteger a sociedade na execução de atividades que são essenciais para a vida e o bem-estar daquela.[49] São várias as razões para a adoção do modelo de regulação estatal por entidades independentes, em vez da regulação direta pelo Poder Executivo. Uma dessas razões está atrelada ao novo sentido de regulação administrativa. Com efeito, no modelo intervencionista havia uma confusão entre intervenção direta estatal na atividade econômica e as tarefas regulatórias e, em várias situações, a função regulatória competia ao próprio operador público, muitas vezes sob a figura do monopólio e sob a pressão política de não criar parâmetros de atestação da ineficiência.[50]

Com o aparecimento de novos operadores privados na execução de atividades econômicas, entendeu-se que deveria haver uma separação das funções de regulação e as funções de participação pública na própria atividade regulada.[51] Marcos Juruena Villela Souto (2001:441) leciona que um pro-

---

[46] O inconformismo com a ordem liberal econômica já se apresentava na penúltima década do século XIX. Em 1887 foi criada a primeira "Agência Reguladora" estadunidense, a *Interstate Commerce Commission*, e, uma década depois, editado o *Clayton Act* para combater as práticas anticoncorrenciais. Cf. Moreira (1997:17).
[47] Bresser-Pereira (1998:160) comenta a questão do ponto de vista das burocracias tecnicamente especializadas: "Um dos papéis que desempenham, além do meramente técnico, é o de desenvolver estratégias de articulação entre os aparatos de Estado e a sociedade como forma de neutralização de pressões clientelistas ou mesmo de ampliação de seus recursos. Nesse sentido, a burocracia pode ser um ator político no contexto da democracia, valendo-se dos instrumentos que esta faculta. Ela respeita as decisões dos políticos eleitos, mas desenvolve estratégias de legitimação por meio das quais obtém autonomia dos próprios políticos, a partir da demanda ou do apoio da sociedade."
[48] Ver a reflexão de Cassese (2006:187).
[49] Ariño Ortiz, 2003:272-273.
[50] Moreira e Maças, 2003:10.
[51] Moreira e Maças, 2003:10. Conrado Hübner Mendes (2000:108) aduz: "As empresas que saem do domínio estatal e passam a fazer parte do domínio privado não podem estar submetidas, exclusivamente, às livres decisões de seus administradores, motivadas unicamente pelas contingências econômicas. Devem, sim, estar em consonância com interesses que transcendem os meramente capitalistas. Por esse motivo, ao retirar da máquina estatal tais

cesso de regulação implica, tipicamente, várias fases em que se destacam a formulação das orientações da regulação, a definição e operacionalização das regras, a implementação e aplicação das regras, o controle da aplicação das regras, o sancionamento dos transgressores e a decisão nos recursos.

Paralela e simultaneamente aos desafios colocados pela globalização, o Estado atual sofre a crise do financiamento de suas múltiplas funções. Diante dessa crise, segundo Aragão (2002a:68), há inevitabilidade da retração do Estado diante das necessidades sociais, ou, alternativamente, adotam-se novas estratégias de atuação compatíveis com a escassez de recursos.

Além dessas premissas, o objetivo perseguido com a instituição de um modelo estatal regulatório deve ser a cessão da capacidade decisória sobre aspectos técnicos para entidades descentralizadas em troca da busca por credibilidade e estabilidade, demonstrando-se, com isso, que a regulação estatal deixa de ser assunto de governo para ser assunto de Estado. Adveio, com a globalização, a obrigação de se gerar salvaguardas institucionais que signifiquem um compromisso com a manutenção de regras (segurança jurídica) e contratos de longo prazo.[52]

Por esse novo papel do Estado regulador deve-se abandonar o perfil autoritário em prol de uma maior interlocução do poder público com a sociedade. Enquanto na perspectiva do liberalismo compete ao poder público assegurar as regras do jogo para livre afirmação das relações de mercado e no modelo social inverte-se este papel, permitindo que a atividade estatal seja a provedora das necessidades coletivas, ao Estado regulador, de viés neoliberal, são exigidas funções de equalização, mediação e arbitragem das relações econômicas e sociais, ponderados os interesses em presença.[53]

---

empresas, nasce a necessidade de regulá-las intensamente."
[52] Sabino Cassese (2006:151) chega a afirmar que as entidades reguladoras independentes "não devem ponderar o interesse público a elas confiado com outros interesses públicos secundários, como sucede em outros órgãos públicos que formam parte do Estado, começando, sobretudo, pelo governo".
[53] Marques Neto, 2000:13-29.

A concepção regulatória retrata uma redução nas diversas dimensões da intervenção estatal no âmbito econômico,[54] incorporando uma concepção de subsidiariedade.[55] Isso importa reconhecer os princípios gerais da livre iniciativa e da livre empresa, reservando-se ao Estado o instrumento da regulação como meio de orientar a atuação dos particulares à realização de valores fundamentais.[56]

É por isso que ao Estado, no modelo regulatório, são reservadas as funções voltadas à fiscalização, ao fomento e ao planejamento, não devendo o Estado permanecer atuando diretamente em setores sem amparo constitucional.[57] Nesse contexto, deve ser interrompida a participação direta do Estado naqueles setores que não se refiram a imperativos da segurança nacional e relevante interesse coletivo, que constituem seus pressupostos constitucionais. Afinal, como sustenta Marcos Juruena Villela Souto (2001:26), não é o lucro que está em jogo, mas um limite constitucional traçado para a atuação interventiva estatal. O desrespeito a esses limites é a negação do próprio Estado de direito.

A importância da escolha regulatória está em conformar a garantia de equilíbrio de um subsistema por meio de mecanismos que garantam sua efetividade com vistas ao ajuste das oscilações econômicas. Por meio do atual modelo regulatório deve-se buscar, inicialmente, o *planejamento preventivo*,[58] pois não se concebe mais a ideia de que há domínio, pelo Parlamento, de todas as informações indispensáveis para apontar as variáveis mercadológicas a serem objeto de regras. Deve-se perseguir a efetivação do

---

[54] Justen Filho, 2002:21.
[55] Para um aprofundamento sobre o tema (princípio da subsidiariedade), ver Otero (1998:23 e segs.); Fernández Farreres (2003); Rivero Ysern (2003) e Torres (2001:12).
[56] Denominando esse modelo como Estado subsidiário, José Alfredo de Oliveira Baracho (1997:88) denota que perseguindo seus fins, harmoniza a liberdade autonômica com a ordem social justa, com a finalidade de manter o desenvolvimento de uma sociedade formada de autoridades plurais e diversificadas, recusando o individualismo filosófico. Por isso, a ideia de subsidiariedade aparece como a solução intermediária entre o Estado-providência e o Estado liberal.
[57] Lúcia Valle Figueiredo (2003:263 e segs.) aborda o tema sob o enfoque da "protagonização pelo Estado da atividade econômica".
[58] Sobre o tema, remete-se o leitor para os capítulos II, III e IV da obra de Souto (2003).

fomento[59] para seu correto desenvolvimento em bases sólidas, firmes, e ainda sua *proteção*[60] diante das pressões advindas dos interesses antinômicos, inseridos no próprio subsistema, ou do sistema social. Sob esses pilares, a regulação melhor se estruturará para garantir a observância de direitos fundamentais, ponderando-os com outros interesses e direitos de idêntica dignidade jurídica e constitucional, observando-se princípios e valores sem uma predeterminada hierarquia entre eles.[61]

Conclusão

Estou convencido de que, para trazer respostas aos desafios do direito administrativo econômico, a regulação de atividades econômicas pelo Estado desponta como uma "nova" categoria de escolha pela administração pública, sendo a estrutura estatal necessária para equilibrar os subsistemas regulados, suprir as falhas do mercado, mediar e ponderar os diversos interesses ambivalentes. A escolha regulatória descentralizada tem mais condições de enfrentar os desafios da reflexividade da vida social, que consiste no fato de que as práticas sociais são constantemente examinadas e reformadas à luz de informação renovada sobre estas próprias práticas, alterando assim seu caráter. Concluiu-se que a compatibilização desse modelo de atuação estatal com a pós-modernidade está no fato de que o Estado deve, ainda, conter os excessos perpetrados pelos agentes que detêm o poder econômico privado por meio de valores e princípios garantidos pela força normativa da Constituição Federal.

A associação do direito administrativo à fase pós-moderna, alta moder-

---

[59] Um detalhamento sobre o fomento público na regulação é objeto da obra de Moreira Neto (2003:140 e segs.). Permite-se apenas o registro feito por Marcos Juruena Villela Souto (2003:30-31) que elenca as seguintes espécies de incentivo e fomento: benefícios e incentivos tributários, garantias, subsídios, empréstimos em condições favoráveis, assistência técnica estatal, privilégios especiais, desenvolvimento do mercado de capitais, proteção à indústria nacional, bem como a criação de polos industriais e comerciais.
[60] Sabino Cassese (2006:151) aduz que um mecanismo de proteção advém da separação entre governo e regulador.
[61] Veja-se a crítica de Alexy (2002:152-157) ao conceito de uma ordem hierárquica de valores.

nidade ou outra denominação que se pretenda utilizar, indica sua necessária adaptação às mudanças econômicas e sociais do século XXI, permitindo seu perfeito acoplamento ao contexto da realidade para ser instrumento de efetividade dos direitos fundamentais. A supremacia do interesse público e, indiretamente, da administração pública, nessa fase, deve deixar de ser um atributo permanente e prevalente.

Com efeito, as políticas nacionais típicas do Estado contemporâneo se põem em prática mediante a edição de muitas regras gerais, em grande parte com indeterminações técnicas, que acabam por exigir mais do que uma simples integração dessas mesmas normas, como ocorre com a escolha determinativa de conceito (conceito jurídico indeterminado) e a escolha discricionária (discricionariedade). Com as premissas da pós-modernidade e o ingresso do Brasil no modelo regulador neoliberal, inferiu-se que novas necessidades devem ser identificadas e expostas, especialmente para que o Estado neutralize os excessos e utilize seu "poder" como instrumento de controle da atuação privada.

Tratou-se, neste artigo, do objetivo da escolha regulatória descentralizada vinculando-o à cessão de capacidade decisória sobre aspectos técnicos para entidades descentralizadas em troca da busca por credibilidade e estabilidade, demonstrando que a regulação estatal deixa de ser assunto de governo para ser uma prioridade de Estado.

A importância da escolha regulatória foi detectada na conformação da garantia de equilíbrio de um subsistema, por meio de mecanismos para sua efetividade com vistas ao ajuste das oscilações econômicas, ainda que possam parecer surpreendentes por suas características inovadoras em relação ao passado.

Como se pôde constatar, por meio do atual modelo de Estado, propício à escolha regulatória, deve-se buscar um *planejamento preventivo,* pois não se concebe mais a ideia de que há domínio, pelas casas legislativas, de todas as informações indispensáveis para apontar as variáveis mercadológicas a serem objeto de regras. Deve-se, ainda, perseguir a efetivação do *fomento* para seu correto desenvolvimento em bases sólidas, firmes; além de estar atento à *proteção dos subsistemas*, diante das pressões advindas dos interesses antinômicos — inseridos no próprio subsistema — ou do sistema social. Sob esses pilares, pensa-se que a regulação estará em condições próximas de se apresentar como apta a garantir direitos fundamentais, ponderando-os com outros interesses e direitos de idêntica dignidade jurídica e constitucional, observando-se princípios e valores sem uma predeterminada hierarquia entre os mesmos.

Diante dessas considerações, é plausível sustentar que se apresenta diante da doutrina publicista o desafio de enfrentar as heranças do passado e que influenciam o presente, e estruturar um novo direito administrativo — menos preocupado com rótulos — que traga alguma resposta às demandas por uma nova forma de atuação estatal executiva. Essa resposta pode vir por meio da escolha regulatória que se fundamenta na atuação do Estado sobre decisões e atuações empresariais de forma adequada, necessária e proporcional, com fundamentos técnicos e científicos, que visem atender ao interesse público substantivo, sem, contudo, deixar de sopesar os efeitos dessas decisões no subsistema regulado com os interesses de segmentos da sociedade e, até mesmo, com o interesse individual no caso concreto.

Esses fundamentos levaram à indicação, neste texto, de alguns princípios fundamentais e norteadores da filosofia jurídica regulatória: (*i*) a perfeita concepção da tecnicidade dos atos regulatórios, para que esta ameaça não seja um instrumento de embaraço ao Estado democrático de direito (tecnocracia); (*ii*) a especialização dos ramos jurídicos em subsistemas que impõe uma pluralidade de fontes em confronto com a difícil tarefa de discernir onde começa e termina o espaço de cada uma à luz do princípio tripartite de separação dos poderes; e (*iii*) a permanente ambivalência, que aspira o sopeso de valores e princípios.

Referências

ALEXY, Robert. *Teoria de los derechos fundamentales*. 1. ed. 3. reimp. Tradução de Ernesto Garzón Valdés. Madrid: Centro de Estudios Políticos y Constitucionales, 2002.

_____. Derechos fundamentales y estado constitucional democrático. In: CARBONELL,

Miguel. *Neoconstitucionalismo(s)*. 2. ed. Madrid: Trotta, 2005.

ANDRADE, Odilon. *Serviços públicos e de utilidade pública*. São Paulo: Saraiva, 1937.

ARAGÃO, Alexandre Santos de. *Agências reguladoras e a evolução do direito administrativo econômico*. Rio de Janeiro: Forense, 2002a.

_____. Regulação da economia: conceito e características contemporâneas. *Revista de Direito da Associação dos Procuradores do Novo Estado do Rio de Janeiro*, Rio de Janeiro, v. 11, p. 3-42, 2002b.

_____. *Direito dos serviços públicos*. Rio de Janeiro: Forense, 2007.

ARIÑO ORTIZ, Gaspar. *Economía y Estado*: crisis y reforma del sector público. Madrid: Marcial Pons, 2003.

ÁVILA, Humberto (Coord.). Repensando o "princípio da supremacia do interesse público sobre o particular". In: SARLET, Ingo W. (Org.). *O direito público em tempos de crise*: estudos em homenagem a Ruy Ruben Ruschel. Porto Alegre: Livraria do Advogado, 1999.

_____. *Fundamentos do Estado de direito*: estudos em homenagem ao professor Almiro do Couto e Silva. São Paulo: Malheiros, 2005.

BAPTISTA, Patrícia. *Transformações do direito administrativo*. Rio de Janeiro: Renovar, 2003.

BARACHO, José Alfredo de Oliveira. *O princípio de subsidiariedade*: conceito e evolução. Rio de Janeiro: Forense, 1997.

BARROSO, Luís Roberto. *Interpretação e aplicação da Constituição*. 6. ed. São Paulo: Saraiva, 2004.

BAUMAN, Zygmunt. *Modernidade e ambivalência*. Tradução de Marcus Penchel. Rio de Janeiro: Jorge Zahar, 1999.

BECK, Ulrich. A reinvenção da política: rumo a uma teoria da modernização reflexiva. In: _____. GIDDENS, Anthony; LASH, Scott. *Modernização reflexiva*: política, tradição e estética na ordem social moderna. Tradução de Magda Lopes. São Paulo: Unesp, 1997.

BERMEJO VERA, José. *El declive de la seguridad jurídica en el ordenamiento plural*. Madrid: Civitas, 2005.

BITTAR, Eduardo Carlos Bianca. *Teorias sobre a justiça*: apontamentos para a história da filosofia do direito. São Paulo: Juarez de Oliveira, 2000.

BRESSER-PEREIRA, Luiz Carlos. *A reforma do Estado para a cidadania*: a reforma gerencial brasileira na perspectiva internacional. São Paulo: Editora 34, 1998.

BUCCI, Maria Paula Dallari. *Direito administrativo e políticas públicas*. São Paulo: Saraiva, 2002.

CAMPOS, Francisco. *Direito administrativo*. Rio de Janeiro: Forense, 1934.

CASSESE, Sabino. As transformações do direito administrativo dos séculos XIX e XX. *Revista Interesse Público*, Porto Alegre, ano 5, n. 24, p. 13-38, mar./abr. 2004.

_____. *La globalización jurídica*. Tradução de Luis Ortega, Isaac Martín Delgado e Isabel Gallego Córceles. Madrid: Marcial Pons, 2006. [ed. original: *Lo spazio giuridico globale*. Roma-Bari: Laterza, 2003.]

CASTELLS, Manuel. *Sociedade em rede*. 8. ed. Tradução de Roneide Venancio Majer e Klauss Brandini Gerhardt. São Paulo: Paz e Terra, 2005.

CHEMILLIER-GENDREAU, M. De quelques usages du concept de régulation. In: MIAILLE, Michel (Org.). *La régulation entre droit et politique*. Paris: Éditions L'Harmattan, 1995.

CIRIANO VELA, César David. *Administración económica y discrecionalidad*. Valladolid: Lex Nova, 2000.

DUGUIT, Léon. *Les transformations du droit public*. Paris: Éditions La Mémoire du Droit, 1999.

ENGISCH, Karl. *Introdução ao pensamento jurídico*. 8. ed. Tradução de J. Baptista Machado. Lisboa: Fundação Calouste Gulbenkian, 2001.

ESTORNINHO, Maria João. *A fuga para o direito privado*: contributo para o estudo da actividade de direito privado na administração pública. Coimbra: Almedina, 1996.

FERNÁNDEZ FARRERES, Germán. Reflexiones sobre el valor jurídico de la doctrina de la subsidiariedad en el derecho administrativo español. In: MOREIRA NETO, Diogo de Figueiredo (Org.). *Uma avaliação das tendências contemporâneas do direito administrativo*. Rio de Janeiro: Renovar, 2003.

FERRAZ JÚNIOR, Tercio Sampaio. *A ciência do direito*. 2. ed. 11. tiragem. São Paulo: Atlas, 1980.

_____. *Estudos de filosofia do direito*: reflexões sobre o poder, a liberdade, a justiça e o direito. 2. ed. São Paulo: Atlas, 2003.

FIGUEIREDO, Lúcia Valle. Intervenção do Estado no domínio econômico e breves considerações sobre as agências reguladoras. *Revista de Direito Público da Economia — RDPE*, Belo Horizonte, n. 2, p. 257-271, abr./jun. 2003.

FREITAS, Juarez. *A interpretação sistemática do direito*. 4. ed. São Paulo: Malheiros, 2004.

GARCÍA VILCHEZ, Julio Ramón; BORGE TAPIA, Roberto Carlos. El derecho administrativo en el siglo XXI. In: FERNÁNDEZ RUIZ, Jorge (Coord.). *Perspectivas del derecho administrativo en el siglo XXI*. Ciudad Universitaria: Universidad Nacional Autónoma de México, 2002. p. 145-150. Disponível em: <www.bibliojuridica.org/libros/1/316/12.pdf>.

GASPARINI, Diogenes. *Direito administrativo*. 11. ed. São Paulo: Saraiva, 2006.

GIANNINI, Massimo Severo. *Trattato di diritto amministrativo*. Pádua: Cedam, 1988.

GIDDENS, Anthony. *As consequências da modernidade*. Tradução de Raul Fiker. São Paulo: Unesp, 1991. [Título original: *The consequences of modernity*.]

_____. A vida em uma sociedade pós-tradicional. In: BECK, Ulrich; GIDDENS, Anthony; LASH, Scott. *Modernização reflexiva*: política, tradição e estética na ordem social moderna. Tradução de Magda Lopes. São Paulo: Unesp, 1997.

GOMES, Joaquim B. Barbosa. Agências reguladoras: a "metamorfose" do Estado e da democracia (uma reflexão de direito constitucional e comparado). *Revista de Direito da Associação dos Procuradores do Novo Estado do Rio de Janeiro*, Rio de Janeiro, v. 9, 2002.

GONZÁLES PÉREZ, Jesús. Acto administrativo y pretensión procesal. In: FERNÁNDEZ RUIZ, Jorge (Coord.). *Perspectivas del derecho administrativo en el siglo XXI*. Ciudad Universitaria: Universidad Nacional Autónoma de México, 2002. p. 7-28. Disponível em: <www.bibliojuridica.org/libros/1/316/4.pdf>.

GORDILLO, Agustín. La crescente internacionalización del derecho. In: FERNÁNDEZ RUIZ, Jorge (Coord.). *Perspectivas del derecho administrativo en el siglo XXI*. Ciudad Universitaria: Universidad Nacional Autónoma de México, 2002. p. 71-92. Disponível em: <www.bibliojuridica.org/libros/1/316/8.pdf>.

GRAU, Eros Roberto. *A ordem econômica na Constituição de 1988* (interpretação e crítica). 7. ed. São Paulo: Malheiros, 2002.

_____. *O direito posto e o direito pressuposto*. São Paulo: Malheiros, 2002.

GROTTI, Dinorá Adelaide Musetti. *O serviço público e a Constituição brasileira de 1988*. São Paulo: Malheiros, 2003.

GUERRA, Sérgio. *Controle judicial dos atos regulatórios*. Rio de Janeiro: Lumen Juris, 2005.

_____. Normatização por entidades reguladoras independentes: uma contribuição para o desafio da tecnicidade. In: _____. (Coord.). *Temas de direito regulatório*. Rio de Janeiro: Freitas Bastos, 2005.

_____. *Discricionariedade e reflexividade*: uma nova teoria sobre as escolhas administrativas. Belo Horizonte: Fórum, 2008.

GUERRA, Sidney. *Hermenêutica, ponderação e colisão de direitos fundamentais*. Rio de Janeiro: Lumen Juris, 2007.

GUERRA FILHO, Willis Santiago. *Teoria da ciência jurídica*. São Paulo: Saraiva, 2001.

HERNÁNDEZ-MENDIBLE, Víctor Rafael. El derecho administrativo en la sociedad de la información (reflexiones sobre el impacto de las telecomunicaciones y la informática).

In: FERNÁNDEZ RUIZ, Jorge (Coord.). *Perspectivas del derecho administrativo en el siglo XXI*. Ciudad Universitaria: Universidad Nacional Autónoma de México, 2002. p. 183-220. Disponível em: <www.bibliojuridica.org/libros/1/316/16.pdf>.

HOLANDA, Sérgio Buarque de. *Raízes do Brasil*. 26. ed. 26. reimp. São Paulo: Companhia das Letras, 2006.

JUSTEN FILHO, Marçal. *O direito das agências reguladoras independentes*. São Paulo: Dialética, 2002.

_____. *Curso de direito administrativo*. 2. ed. São Paulo: Saraiva, 2006.

KRELL, Andreas J. Discricionariedade administrativa, conceitos jurídicos indeterminados e controle judicial. *Revista da Esmafe — Escola de Magistratura Federal da 5ª Região*, Recife, v. 8, p. 177-224, 2004.

LAUBADÈRE, André de. *Direito público econômico*. Tradução de Maria Teresa Costa. Coimbra: Almedina, 1985.

LUMIA, Giuseppe. *Elementos de teoria e ideologia do direito*. Tradução de Denise Agostinetti. São Paulo: Martins Fontes, 2003.

MADARIAGA GUTIÉRREZ, Mónica. *Seguridad juridica y administración publica en el siglo XXI*. 2. ed. Santiago: Jurídica de Chile, 1993.

MARQUES NETO, Floriano Peixoto de Azevedo. A nova regulação estatal e as agências independentes. In: SUNDFELD, Carlos Ari (Org.). *Direito administrativo econômico*. São Paulo: Malheiros, 2000.

_____. Pensando o controle da atividade regulação estatal. In: GUERRA, Sérgio (Coord.). *Temas de direito regulatório*. Rio de Janeiro: Freitas Bastos, 2004.

_____. *Agências reguladoras independentes*: fundamentos e seu regime jurídico. Belo Horizonte: Fórum, 2005.

MATTOS, Paulo Todescan Lessa. *O novo Estado regulador no Brasil*: eficiência e legitimidade. São Paulo: Singular, 2006.

MEDAUAR, Odete. *O direito administrativo em evolução*. 2. ed. São Paulo: Revista dos Tribunais, 2003.

_____. Segurança jurídica e confiança legítima. In: ÁVILA, Humberto (Coord.). *Fundamentos do Estado de direito*: estudos em homenagem ao professor Almiro do Couto e Silva. São Paulo: Malheiros, 2005.

MENDES, Conrado Hübner. Reforma do Estado e agências reguladoras. In: SUNDFELD, Carlos Ari (Coord.). *Direito administrativo econômico*. São Paulo: Malheiros, 2000.

MOREIRA, Egon Bockmann. Agências reguladoras independentes, déficit democrático e a "elaboração processual de normas". In: _____; CUÉLLAR, Leila (Orgs.). *Estudos de direito econômico*. Belo Horizonte: Fórum, 2004. p. 161-206.

MOREIRA, Vital. *Autorregulação profissional e administração pública*. Lisboa: Almedina, 1997.

_____; MAÇAS, Fernanda. *Autoridades reguladoras independentes*. Coimbra: Coimbra Editora, 2003.

MOREIRA NETO, Diogo de Figueiredo. *Legitimidade e discricionariedade*: novas reflexões sobre os limites e controle da discricionariedade. Rio de Janeiro: Forense, 1989.

_____. *Mutações do direito administrativo*. 2. ed. Rio de Janeiro: Renovar, 2001.

_____. *Direito regulatório*: a alternativa participativa e flexível para a administração pública de relações setoriais complexas no Estado democrático. Rio de Janeiro: Renovar, 2003.

_____. Juridicidade, pluralidade normativa, democracia e controle social: reflexões sobre alguns rumos do direito público neste século. In: ÁVILA, Humberto (Org.). *Fundamentos do Estado de direito*: estudos em homenagem ao professor Almiro do Couto e Silva. São Paulo: Malheiros, 2005.

_____. *Mutações do direito público*. Rio de Janeiro: Renovar, 2006.

OLSON, Mancur. *A lógica da ação coletiva*: os benefícios públicos e uma teoria dos grupos sociais. Tradução de Fabio Fernandez. São Paulo: Edusp, 1999. [Título original: *The logic of collective action*: public goods and the theary of groups, editado em 1965.]

OSÓRIO, Fábio Medina. Existe uma supremacia do interesse público sobre o privado no direito administrativo brasileiro? *Revista de Direito Administrativo*, Rio de Janeiro, v. 220, p. 69-107, 2000.

_____. *Direito administrativo sancionador*. 2. ed. rev. atual. e ampl. São Paulo: Revista dos Tribunais, 2005.

OTERO, Paulo. *Vinculação e liberdade de conformação jurídica do sector empresarial do sector empresarial do Estado*. Coimbra: Coimbra Editora, 1998.

PÉREZ LUÑO, Antonio-Enrique. *Nuevas tecnologías, sociedad y derecho*: el impacto socio-jurídico de las nuevas tecnologías de la información. Madrid: Fundesco, 1997.

PERLINGIERI, Pietro. *Perfis do direito civil*: introdução ao direito civil constitucional. Tradução de Maria Cristina De Cicco. Rio de Janeiro: Renovar, 2002.

PESSOA, Robertônio Santos. *Curso de direito administrativo moderno*. 2. ed. Rio de Janeiro: Forense, 2003.

PINTO, Bilac. *Regulamentação efetiva dos serviços de utilidade pública*. Rio de Janeiro: Forense, 1941.

POZZOLO, Susanna. Un constitucionalismo ambiguo. In: CARBONELL, Miguel (Org.). *Neoconstitucionalismo(s)*. 2. ed. Madrid: Trotta, 2005.

PRIETO SANCHÍS, Luis. Neoconstitucionalismo y ponderación judicial. In: CARBONELL, Miguel (Org.). *Neoconstitucionalismo(s)*. 2. ed. Madrid: Trotta, 2005.

QUADROS, Fausto de. *A nova dimensão do direito administrativo*: o direito administrativo português na perspectiva comunitária. Coimbra: Almedina, 1999.

RIVERO YSERN, Enrique. El principio de subsidiariedad. In: MOREIRA NETO, Diogo de Figueiredo (Org.). *Uma avaliação das tendências contemporâneas do direito administrativo*. Rio de Janeiro: Renovar, 2003.

RODRÍGUEZ RODRÍGUEZ, Libardo. Las vicisitudes del derecho administrativo y sus desafíos en el siglo XXI. In: FERNÁNDEZ RUIZ, Jorge (Coord.). *Perspectivas del derecho administrativo en el siglo XXI*. Ciudad Universitaria: Universidad Nacional Autónoma de México, 2002. p. 93-104. Disponível em: <www.bibliojuridica.org/libros/1/316/9.pdf>.

SALOMÃO FILHO, Calixto. *Regulação da atividade econômica*: princípios e fundamentos jurídicos. São Paulo: Malheiros, 2001.

SARMENTO, Daniel. *Direitos fundamentais e relações privadas*. Rio de Janeiro: Lumen Juris, 2004.

SEABRA FAGUNDES, Miguel. *O controle dos atos administrativos pelo Poder Judiciário*. 4. ed. Rio de Janeiro: Forense, 1967.

SENDÍN GARCÍA, Miguel Ángel. *Regulación y servicios públicos*. Granada: Comares, 2003.

SILVA, Vasco Manuel Pascoal Dias Pereira da. *Em busca do acto administrativo perdido*. Coimbra: Almedina, 2003.

SOUTO, Marcos Juruena Villela. *Desestatização*: privatização, concessões, terceirizações e regulação. 4. ed. Rio de Janeiro: Lumen Juris, 2001.

_____. *Direito administrativo regulatório*. Rio de Janeiro: Lúmen Juris, 2002.

_____. *Direito administrativo da economia*. Rio de Janeiro: Lúmen Juris, 2003.

SOUZA, Washington Peluso Albino de. *Direito econômico*. São Paulo: Saraiva, 1980.

SUNDFELD, Carlos Ari. Introdução às agências reguladoras. In: _____ (Coord.). *Direito administrativo econômico*. São Paulo: Malheiros, 2000.

TÁCITO, Caio. O retorno do pêndulo: serviço público e empresa privada: o exemplo brasileiro. *Revista de Direito Administrativo*, Rio de Janeiro, v. 202, p. 1-10, out./dez. 1995.

TEUBNER, Gunther. *O direito como sistema autopoiético*. Tradução de José Engrácia Antunes. Lisboa: Fundação Calouste Gulbenkian, 1993.

TORRES, Ricardo Lobo. *Tratado de direito constitucional financeiro e tributário*. Rio de Janeiro: Renovar, 2005. v. 2.

TORRES, Silvia Faber. *Princípio da subsidiariedade no direito público contemporâneo*. Rio de Janeiro: Renovar, 2001.

VAZ, Manoel Afonso. *Direito económico*: a ordem económica portuguesa. 2. ed. Coimbra: Coimbra, 1990.

ZAGREBELSKY, Gustavo. *El derecho dúctil, ley, derechos, justicia*. Tradução de Marina Gascón. Madrid: Trotta, 1995. [Título original: *Il diritto milte — legge diritti giustizia*.]

A efetivação dos direitos humanos no Tribunal de Justiça do Rio de Janeiro

ANDRÉA DINIZ DA SILVA

Introdução

A consolidação dos direitos humanos na cultura popular e institucional do país requer uma prática efetiva dos cidadãos e dos agentes públicos nesse sentido. No Estado brasileiro, os Poderes Executivo e Legislativo têm produzido intervenções que dão visibilidade aos direitos humanos, mesmo que ainda não haja uma efetividade plena desses direitos. Entretanto, as práticas do Poder Judiciário permanecem de difícil acesso, além de diluídas nas atividades de rotina.

É necessário e imperioso que se colham elementos que contribuam para uma visão mais apurada sobre a maneira que os juízes concebem e aplicam as normas de direitos humanos, especialmente de direitos econômico-sociais, para que seja possível o estabelecimento de estratégias para a consolidação dos direitos humanos também na esfera judiciária.

A escassa produção de estudos e pesquisas que envolvam o Judiciário, em especial sobre o tema "direitos humanos", faz com que noções sobre a efetivação dos direitos humanos no Brasil sejam formadas com base em opiniões isoladas. Nesse sentido, a realização de pesquisas que utilizem ferramentas e métodos de análise cientificamente reconhecidos em muito pode contribuir para o conhecimento da realidade.

Com vistas a contribuir para a consolidação de uma cultura de produção empírica sobre a efetivação dos direitos humanos, principalmente através do Poder Judiciário, foi criado no ano de 2003, por professores das faculdades de direito da Fundação Getulio Vargas, Universidade do Estado do Rio de Janeiro, Pontifícia Universidade Católica e Universidade Cândido Mendes, o grupo de estudos e pesquisas Direitos Humanos, Poder Judiciário e Sociedade. Desde então o grupo, que desde a fase inicial contou com a participação de professores e alunos de graduação, mestrado e doutorado[1] destas universidades, já realizou pesquisa entre juízes e desembargadores do Tribunal de Justiça do estado do Rio de Janeiro e dirigentes de organizações não governamentais. O presente artigo busca revelar os achados na primeira instância do TJRJ.

Aspectos metodológicos

O trabalho foi estruturado para que pudesse proporcionar subsídios para uma avaliação da efetivação dos direitos humanos no âmbito do Poder Judiciário. Nesse sentido, o principal interesse recaiu sobre as condições objetivas para que esta se efetivasse. Tais condições têm como principais elementos as características sociodemográficas do juiz, sua formação pré-universitária, universitária, técnica e política, sua concepção acerca do tema e sua prática.

Considerando-se a diversidade de possibilidades de proceder a tal avaliação, o indicador de efetivação adotado foi a utilização de uma ou mais normativas internacionais de proteção dos direitos humanos para a fundamentação das sentenças proferidas. Foram escolhidas 11 normativas, todas mencionadas exaustivamente no questionário. Foram formuladas

---

[1] Participaram desta pesquisa José Ricardo Cunha, Andréa da Silva Frade, Diana Felgueiras das Neves, Graciete Conceição Antunes de Jesus, Vinícius Scarpi e Viviane Maria Sant'Anna Ascenção, além da autora.

as hipóteses de que os fatores escolhidos (características do juiz, sua formação e sua concepção acerca do tema) são determinantes para a utilização das normativas internacionais de proteção aos direitos humanos, portanto da efetivação dos direitos humanos no Tribunal de Justiça do Rio de Janeiro.

Embora haja fontes confiáveis de dados para o estudo das características dos juízes, isto não ocorre em relação aos demais elementos mencionados. Assim, foi necessário que os dados fossem coletados diretamente em fonte primária, ou seja, através de entrevistas diretas aos juízes.[2] Optou-se pela comarca da capital do Rio de Janeiro por ser esta a mais representativa do estado, não só por ser a de maior fluxo de processos como também a de maior diversidade.

A unidade de pesquisa considerada foi a vara, uma vez que é através dela que o juiz atua e o usuário tem a possibilidade de acesso à justiça. Assim, o questionário corresponde à vara e não ao juiz, não obstante seja este o interlocutor. Nas varas com mais de um juiz, titular e substituto(s), foi preenchido apenas um questionário. Nos casos em que foi verificado acúmulo de titularidade de varas pelo juiz, as respostas dadas por ele foram repetidas e relacionadas às varas sob a sua titularidade.

O cadastro das unidades de pesquisa foi feito a partir da relação de varas extraída da página do Tribunal de Justiça, em novembro de 2003, quando constavam 255 varas, incluindo-se os fóruns central e regionais. Com a atualização do cadastro, feita no campo quando do contato para o agendamento das entrevistas, foi constatado que algumas varas, embora constantes na página do Tribunal, ainda não haviam sido instaladas, ou, em raros casos, haviam sido fundidas com outras já existentes. Assim, o cadastro final contém 244 varas.

A coleta dos dados foi realizada no período de janeiro a maio de 2004, quando foi possível visitar 225[3] das 244 varas cadastradas. Em ra-

---

[2] A entrevista foi realizada, sempre que possível, com o juiz titular da vara. Em caso de impossibilidade, entrevistou-se o juiz substituto. No caso de impossibilidade ou recusa de ambos, considerou-se como não resposta (NR).
[3] Em razão de limitações inesperadas não foi possível fazer o trabalho nos fóruns regionais de Campo Grande (11 varas) e Santa Cruz (8 varas).

zão de recusas explícitas ou intermináveis impossibilidades de os juízes receberem o pesquisador ou mesmo preencherem o questionário, não foi possível obter informações em 50% das varas. No entanto, considerando que as varas para as quais não foi obtida resposta ao questionário estão distribuídas aleatoriamente, ou seja, não há concentração de "não resposta" em nenhum tipo de vara, e ainda que não tenha havido perda de unidade informante nas varas únicas, as respostas obtidas são representativas do Tribunal de Justiça do Rio de Janeiro, exceto para os fóruns regionais de Campo Grande e Santa Cruz, pelos motivos já mencionados.

O instrumento de coleta foi desenvolvido para que pudesse ser utilizado em entrevista realizada pelos pesquisadores, diretamente com o juiz titular das varas, ou para autopreenchimento quando houvesse recusa do juiz em receber os pesquisadores. Em alguns casos o questionário foi deixado na secretaria da vara e recolhido já preenchido pelo juiz.

Perfil dos juízes entrevistados

Foram entrevistados 104 juízes, representando 109 varas do Tribunal de Justiça do Rio de Janeiro, pois cinco juízes estavam acumulando duas varas cada. Suas características gerais são mostradas a seguir.

Sexo do juiz

O Judiciário, como instituição social, ainda reflete uma predominância masculina. Pode-se perceber que, não obstante a população brasileira seja composta de maioria feminina, a maioria dos juízes é masculina, totalizando um percentual de 60%. Contudo já se pode notar uma significativa aproximação entre os dois percentuais e a superação da média nacional, que até o ano de 2000 girava em torno de 30%, segundo estudo realizado por Flavia Piovesan. As instituições vêm se femininizando ao longo dos anos, graças a uma mudança na sociedade. Este fenômeno é mais bem percebido nos Juízos de 1ª instância, onde vão os recém-juízes iniciar o exercício de sua função com acesso através de concurso público, o que democratiza sobremaneira o acesso à instituição.

Tabela 1 | Distribuição dos juízes participantes da pesquisa por tempo de magistratura, segundo sua classe de idade

Classes de idade	Tempo de magistratura (em anos)			
	menos de 5	de 5 a 10	de 11 a 20	mais de 20
Até 30	2	0	0	0
31 a 50	5	28	44	0
Mais de 50	2	4	19	3
NR	0	1	1	0
Total	9	33	64	3

São pequenas as chances de que se ocupe a posição de juiz titular antes de se completar 30 anos. Do total de juízes, apenas dois (2%) encontram-se nesta faixa de idade. Dos 77 juízes na faixa de 31 a 50 anos, representando quase 75% dos entrevistados, 44 têm de 11 a 20 anos de magistratura. Esta classe de idade figura como maioria relevante da 1ª instância do Tribunal de Justiça do Rio de Janeiro. Nenhum juiz desta classe de idade tem mais de 20 anos de carreira, o que revela que os juízes com mais de 20 anos de magistratura encontram-se provavelmente nos órgãos de 2ª instância. Os juízes com mais de 50 anos, em sua maioria, contam de 11 a 20 anos de magistratura e apenas dois possuem menos de cinco anos de carreira, uma vez que é raro alguém iniciar o ofício de magistrado nas proximidades desta faixa etária. Como raro, também, é um juiz titular continuar exercendo atividades magistrais na 1ª instância depois dos 50 anos.

Qual é a sua cor ou raça?

Os percentuais mais impressionantes — porém não surpreendentes — são os relativos à cor ou raça dos magistrados. Os autodeclarados brancos encerram 86% do total de juízes. Isto releva ou a existência de uma intensa exclusão da população negra/parda dos quadros do Poder Judiciário fluminense ou o uso de critérios subjetivos na autoclassificação da cor/raça do magistrado, o qual difere daquele utilizado em pesquisas oficiais visto que, segundo o Censo 2000, os negros[4] e pardos representam 44,6% da população brasileira.

Análise dos dados

A escolha de modelos de regressão como ferramenta para subsidiar a análise dos dados está relacionada à sua aplicabilidade em testes de hipótese, utilizados para testar se a efetivação dos direitos humanos no Tribunal de Justiça do Rio de Janeiro é influenciada pelas características do juiz, sua formação e sua concepção acerca do tema.

Para o ajuste de modelos logísticos multinomiais, foi utilizada como variável resposta uma indicadora do uso de normativa na fundamentação das sentenças proferidas. Tal variável foi construída a partir das respostas "frequentemente", "raramente" ou "não utilizo" dadas a cada uma das 11 normativas utilizadas na pesquisa. A variável indicadora foi considera-

---

[4] O IBGE adota a categoria "preto" em vez de "negro". Para a aplicação na pesquisa foi feita a substituição do termo, mantendo-se na íntegra as demais categorias adotadas pelo órgão oficial.

da "frequentemente" quando havia tal resposta em pelo menos uma das normativas mencionadas. Considerou-se "raramente" quando não havia nenhuma resposta igual a "frequentemente" e pelo menos uma igual a "raramente". A resposta "não utilizo" foi associada sempre que havia tal resposta para todas as normativas mencionadas. No quadro a seguir, reprodução do questionário, são apresentadas todas as normativas internacionais mencionadas na pesquisa.

25. Utiliza alguma(s) das normas de direitos humanos, abaixo relacionadas, na fundamentação de suas sentenças?

	Frequentemente	Raramente	Não utilizo
Pacto internacional dos direitos civis e políticos. Dec. Legisl. 226/91 Dec. Exec. 592/92	☐	☐	☐
Pacto internacional dos direitos econômicos, sociais e culturais. Dec. Legisl. 226/9. Dec. Exec. 591/92.	☐	☐	☐
Convenção americana de direitos humanos. Dec. Legisl. 27/92. Dec. Exec. 678/92.	☐	☐	☐
Protocolo de San Salvador. Dec. Legisl. 56/95. Dec. Exec. 3.321/99.	☐	☐	☐
Convenção sobre a eliminação de todas as formas de discriminação racial. Dec. Legisl. 23/67. Dec. Exec. 65.810/69.	☐	☐	☐
Convenção sobre eliminação de todas as formas de discriminação contra a mulher (ONU). Dec. Legisl. 26/94. Dec. Exec. 89.406/84.	☐	☐	☐
Convenção para prevenir, punir e erradicar a violência contra a mulher (OEA). Dec. Legisl. 107/95. Dec. Exec. 1.973/96.	☐	☐	☐
Convenção contra tortura e outros tratamentos ou penas cruéis, desumanas ou degradantes (ONU). Dec. Legisl. 04/89. Dec. Exec. 40/91.	☐	☐	☐
Convenção interamericana para prevenir e punir a tortura. Dec. Legisl. 5/89. Dec. Exec. 98.386/89.	☐	☐	☐
Convenção sobre os direitos da criança. Dec. Legisl. 28/90. Dec. Exec. 99.710/90.	☐	☐	☐
Convenção interamericana para a eliminação de todas as formas de discriminação contra as pessoas portadoras de deficiência. Dec. Legisl. 198/2001. Dec. Exec. 3.956/2001.	☐	☐	☐

O procedimento utilizado para a modelagem dos dados consistiu em aplicar testes de hipótese acerca da contribuição de cada variável explicativa para o poder de explicação do modelo, em um nível de 5% de significância. Estas variáveis foram compostas a partir das perguntas constantes dos questionários que podem ser vistas na tabela 2. As variáveis consideradas significativas foram utilizadas na composição de um único modelo, e novos testes de hipóteses foram aplicados. Por fim, excluindo-se as variáveis que juntamente com as demais não contribuíam significativamente para o poder de explicação do modelo, foi obtido o modelo ajustado, o qual contém não mais todas as variáveis oriundas do questionário completo, mas somente as variáveis que podem explicar o uso das normativas internacionais segundo critérios estatísticos.

Os valores das estatísticas[5] utilizadas para testar a significância de cada variável nos respectivos modelos podem ser vistos na tabela 2.

Tabela 2 | Estatísticas de teste da significância das variáveis para o modelo com 24 variáveis

Análise Tipo I	Estatística LR			
Fonte	*Deviance**	Grau de confiança	Qui-quadrado	Pr > ChiSq
Tipo de vara (1)	399.7911	5	17.10	0.0043
Sexo (2)	427.4586	1	3.26	0.0708
Idade (3)	433.6336	3	0.18	0.9814
Cor (4)	382.3783	3	25.80	<.0001
Tempo de magistratura (5)	425.2816	3	4.35	0.2259
Tempo no tipo de vara (6)	417.8612	4	8.06	0.0893
Ensino médio (7)	417.6860	3	8.15	0.0430
Graduação (8)	383.2655	14	25.36	0.0312
DHs na graduação (9)	427.7312	2	3.13	0.2094
Estudou DHs (10)	430.8308	1	1.58	0.2091
Gostaria de estudar DHS (11)	413.0721	4	10.46	0.0334
Participação em ONG (12)	430.2227	3	1.88	0.5974
Sistema ONU/OEA (13)	403.1920	3	15.40	0.0015
Decisões Cortes Internacionais (14)	425.4045	3	4.29	0.2317
Enriquecer sentenças (15)	421.3918	2	6.30	0.0429
Mandado de despejo (16)	428.7396	2	2.62	0.2694
Ação afirmativa (17)	428.0307	2	2.98	0.2257
Privação de liberdade (18)	425.1317	3	4.43	0.2189
DHs São (19)	429.4057	4	2.29	0.6826
DHESs e DHCPs (20)	433.7453	2	0.12	0.9417
Tutela DHs e Gasto Executivo (21)	433.2650	2	0.36	0.8351
Inexequibilidade dos DHs (22)	431.0908	3	1.45	0.6944
DHs aplicáveis (23)	421.2597	1	6.36	0.0117
Sentença Corte Interamericana (24)	430.2081	2	1.89	0.3889

* Estatística que mede a qualidade do ajuste do modelo para os dados.

---

[5] Estas estatísticas de teste foram obtidas utilizando-se a Proc. Genmod do SAS.

Como resultado do teste de hipótese, cujas estatísticas são mostradas na tabela 2, concluiu-se que o tipo de vara, a cor ou raça do juiz, o tipo de escola onde cursou a maior parte do ensino médio, onde cursou a graduação, se gostaria de fazer cursos de direitos humanos, se sabe como funciona o sistema de proteção internacional dos direitos humanos da ONU e da OEA, se acha que o conhecimento das decisões das Cortes internacionais pode auxiliar ou enriquecer suas sentenças, se expediria mandado de despejo contra réu que não possui outro imóvel, e se já atuou em processo no qual as normas de direitos humanos fossem aplicáveis, podem contribuir significativamente para a explicação da utilização das normativas na fundamentação das sentenças. Assim, tais variáveis foram utilizadas na composição de um único modelo, ao qual foi aplicado um novo teste de hipótese. As demais foram descartadas. As estatísticas de teste calculadas, considerando-se o modelo com as oito variáveis, são mostradas na tabela 3.

Tabela 3 | Estatísticas de teste da significância das variáveis para o modelo com 8 variáveis | Modelo 2

Análise Tipo I	Estatística LR			
Fonte	Deviance	Grau de confiança	Qui-quadrado	Pr > ChiSq
Tipo de vara (1)	4.030.958	5	19.09	0.0018
Cor (4)	3.736.788	3	14.71	0.0021
Ensino médio (7)	3.661.548	3	3.76	0.2883
Graduação (8)	3.250.368	14	20.56	0.1135
Gostaria de estudar DHS (11)	3.022.778	4	11.38	0.0226
Sistema ONU/OEA (13)	2.699.890	3	16.14	0.0011
Enriquecer sentenças (15)	2.613.929	2	4.30	0.1166
DHs aplicáveis (23)	2.582.670	1	1.56	0.2112

O resultado dos novos testes de hipótese levou a concluir que o tipo de escola onde o juiz cursou a maior parte do ensino médio, onde cursou a graduação, se acha que o conhecimento das decisões das cortes internacionais pode auxiliar ou enriquecer suas sentenças e se já atuou em processo no qual as normas de direitos humanos fossem aplicáveis não contribuem significativamente para a explicação da utilização das normativas na fundamentação das sentenças. Tais variáveis foram descartadas e buscou-se ajustar um novo modelo, contendo as quatro variáveis restantes. As estatísticas de teste são mostradas na tabela 4.

Tabela 4 | Estatísticas de teste da significância das variáveis para o modelo com 4 variáveis | Modelo 3

Análise Tipo I | Estatística LR

Fonte	Deviance	Grau de confiança	Qui-quadrado	Pr > ChiSq
Tipo de vara (1)	4.030.958	5	19.09	0.0018
Cor (4)	3.736.788	3	14.71	0.0021
Gostaria de estudar DHS (11)	3.629.021	4	5.39	~~0.2497~~
Sistema ONU/OEA (13)	3.471.050	3	7.90	0.0482

Por fim, o resultado dos novos testes de hipótese, cujas estatísticas são mostradas na tabela 4, levou a concluir que o fato de o juiz ter ou não interesse em fazer cursos de direitos humanos não contribui significativamente para a explicação da utilização das normativas na fundamentação das sentenças. Tal variável foi descartada e foi possível concluir que o modelo contendo apenas três variáveis explica o comportamento da utilização de normativas internacionais de proteção dos direitos humanos na fundamentação das sentenças proferidas no Tribunal de Justiça do Rio de Janeiro tão bem quanto os modelos anteriormente testados. As estatísticas de teste são mostradas na tabela 5.

Tabela 5 | Estatísticas de teste da significância das variáveis para o modelo com 3 variáveis | Modelo ajustado

Análise Tipo I | Estatística LR

Fonte	Deviance	Grau de confiança	Qui-quadrado	Pr > ChiSq
Tipo de vara (1)	4.030.958	5	19.09	**0.0018**
Cor (4)	3.736.788	3	14.71	**0.0021**
Sistema ONU/OEA (13)	3.514.756	3	11.10	**0.0112**

O modelo com efeitos principais de três variáveis ajustado pode ser obtido aplicando-se à equação geral os valores estimados dos parâmetros apresentados na tabela 6.

Tabela 6 | Valores estimados dos parâmetros e respectivos erros padrões

Análise dos parâmetros estimados

Parâmetro	Nível	Estimativa	Erro padrão
Tipo de vara	Criminal	0.1605	0.9656
	Outros tipos de vara	0.0000	0.0000
	Família	-0.7936	0.9862
	Órfãos e sucessões	-0.9415	13.765
	Cível	-11.184	0.8695
	Fazenda pública	-11.484	12.206
Cor ou raça	Parda	14.457	17.588
	Não informou	0.0000	0.0000
	Indígena	-0.9477	23.034
	Branca	-16.863	15.914
ONU e OEA	Sim	21.475	13.346
	Apenas superficialmente	14.382	11.866
	Não informou	0.0000	0.0000
	Não	-0.2025	13.468

Por meio da análise dos valores estimados dos parâmetros é possível identificar o tipo de contribuição de cada um dos níveis dos fatores para a utilização das normativas internacionais de proteção aos direitos humanos na fundamentação das sentenças proferidas. A seguir, apresentaremos uma análise para cada um dos fatores.

Tipo de vara

A vara, considerada como unidade de pesquisa, encontra-se ordenada pelas diversas áreas do direito, o que facilita a atuação do juiz e a acessibilidade da Justiça pela sociedade. A primeira instância da comarca da capital do Tribunal de Justiça do Estado do Rio de Janeiro concentra o maior número de varas nas áreas cível, criminal e família, incluindo os juizados especiais (cível e criminal). Outros tipos de vara encontram-se em menor número e localizados no Fórum Central, até mesmo existindo como vara única (auditoria militar, execução penal e registros públicos).

Constata-se que, do total de varas pesquisadas, a maioria é da área cível, 57 varas em toda a comarca, o que era de se esperar, uma vez que este é o tipo de vara em maior quantidade no Tribunal de Justiça. Em seguida, encontram-se as varas criminais, totalizando 19 pesquisadas e as varas de família, participando da pesquisa 15, quantidades também proporcionais ao total de varas existentes. As varas de fazenda pública, órfãos e sucessões e outras varas obtiveram a sua participação na pesquisa com seis varas de cada área. Esses dados revelam que o número de varas cíveis pesquisadas é consideravelmente superior às demais varas, correspondendo, até mesmo, a maioria em relação ao somatório de todas as outras.

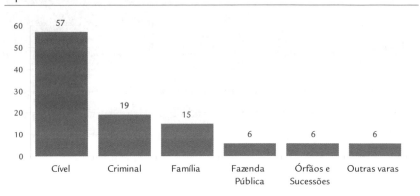

Com o objetivo de examinar a concepção e aplicação dos direitos humanos pelos juízes, é fundamental levar em consideração o tipo de vara em que o juiz atua, pois a matéria tratada está relacionada, de maneira direta ou inversa, com a aplicabilidade de algumas das normativas mencionadas. Na tabela 7 os tipos de vara estão ordenados de maneira decrescente segundo sua contribuição para a utilização das normativas internacionais na fundamentação das sentenças.

Tabela 7 | Valores estimados dos parâmetros e respectivos erros padrões

Análise dos parâmetros estimados			
Parâmetro	Nível	Estimativa	Erro padrão
Tipos de vara	Criminal	0.1605	0.9656
	Outros tipos de vara	0.0000	0.0000
	Família	-0.7936	0.9862
	Órfãos e sucessões	-0.9415	13.765
	Cível	-11.184	0.8695
	Fazenda pública	-11.484	12.206

Procedendo-se à análise comparativa dos tipos de vara, é possível afirmar que a probabilidade de que as normativas internacionais sejam utilizadas frequentemente na fundamentação das sentenças é maior quando se trata de vara criminal. O resultado confirma a ideia de que é a área criminal a mais identificada com os direitos humanos. Por isso mesmo, cabe a indagação se esse resultado pode, em alguma medida, confirmar a visão que permeia o imaginário popular de que "direitos humanos só existem para os bandidos". Evidentemente, trata-se de uma compreensão pejorativa de boa parte da população que, exatamente por isso, resiste a uma política de direitos humanos. É claro que a ação dos juízes em vara criminal detectada pela pesquisa reforça uma política de direitos humanos, em sentido inverso ao desejado por este senso comum. De qualquer forma, é preocupante que apenas a área criminal atinja esse patamar de indissociabilidade com os direitos humanos.

No outro extremo, estão as varas de fazenda pública e cível como aquelas cujo nível de utilização das normativas na fundamentação das sentenças é o menor. É curioso como o Estado (Fazenda Pública) e as relações patrimoniais entre particulares (Cível) parecem permanecer blindados contra as investidas distributivas decorrentes da garantia dos direitos humanos. No caso das varas cíveis, é como se elas se apoiassem exclusivamente numa tradição privatista que ignora completamente os interesses públicos e mesmo as determinações constitucionais. Parece ser tão forte esta tradição que mesmo em casos de direitos da personalidade ou do exercício de liberdades (expressão, imprensa, culto, religião etc.) os juízes ainda assim mantêm-se na esfera limitada do Código Civil e não esboçam recurso às normativas de direitos humanos.

Entre os extremos, estão a categoria "outras varas", que agrega varas da infância e juventude e as varas únicas de execução penal, auditoria militar e registro público; e as varas de família e órfãos e sucessões, cujas chances de que as normativas sejam utilizadas vão diminuindo gradualmente.

Cor ou raça

Considerando a análise descritiva dos juízes que participaram da pesquisa, apresentada na seção anterior, há que se considerar que há apenas um juiz que se considera indígena e dois que não quiseram informar sua cor ou raça. Assim, maior importância deve ser dada ao que revela as "cores" branca e parda. Na tabela 8 a cor ou raça dos juízes está ordenada de maneira decrescente segundo sua contribuição para a utilização das normativas internacionais na fundamentação das sentenças.

Tabela 8 | Valores estimados dos parâmetros e respectivos erros padrões

Análise dos parâmetros estimados			
Parâmetro	Nível	Estimativa	Erro padrão
Cor ou raça	Parda	14.457	17.588
	Não informou	0.0000	0.0000
	Indígena	-0.9477	23.034
	Branca	-16.863	15.914

Observa-se que é a parda a cor ou raça associada à maior probabilidade de que as normativas sejam utilizadas frequentemente. Por outro lado a branca é que apresenta menor probabilidade, ou seja, tem a maior probabilidade de que as normativas *nunca* sejam utilizadas. Tomando por base a categoria que agrega os casos em que o juiz não quis informar sua cor ou raça ("não informada"), a indígena também apresentou menor probabilidade de utilização frequente das normativas internacionais na fundamentação das sentenças.

A alta probabilidade de que os juízes pardos utilizem as normativas internacionais de proteção dos direitos humanos na fundamentação das sentenças pode estar associada à maior preocupação com a matéria, conformada ao longo da história de exclusão social sofrida por este grupo. Os resultados da pesquisa mostram as consequências de um processo de conscientização, onde os poucos e privilegiados que tiveram acesso à universidade e hoje ocupam cargo de juiz agem com consciência crítica e preocupação com as desigualdades sociais. Apesar de ser minoria no Tribunal de Justiça, o conjunto dos juízes pardos mostra ação diferenciada, compatível com o entendimento de que as normativas internacionais de proteção dos direitos humanos são grandes aliadas para a garantia da dignidade humana.

Conhecimento sobre o sistema de proteção dos direitos humanos da ONU e OEA

Do total de juízes, a maioria conforma o grupo dos que não conhecem os Sistemas de Proteção Internacional dos Direitos Humanos da ONU e da OEA ou o conhecem apenas superficialmente. Apenas 17% declararam conhecimento do sistema sem restrições. Como uma breve análise exploratória, podemos obter indícios de que a utilização das normativas de proteção dos direitos humanos há de ser precária, pois o conhecimento desses sistemas acaba refletindo de maneira bastante acentuada na aplicação das normativas internacionais. As chances de uma normativa internacional ser aplicada por um juiz que não conhece os citados sistemas são mínimas, crescendo, todavia, estas chances, à medida que esse desconhecimento se torna um conhecimento superficial e, mais ainda, um conhecimento pleno.

Sabe como funciona os Sistemas de Proteção Internacional dos Direitos Humanos da ONU e da OEA?

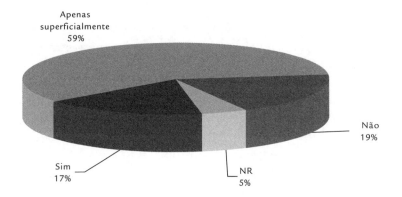

Os sistemas de proteção aos direitos humanos encontram-se integrados tanto no plano nacional quanto no internacional. Esta integração — que existe em razão do valor central reconhecido à dignidade humana nos planos nacional e internacional — significa a possibilidade de o juiz recorrer às normativas internacionais para proteção dos direitos humanos.

A efetividade de qualquer direito está necessariamente ligada ao instrumental disponível à sua proteção, o que significa dizer que não basta apenas o reconhecimento jurídico de um determinado direito, mas também a criação de todo um instrumental que possibilite ao sujeito de direito recurso ao Judiciário no caso de violação ao seu direito. Com os direitos humanos o raciocínio é o mesmo. Junto a qualquer declaração de direitos se faz necessária a construção de mecanismos que possibilitem a efetivação e a proteção dos direitos declarados: um sistema de proteção.

O desconhecimento dos Sistemas de Proteção Internacional dos Direitos Humanos se apresenta (como de fato demonstrou a tabela) como obstáculo à plena efetivação dos direitos humanos no cotidiano do nosso Poder Judiciário. E isso porque esse desconhecimento dos sistemas de proteção da ONU e da OEA se mostrou intimamente ligado à não aplicação das normativas internacionais relativas aos direitos humanos, de modo que, pode-se concluir sem maiores esforços, o desconhecimento dos sistemas de proteção é, na verdade, parte de um desconhecimento maior, que tem como objeto toda a temática dos direitos humanos. Na tabela 9 o nível de conhecimento do Sistema de Proteção Internacional dos Direitos Humanos da ONU e da OEA está ordenado de maneira decrescente segundo sua contribuição para a utilização das normativas internacionais na fundamentação das sentenças.

Tabela 9 | Valores estimados dos parâmetros e respectivos erros padrão

Análise dos parâmetros estimados			
Parâmetro	Nível	Estimativa	Erro padrão
ONU e OEA	Sim	21.475	13.346
	Apenas superficialmente	14.382	11.866
	Não informou	0.0000	0.0000
	Não	-0.2025	13.468

Com os resultados da pesquisa, que demonstram que o desconhecimento dos sistemas de proteção influencia diretamente a não aplicação das normativas internacionais, pode-se especular que parte dos juízes não é sensível à questão dos direitos humanos pois, como visto, toda a temática dos direitos humanos encontra-se tratada em normativas que ora declaram direitos ora constituem instrumentos que salvaguardam esses direitos. O não conhecimento dos sistemas de proteção, repita-se, acaba se revelando um desconhecimento de toda a temática dos direitos humanos, o que acaba se materializando na não utilização de qualquer normativa internacional de direitos humanos. O desconhecimento das normativas de direitos humanos é, evidentemente, um entrave a ser superado na busca de efetivação dos direitos do homem.

Comentários feitos pelos juízes

Adicionalmente, com base nos comentários feitos pelos magistrados, registrados nos questionários, é possível concluir que tanto a definição quanto a concepção de direitos humanos, assim como a sua aplicabilidade, ainda são precárias e obscuras entre os juízes.

A confusão pode ser percebida com a afirmação de um juiz da vara de órfãos e sucessões, segundo o qual "os direitos humanos seriam princípios fundamentais aplicados juntamente às normas, porém superiores a elas". Entretanto, em uma de suas respostas, considerou não ser válida a aplicação de uma sentença da Corte Interamericana de Direitos Humanos se ainda não homologada pelo Supremo Tribunal Federal.

A obscuridade acerca dos direitos humanos fica mais clara após a leitura de algumas das justificativas utilizadas pelos magistrados para a não utilização de normas de direitos humanos. Em algumas varas cíveis, os comentários feitos foram: "Não utilizo em razão da área de atuação — Cível"; "como juiz de vara cível, tenho pouquíssimas oportunidades de aplicar normas de direitos humanos" e "na verdade, os pactos e convenções mencionados não têm muita aplicação na matéria cível predominante neste Juízo". Já em varas da fazenda pública, pudemos observar comentários como: "Trabalho em vara da fazenda pública, onde os direitos humanos não têm a mesma aplicação direta como ocorre (quiçá!) nas varas de menores, família ou criminais" e "a área em que atuo não propicia a utilização dos diplomas citados".

O distanciamento entre os juízes e os direitos humanos pode ser absorvido não apenas através dos comentários anteriormente referidos, mas também com a verificação de seu desconhecimento no que concerne a pactos e convenções de direitos humanos. Além disso, justificativas como "uma maior identificação com a doutrina clássica do direito civil" e "a falta de interesse em cursos de direitos humanos pelo trabalho estar mais voltado ao direito do consumidor" tentam explicar a falta de interesse dos magistrados em relação a um estudo mais aprofundado dos direitos humanos, ressaltando mais uma vez a ausência de tais direitos na prática jurídica cotidiana.

Esse afastamento entre os magistrados e as normativas de direitos humanos muitas vezes foi negado com o discurso de que "não raro, aplicam-se os princípios e regras a respeito dos direitos humanos, sem se fazer menção expressa que se cuida de um direito humano", "as normas referidas nos pactos, muitas delas, integram o ordenamento jurídico nacional, pelo que, por via oblíqua, acabam sendo aplicadas por mim" e "as normas descritas não são frequentemente utilizadas em função de existirem normas internas que igualmente garantem os direitos humanos, mormente a Constituição, se aplicadas com caráter social". Apesar de tentarem justificar o seu afastamento das normas gerais dos direitos humanos, outros de seus comentários provam o quanto obscuro ainda são tais direitos para os magistrados, como: "não os aplico [os pactos e convenções mencionados] por não vislumbrar, no dia a dia dos tratados, hipóteses de aplicabilidade" e "não utilizo as normativas mencionadas, pois o Código do Consumidor já possui carga de proteção de direitos humanos suficiente. Uso somente, portanto, o Código Civil e o do Consumidor, evitando, inclusive, utilizar a Constituição Federal, para evitar recurso ao STF".

Seguindo uma marcha contrária de pensamento, alguns juízes afirmaram que tais normativas ainda se encontram distantes do âmbito dos magistrados, seja "devido à falta de acesso aos pactos" ou "em função do tipo de formação jurídica que recebemos".

A importância dos direitos humanos seria inegável para muitos juízes entrevistados. Tais direitos "deveriam ser divulgados para o povo", "competindo ao poder público implementar meios de viabilizá-los". Entretanto, podemos concluir, após uma análise mais criteriosa das respostas, que não somente os direitos humanos deveriam ser efetivamente transmitidos ao povo, mas também mais bem divulgados no âmbito acadêmico e jurídico para que sua concepção e definição fiquem mais claras, tanto aos aplicadores e profissionais do direito, quanto aos cidadãos em geral.

Considerações finais

Há que se considerar indesejável que a utilização das normativas internacionais de proteção dos direitos humanos mencionadas na pesquisa dependa das características sociodemográficas do juiz, da sua formação pré-universitária, universitária, técnica e política ou da sua concepção acerca do tema, pois tendo sido todas elas ratificadas pelo Brasil e sendo consideradas importante instrumento para a garantia de tais direitos, idealmente haveriam de ser parte integrante do repertório de todo e qualquer juiz. Nesse sentido, as hipóteses de que isso ocorreria foram formuladas justo no sentido de serem rejeitadas, para então podermos dizer que é pleno o uso de tais normativas, escolhidas como indicador da efetivação dos direitos humanos no tribunal dejustiça do Rio de Janeiro.

Ultrapassando a fronteira do indesejável em direção ao lamentável, vemos que entre os juízes que se declararam brancos, os quais conformam a maioria do Tribunal de Justiça fluminense, o uso das normativas está longe de ser uma prática cotidiana. No mesmo sentido, lamenta-se que em varas cíveis, cujo quantitativo é o mais significativo do Tribunal de Justiça do Rio de Janeiro, as chances de que as normativas internacionais mencionadas venham a ser utilizadas sejam mínimas. A terceira constatação, porém não drástica, que esta análise proporciona é que quanto maior é o nível de conhecimento do Sistema de Proteção Internacional dos Direitos Humanos da ONU e da OEA, maiores são as chances de que as normativas mencionadas sejam utilizadas.

Sem desconsiderar que o conjunto de fatores que influenciam o juiz para que ele utilize ou não uma ou mais normativas internacionais de proteção dos direitos humanos na fundamentação das suas sentenças conforma um sistema complexo, pode ser de grande ajuda saber que três são os fatores preponderantes entre aqueles investigados (cor ou raça, tipo de vara e o conhecimento do sistema de proteção da ONU e OEA). Além disso, saber exatamente qual o nível de cada fator está associado às maiores chances de que as normativas sejam utilizadas pode ser de grande valia para uma ação concreta que vise aumentar o uso de tais normativas no Tribunal de Justiça. Nesse sentido, podem ser desenvolvidas ações direcionadas aos juízes brancos, assim como às varas cíveis. Como auxílio para a decisão do tipo de ação a ser desenvolvida, é inevitável lembrar que o terceiro fator preponderante indica que o conhecimento do Sistema de Proteção Internacional dos Direitos Humanos da ONU e da OEA influencia positivamente os juízes.

Se agregarmos aos resultados dos modelos estatísticos as declarações feitas pelos juízes, podemos ter uma boa visão do quão grave é a situação de efetivação dos direitos humanos no Tribunal de Justiça do Rio de Janeiro. Por tudo o que foi constatado, não resta dúvida de que o conjunto de juízes da casa, preferencialmente os juízes brancos e os de vara cível, deveria ser alvo de uma ação (in)formadora, que se iniciada pela oferta de mecanismos para o conhecimento do sistema de proteção da ONU e OEA poderia ser mais eficaz como contribuição para a efetivação do direitos humanos na sua área de ação.

Referências

AGRESTI, Alan. *Categorical data analysis*. New York: John Willey & Sons, 1990.

ALEXY, Robert. *Teoria del discurso y derechos humanos*. Bogotá: Universidad Externado de Colombia, 1995.

BLALOCK, Hubert M. *Social statistics*. Kogakusha: McGraw-Hill, 1972.

COMPARATO, Fábio Konder. *A afirmação histórica dos direitos humanos*. São Paulo: Saraiva, 1999.

DOBSON, Annette J. *An introduction to generalized linear models*. London: Chapman & Hall, 1996.

EVERITT, Brian S.; DER, Geoff. *A handbook of statistical analyses using SAS*. 2. ed. London: Chapman & Hall, CRC Press, 2002.

FARIA, José Eduardo. Justiça e poder judiciário ou a virtude confronta a instituição. *Revista USP*, São Paulo, n. 21, 1994. Dossiê Judiciário.

NINO, Carlos Santiago. *Ética y derechos humanos*: un ensayo de fundamentación: Buenos Aires: Editorial Astrea, 1989.

PASOLD, Cesar Luiz. *Prática da pesquisa jurídica*: ideias e ferramentas úteis para o pesquisador do direito. Florianópolis: OAB/SC, 1999.

PERELMAN, Chaim. *Ética e direito*. São Paulo: Martins Fontes, 1996.

PÉREZ LUÑO, Antonio Enrique. *Derechos humanos, Estado de Derecho y Contitución*. Madrid: Tecnos, 1999.

PIOVESAN, Flavia. Participação política das mulheres. *Folha de S. Paulo*, 16 fev. 2006. Disponível em: <www.consuladodamulher.com.br/novo/cont_noticias.php?id=447>.

SÃO PAULO (Estado). Procuradoria Geral do Estado. Grupo de Trabalho de Direitos Humanos. *Direitos humanos*: construção da liberdade e da igualdade. São Paulo: Centro de Estudos da Procuradoria Geral do Estado, 2000.

Sobre os autores

JOSÉ RICARDO CUNHA
Doutor em filosofia do direito pela Universidade Federal de Santa Catarina (UFSC), mestre em teoria do Estado e direito constitucional pela Pontifícia Universidade Católica (PUC-Rio) e bacharel em direito pela Universidade Federal do Rio de Janeiro (UFRJ). Professor-adjunto do Mestrado em Poder Judiciário da Escola de Direito do Rio de Janeiro da Fundação Getulio Vargas e da Universidade do Estado do Rio de Janeiro (Uerj).

LEANDRO MOLHANO RIBEIRO
Doutor e mestre em ciência política pelo Instituto Universitário de Pesquisas do Rio de Janeiro (Iuperj), e bacharel em ciências sociais pela Universidade Federal de Minas Gerais (UFMG). Professor da Escola de Direito do Rio de Janeiro da Fundação Getulio Vargas.

ROBERTO FRAGALE FILHO
Doutor em ciência política pela Universidade de Montpellier I. Professor-pesquisador do Mestrado em Poder Judiciário da Escola de Direito do Rio de Janeiro da Fundação Getulio Vargas e professor do Programa de Pós-Graduação em Sociologia e Direito (PPGSD) da Universidade Federal Fluminense (UFF). Membro do conselho editorial do *Comparative Labor Law & Policy Journal*. Juiz do trabalho titular da Primeira Vara do Trabalho de São João de Meriti (RJ).

ARMANDO CUNHA
Doutor em gestão pelo Instituto Superior de Ciências do Trabalho e da Empresa (ISCTE), Portugal. Mestre em administração pública pela University of Southern California (USA). Bacharel em administração pública pela Escola Brasileira de Administração Pública e de Empresas (Ebape) da Fundação Getulio Vargas (FGV). Membro do quadro docente permanente da Ebape e professor colaborador da Escola de Direito do Rio de Janeiro da FGV. Membro do conselho editorial do *International Public Management Journal* e da *Revista Portuguesa e Brasileira de Gestão*. *Academic fellow* do Center for Transformation and Strategic Initiatives, Washington D.C. Membro da Academia Brasileira de Ciência da Administração (ABCA) e da Assembleia Geral da FGV. Membro nato da Assembleia Geral da Associação Nacional de Pós-Graduação e Pesquisa em Administração. Professor colaborador do Instituto Nacional de Administração (INA), Portugal.

MAURITI MARANHÃO
Mestre em engenharia mecânica pela Escola Federal de Engenharia de Itajubá (Efei). Engenheiro mecânico e industrial pelo Instituto Militar de Engenharia (IME) e estatístico pela Escola Nacional de Ciências Estatísticas (Ence) do Instituto Brasileiro de Geografia e Estatística (IBGE). Especialização na França e na Inglaterra. Autor dos livros *ISO 9000 — Manual de implementação* (QualityMark, 8. ed., 2008) e *O processo nosso de cada dia* (com Maria Elisa Macieira, QualityMark, 2004), participou da coletânea *A reforma do Poder Judiciário no estado do Rio de Janeiro* (FGV, 2005). Professor de graduação e pós-graduação de diversas instituições, entre elas: FGV, USP, UFF, Unifa, CTA, IME e Cefet.

TANIA ALMEIDA
Docente, consultora e supervisora em mediação de conflitos e em facilitação de diálogos. Sóciafundadora do Mediare Diálogos e Processos Decisórios. Médica. Pós-graduada em neuropsiquiatria, sociologia, psicanálise, terapia de família e gestão empresarial. Membro da Association for Conflict Resolution — ACR (Practioner, Educator, Researcher). Foi componente da Junta Diretora do Fórum Mundial de Mediação. Mestranda em mediação de conflitos pelo Master Latinoamericano Europeo en Mediación Institut Universitaire Kurt Bösh.

LESLIE SHÉRIDA FERRAZ
Doutora em direito processual civil e mestre em direito processual penal pela Universidade de São Paulo (USP). Foi coordenadora de Estudos e Pesquisas do Centro Brasileiro de Estudos e Pesquisas Judiciais (Cebepej) e pesquisadora visitante nas universidades de Florença e Milão, na Itália, e Columbia e Fordham, nos Estados Unidos. Professora e pesquisadora da graduação e do Mestrado Profissionalizante em Poder Judiciário da Escola de Direito do Rio de Janeiro da Fundação Getulio Vargas. Coordena o Núcleo de Pesquisas do CJUS (Centro de Justiça e Sociedade) da FGV Direito Rio.

SÉRGIO GUERRA
Professor titular de direito administrativo, leciona no curso de graduação e no Mestrado Profissionalizante em Poder Judiciário da Escola de Direito do Rio de Janeiro da Fundação Getulio Vargas, onde ocupa o cargo de vice-diretor de pós-graduação. Doutor e mestre em direito, cursou, em nível de especialização, pós-graduação em direito ambiental e processo civil e em direito da economia e empresa. Diretor executivo da *Revista de Direito Administrativo* (RDA). Membro do Instituto de Direito Administrativo do Estado do Rio de Janeiro (Idaerj). Organizador e autor de diversos livros, entre eles *Discricionaridade e reflexividade* (Fórum, 2008) e *Controle judicial dos atos regulatórios* (Lumen Juris, 2005).

ANDRÉA DINIZ DA SILVA
Mestre em estudos populacionais e pesquisas sociais pela Escola Nacional de Ciências Estatísticas (Ence) e estatística pela Universidade do Estado do Rio de Janeiro (Uerj). Trabalha na Divisão de Estatística das Nações Unidas e chefia o Grupo de Estudos e Pesquisas Direitos Humanos, Poder Judiciário e Sociedade. Professora de estatística do Mestrado Profissional em Poder Judiciário da Escola de Direito do Rio de Janeiro da Fundação Getúlio Vargas e funcionária do Instituto Brasileiro de Geografia e Estatística (IBGE). Foi pesquisadora do Programa Cidadania e Direitos Humanos da Uerj e coordenadora do Centro de Informações do Programa de Defesa dos Direitos da Criança e do Adolescente da Fundação Bento Rubião.